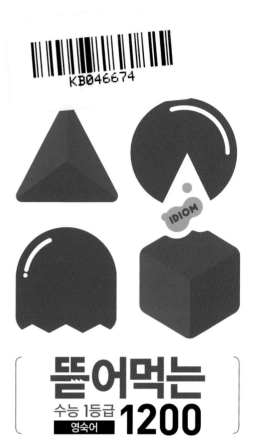

뜯어먹는

수능 1등급
영숙어 **1200**

김승영	연세대 영어영문학과 졸업
	연세대 교육대학원 영어교육과 졸업
	전 계성여고 교사
	현 한국영어교재개발연구소 대표

저 서	뜯어먹는 중학 기본 영단어 1200
	뜯어먹는 중학 영단어 1800
	뜯어먹는 수능 1등급 기본 영단어 1800
	뜯어먹는 수능 1등급 주제별 영단어 1800

고지영	서강대 영어영문학과 졸업
	서울대 사범대학원 영어교육과 졸업
	현 한국영어교재개발연구소 연구실장

저 서	뜯어먹는 중학 기본 영단어 1200
	뜯어먹는 중학 영단어 1800
	뜯어먹는 수능 1등급 기본 영단어 1800
	뜯어먹는 수능 1등급 주제별 영단어 1800

뜯어먹는 수능 1등급 영숙어 **1200**

발행일	2019년 08월 10일
인쇄일	2022년 03월 10일
펴낸곳	동아출판㈜
펴낸이	이욱상
등록번호	제300-1951-4호(1951. 9. 19)
개발총괄	장옥희
개발책임	이미경
개발	이윤임, 신유경
영문교열	Andrew Finch
디자인책임	목진성
디자인	강혜빈
대표번호	1644-0600
주소	서울시 영등포구 은행로 30 (우 07242)

이 책에 나오는 50개 영어 숙어로 이루어진 머리말

You are tired of the books which are out of date, aren't you?
시대에 뒤떨어진 책에 싫증이 나지 않는가?

Those books don't do good to students. What is worse, they may be harmful to them.
그러한 책들은 학생들에게 도움이 되지 않는다. 설상가상으로 해가 될 수도 있다.

We have been worried about the unfortunate situation where students have to do without a proper book of English usage.
우린 학생들이 적절한 영어 숙어 학습서 하나 없이 공부해야 하는 불행한 상황을 걱정해 왔다.

To be honest, we, who are responsible for teaching English effectively, couldn't put up with it and put off solving the problem any longer.
솔직히, 영어를 효과적으로 가르쳐야 할 책임을 맡고 있는 우리는 더 이상 참을 수도 없었고 문제의 해결을 미룰 수도 없었다.

As a result, we couldn't help developing the book of English usage that is fit for our educational environment.
그 결과로 우리 교육 환경에 적합한 영어 숙어 학습서를 개발하지 않을 수가 없었다.

We have devoted a great deal of time and energy to making up this book.
우리는 이 책을 구성하는 데 많은 시간과 정력을 바쳤다.

In the first place, we put together all the current high school text books to process by means of the computer and our hands. In this way, we were able to come by the useful expressions that are needed to learn by heart in the high school course.
우선 현행 고등학교 교과서를 전부 모아 컴퓨터와 수작업으로 처리했다. 이런 방식으로 고등학교 과정에서 실제로 외울 필요가 있는 유용한 숙어들을 얻어낼 수 있었다.

Needless to say, the period of high school has a great effect on the rest of students' life.
말할 필요도 없이 교교 시절은 학생들의 나머지 삶에 큰 영향을 미친다.

With respect to this, we tried to make the best choice of the best sentences which are full of wisdom and comfort for young people. It would be helpful to keep them in mind and look back on the impressive moments at times.
이와 관련하여 우리는 젊은이를 위한 지혜와 위안으로 가득 차 있는 최고의 문장들 중에 최고를 고르려고 노력했다. 그것들을 가슴에 새겨두고 그 감동적인 순간들을 때때로 돌이켜 보면 좋을 것이다.

Now the choice is up to you. You can make the most use of this book to be familiar with English, or turn down the opportunity you will never come across.
이제 선택은 여러분에게 달려 있다. 여러분은 이 책을 최대한 활용해 영어에 친숙해지든지, 혹은 앞으로 결코 만나지 못할 기회를 거절하든지 할 수 있다.

In short, this book will no doubt be helpful for you not only to learn English most efficiently but also to know how to enjoy your life to the fullest for yourself.
요컨대 이 책은 의심할 여지 없이 여러분이 영어를 가장 능률적으로 배우는 데뿐만 아니라, 스스로의 힘으로 삶을 마음껏 즐기며 살아가는 법을 깨닫게 하는 데도 도움이 될 것이다.

김승영 · 고지영

이 책의 특장점

일곱 가지 소화 효소

이 책은 수능 수험생이라면 누구나 꼭 알아야 할 영숙어가 실제로 익혀지도록 만드는 과학적 학습 과정 그 자체이다. 여기에는 여러분이 여태까지 어느 책에서도 만나지 못했던, 왜 그럴 수밖에 없었는지 곧 깨닫게 될 독창적 · 독보적 장치가 곳곳에 박혀 있다.

이제 여러분은 영어 단어에 이어 단어와 단어가 만나 이루는 숙어가 머릿속에 알알이 박혀 영어 공부가 즐거움이 되는 희한한 체험을 하게 될 것이다.

1 실제로 현행 고교 교과서 · 수능 문제 전부 컴퓨터 프로그램 처리

이 책이 다루는 영숙어는 현행 고등학교 교과서 전부와 그동안 치러졌던 수능 문제 전부를 컴퓨터 프로그램을 통해 검색한 후 엄밀한 가치 평가 작업을 통해 확정한 것이다.

수능 시험을 치르는 데 필요한 수능 필수 영숙어 1200개를 뽑아 많이 나오는 순서대로 배열했다.

이렇게 방대한 자료를 일일이 검색해서 학습자의 편의를 위해 체계적으로 빈도순으로 제시한 것은 이 책이 처음일 뿐만 아니라 유일무이하며 아마도 마지막이 될 것이다.

2 [동사 중심 표현] [형용사 중심 표현] [전치사 중심 표현 · 부사어] 빈도순 배열

무질서하게 보이는 영숙어를 [동사 중심 표현][형용사 중심 표현][전치사 중심 표현 · 부사어]로 나누어 나름대로 질서를 잡고, 각 범주별로 다른 색으로 구별되게 하여 매일 빈도순으로 제시하였다.

※ 관련 영숙어의 반복적 등장

관련 영숙어들을 본 영숙어 밑에 달아 놓았지만 다들 각각 빈도순 표제어로 독립해 제 목소리를 내므로, 잊어버릴 때쯤 되면 신기하게도 다시 등장해 관련 영숙어들을 떠올리게 하니 외워질 수밖에 없게 된다.

3 빈도순 1일 20개 예문과 함께 암기 · [Today's Expression]

세 범주의 것들을 합한 20개를 예문과 함께 암기하게 하였다.

그러나 이 책은 여기서 그치는 게 아니라, 모든 예문을 문제화하여 다음 장에 제시하였다. 이는 여간한 양과 질의 피땀이 아니고서는 실현할 수 없는 것으로, 절실한 필요가 낳은 발명품이라 할 수 있다.

가장 효과적임이 증명된 기계적 암기와, 바로 뒤따르는 즐거운 테스트!!!

※ 유용한 회화 표현 [Today's Expression]

수능 듣기 평가에 자주 등장하는 회화 표현을 뽑아 간단한 대화와 함께 매일 하나씩 제시했다. 꼭 외워 두면 뜻밖의 도움이 될 것이다.

4 즐거운 테스트

오늘의 영숙어 20개를 다 외웠는가? 이제 자신의 기억력을 테스트해 보자.

우선 1차 테스트. 외운 순서대로 배열된 영숙어를 가능한 한 많이 떠올려 본다.

뭐니 뭐니 해도 이 책의 압권은 2차 테스트. 교과서에서, 실생활에서, 인터넷에서 방금 가져온 따끈따끈한 예문이

전부 문제로 변해, 때론 간명하게 때론 종합적으로 뇌리에 새겨진다. 주옥같은 선인들의 명문장을 통해 진한 감동과 따뜻한 위안을 받으며, 암기력을 극대화하고 삶의 지혜도 얻을 수 있을 것이다. 문제를 푸는 행위는 주체적·능동적으로 영숙어를 암기하는 가장 효과적인 방법이다.

5 부록 [전치사의 힘!] [잘 만났다 구문 표현!]

영숙어의 중심 혹은 가장자리에는 거의 다 전치사가 있다. 중요한 전치사순으로 영숙어를 정리해 놓은 [전치사의 힘!]은 앞에서 외운 영숙어를 또 다른 시각에서 총정리할 수 있는 기회를 제공할 것이며, 그 어떤 '무작정 암기'보다 힘을 줄 것이다.
또한 [잘 만났다 구문 표현!]은 이 책이 단순한 영숙어장에 그치는 게 아니라, 영어 문장의 이해라는 궁극적인 목표를 이루게 하는 든든한 밑바탕이 되어 줄 것이다.

6 부록 [일일 TEST · 누적 TEST]

이 책으로 주먹구구식 쪽지 시험의 시대는 끝난다.
앞면은 일일 테스트로 그날의 영숙어 20개가 순서가 흩뜨려져 나와 있다. 뒷면은 누적 테스트로 그 전 3일 동안의 영숙어 중에서 20개가 출제되었다.
영숙어의 빈도순 구성과 누적 테스트를 합하여 이제껏 어느 영숙어장도 감히 해내지 못한 암기의 과학을 실현한다.
영숙어 암기 후 즐거운 테스트에서 두 번, 퀴즈 테스트에서 두 번, 합하여 네 번의 테스트를 받는데, 이 영숙어가 관련 영숙어와 연결되어 있다면 셀 수 없이 반복 학습을 하게 되는 셈이다.

7 [MINI 영숙어 사전]

사전을 보지도 아예 갖고 다니지도 않는 시대다. 더욱이 영숙어 찾기가 어디 그리 쉬운가? 부록으로 달려 있는 미니 사전은 고교 교과서와 수능 문제 전부를 검색해 실제로 자주 쓰이는 영숙어의 의미만 추려 실은 것이다.
이 사전은 수능 영숙어의 기준과 표준이 될 수 있을 것으로 자부한다. 이것만 뜯어서 가지고 다니면 어떤 상황에서도 쉽게 영숙어의 의미를 찾아볼 수 있다.

시대가 급변하고 있고 시대상을 반영하는 언어 역시 현기증 나게 변하고 있다. 세상이 바뀌고 있고 학습자의 성향과 습관 역시 걷잡을 수 없이 바뀌고 있다. 여기서 학습서의 책무는 시대를 올바르게 소화해내 성장하는 세대에게 가장 효율적인 학습 환경을 만들어 줌은 물론, 꿈과 현실 감각, 도전 정신과 안정감을 동시에 주어야 한다는 것이다. 이 책은 그러한 책무를 떠맡아 업그레이드되어 재탄생하게 되었다.

Contents

이 책에서 사용하는
약호 · 기호

1 약호(품사 표시)
  ⓝ 명사 　 ⓥ 동사원형

2 기호
  [ ] 대체어구 　 ( ) 생략 가능 어구 · 보충 설명
  ㈜ 유의어 　 ㈐ 반의어 　 ㈘ 비교어

뜯어먹는
수능 1등급 영숙어
1200

권장 학습법

1 우선 20개 영숙어를 쭉 훑어보며 낯을 익힌다.
   아는 게 있으면 반갑게 인사하고 모르는 게 있으면 첫인사를 나눈다. (5분 이내)
2 추가로 제시된 관련 영숙어는 무시하고, 진짜 주인공 20개만 집중하여 본격적으로 외운다.
   써도 되고 소리 내도 되고 그냥 마음으로만 사귀어도 상관없다. 각자 취향대로! (20분 이내)
3 Today's Expression을 머리에 꼭 집어 넣는다. (2분 이내)
4 즐거운 테스트 A에 도전한다. 답을 직접 써 보는 게 좋지만, 이동 중일 때는 머리로 헤아려도 된다. (1분 이내)
5 위를 채점해 보고 틀린 것을 재암기한다. (5분 ~ 10분)
6 즐거운 테스트 B부터 끝까지 즐겁게 풀어 본다. (20분 이내)
7 위를 채점해 보고 틀린 것을 재암기한다. (5분 ~ 10분)

※ 물론 위 과정 한 번 만에 모든 영숙어가 100% 소화되지는 않을 것이다. 두 번째부터는 다른 데서 시간을 단축해,
   관련 영숙어를 익히기 시작한다. 그러면 숙어들이 입체적이고 총체적으로 정리되는 놀라운 체험을 하게 될 것이다.

동사 중심 표현

01 be going to ⓥ

❶ ~할 예정이다(미래 예정) ❷ ~할 것 같다(미래 예측)
I'm going to be here for two days. 나는 여기에 이틀 동안 있을 예정이다.
It's going to rain. 비가 올 것 같다.

02 have to ⓥ

~해야 하다(=must)
I have to go now. 나는 지금 가야 해.
Ⓟ don't have to ~할 필요가 없다(= need not)   must not ~해서는 안 되다(금지)

03 seem to ⓥ

~인 것 같다
He seems to be ill. 그는 아픈 것 같다.
Ⓤ appear to ⓥ

04 try ⓥ-ing/to ⓥ

(시험 삼아) ~해 보다[시도하다]/~하려고 노력하다
Try using a different one. (시험 삼아) 다른 걸 사용해 봐.
I try to study hard. 나는 열심히 공부하려고 노력한다.

05 used to ⓥ

❶ (과거에) ~하곤 했다   ❷ (과거에) ~이었다
I used to come here often. 나는 이곳에 자주 오곤 했다.
She used to be a teacher. 그녀는 선생님이었다.
Ⓑ would ⓥ ~하곤 했다(과거의 불규칙적 습관)   be used to ⓥ-ing ~에 익숙하다

06 come from

❶ ~ 출신이다   ❷ ~에서 나오다[~의 결과이다]
Where do you come from? 어디 출신이세요?
Skill comes from practice. 기술은 연습의 결과이다.

07 listen to ⓝ

~에 귀를 기울이다, 경청하다
I enjoy listening to music. 나는 음악 듣는 것을 즐긴다.

08 look at

보다[바라보다]
Look at those dark clouds! 저 먹구름들 좀 봐!
Ⓤ have[take] a look at   Ⓑ look for 찾다   look after 돌보다[보살피다]

09 talk about

~에 관해 말[이야기]하다
We were talking about you. 우리는 너에 관해 이야기를 하고 있었어.

10 think about[of]

~에 대해 생각하다, 숙고하다
I often think of[about] you. 나는 종종 네 생각을 해.
Ⓑ think of A as B A를 B로 생각하다[여기다]   think over 심사숙고하다

형용사 중심 표현

11 be able to ⓥ
~할 수 있다(=can)
Will you be able to come? 올 수 있으세요?
반 be unable to ⓥ ~할 수 없다(= cannot)

12 be different from
~와 다르다
Their way of life is different from ours. 그들의 생활방식은 우리의 것과 다르다.
유 differ from 반 be similar to ⓝ ~와 비슷[유사]하다

13 be full of
~으로 가득 차다
The room is full of people. 그 방은 사람들로 가득 차 있다.
유 be filled with

전치사 중심 표현 · 부사어

14 a lot of[lots of]
많은(=many, much)
a lot of people 많은 사람들   a lot of time 많은 시간

15 in front of
~의 앞에
Let's meet in front of the library. 도서관 앞에서 만나자.
비교 ahead of ~보다 앞서

**16 A such as B
[such A as B]**
B와 같은 A ✪ B는 A의 예로서 여럿이 올 수도 있음.
fast food such as hamburgers and pizza 햄버거와 피자와 같은 패스트푸드

**17 for example
[instance]**
예를 들면
For example[instance], apples and pears are fruit.
예를 들어, 사과와 배는 과일이다.

18 for a long time
오랫동안
I've known him for a long time. 나는 오랫동안 그를 알고 지내왔다.

19 each other
서로
They looked at each other. 그들은 서로를 쳐다봤다.
유 one another
✪ each other는 둘, one another는 셋 이상에 쓰임이 원칙이지만 이 구별은 무시됨.

**20 in order to ⓥ
[so as to ⓥ]**
~하기 위하여
He studies hard in order to[so as to] pass the exam.
그는 시험에 합격하기 위하여 열심히 공부한다.

Today's Expression
You bet! 당연하지[물론이지]!
A: Do you love me? 너 나를 사랑하니?
B: You bet! I love you so much. 물론이지! 나는 너를 매우 사랑해.

A 다음 표현을 우리말로!

1	be going to ⓥ	**11**	be able to ⓥ
2	have to ⓥ	**12**	be different from
3	seem to ⓥ	**13**	be full of
4	try ⓥ-ing/to ⓥ	**14**	a lot of[lots of]
5	used to ⓥ	**15**	in front of
6	come from	**16**	A such as B[such A as B]
7	listen to ⓝ	**17**	for example[instance]
8	look at	**18**	for a long time
9	talk about	**19**	each other
10	think about[of]	**20**	in order to ⓥ[so as to ⓥ]

B 밑줄 친 표현과 같은 의미 연결하기

1 I have to go now.
난 지금 가야 해.

❶ for instance

2 Reading gives us a lot of pleasure.
독서는 우리에게 많은 즐거움을 준다.

❷ much

3 For example, apples and pears are fruit.
예를 들어, 사과와 배는 과일이다.

❸ must

4 He studies hard in order to pass the exam.
그는 시험에 합격하기 위하여 열심히 공부한다.

❹ so as to

C [보기] 표현들의 의미를 음미해 보고 알맞은 꼴을 빈칸 속에 풍덩!

|보기| be able to	be going to	listen to	seem to	think about[of]

1 그녀는 직장을 그만둘까 생각하고 있다.
She's _____ quitting her job.

2 나는 여기에 이틀 동안 있을 예정이다.
I _____ be here for two days.

3 그는 5개 국어를 말할 수 있다.
He _____ speak five languages.

4 아무도 무엇을 해야 할지 알지 못하는 것 같다.
No one _____ know what to do.

5 대부분의 사람들이 그의 경고를 듣지 않았다.
Most people did not _____ his warning.

〉〉〉 정답

A 앞면 참조 B 1. ❸ 2. ❷ 3. ❶ 4. ❹ C 1. thinking about[of] 2. am going to 3. is able to 4. seems to 5. listen to

D 빈칸에 들어갈 알맞은 전치사는?

1 What are you talking _____? 무슨 말을 하고 있는 거야?

2 Her eyes were full _____ tears. 그녀의 눈은 눈물로 가득 차 있었다.

3 Western culture is quite different _____ Asian one.
서양 문화는 아시아 문화와 꽤 다르다.

4 We should look _____ things from various points of view.
우리는 다양한 관점에서 사물을 바라보아야 한다.

E [보기] 표현들의 뜻을 씹어 보고 들어갈 곳에 쏘옥!

| 보기 | each other   for a long time   in front of   such as |

1 도서관 앞에서 만나자.
Let's meet _____ the library.

2 나는 오랫동안 그를 알고 지내고 있다.
I've known him _____.

3 그녀는 쇠고기와 돼지고기와 같은 고기를 먹지 않는다.
She doesn't eat meat _____ beef and pork.

4 그들은 어려울 때 서로 도우려고 노력한다.
They try to help _____ when times are hard.

F 같은 모양, 다른 의미!

1 I try to study hard.
Try using a different one.

2 Skill comes from practice.
His grandfather came from North Korea.

3 I used to come here often.
There used to be a lovely field near her house.

G 명문을 완성하는 영광을!

1 어린아이의 눈으로 세상을 보아라.
_____ the world through the eyes of a child.

2 살아야 하기 때문이 아니라, 살고 싶기 때문에 인생을 살아라.
Live life because you want to, not because you _____.

▶▶ 정답

D 1. about 2. of 3. from 4. at E 1. in front of 2. for a long time 3. such as 4. each other F 1. 나는 열심히 공부하려고 노력한다. / (시험 삼아) 다른 것을 사용해 봐라. 2. 기술은 연습의 결과이다. / 그의 할아버지는 북한 출신이다. 3. 나는 이곳에 자주 오곤 했다. / 전에 그녀의 집 근처에 아름다운 들판이 있었다.(지금은 없다.) G 1. Look at 2. have to

동사 중심 표현

01 would like[love] to ⓥ

~하고 싶다
I'd like[love] to be your friend. 나는 너의 친구가 되고 싶어.
⊕ want to ⓥ

02 keep (on) ⓥ-ing

계속[줄곧] ~하다(=continue)
I'll keep (on) trying my best. 앞으로 계속 최선을 다할게요.

03 go on

❶ 계속하다[계속되다](=continue) ❷ (일이) 일어나다(=happen)
She wants to go on working. 그녀는 계속 일하기를 원한다.
What's going on? 무슨 일이 일어났니?

04 look for

찾다
He's looking for a job. 그는 일자리를 찾는 중이다.
비교 look at 보다[바라보다] look after 돌보다[보살피다]

05 look like

❶ ~처럼 보이다 ❷ ~할[인] 것 같다(=seem)
What does he look like? 그는 어떻게 생겼니?
It looks like he isn't coming. 그는 오지 않을 것 같다.

06 find out

알아내다[찾아내다]
I'll find out what the problem is. 문제가 뭔지 알아볼게요.

07 pick up

❶ 집다[줍다/들어 올리다] ❷ (차에) 태우러 가다 ❸ 듣게[알게] 되다
She picked up the phone. 그녀는 전화기를 들었다.
I'll pick you up at the airport. 내가 공항에 널 태우러 갈게.
I picked up a few words of French. 나는 프랑스어 몇 마디를 알게 되었다.

08 give up

포기[단념]하다, 그만두다(=stop)
Don't give up. 포기하지 마.

09 depend on[upon]

❶ ~에 달려 있다 ❷ ~에 의지[의존]하다 ❸ 믿다
It depends on the situation. 그것은 상황에 달려 있다[그것은 상황에 따라서 다르다].
Children depend on their parents. 아이들은 부모에게 의존한다.
You can depend on Jane. 넌 Jane을 믿어도 된다.
⊕ rely on[upon], be dependent on[upon] 비교 depending on ~에 따라서

10 worry about

~에 대해 걱정하다
Don't worry about me. 내 걱정하지 마.
⊕ be worried about, be concerned about, be anxious about

형용사 중심 표현

11 be likely to ⓥ

~할 것 같다

He is likely to arrive a bit late. 그는 좀 늦게 도착할 것 같다.

⟨반⟩ be unlikely to ⓥ ~할 것 같지 않다　⟨유⟩ be apt to ⓥ

12 be interested in

~에 관심[흥미]이 있다

He's interested in science. 그는 과학에 관심이 있다.

⟨반⟩ be uninterested in ~에 관심[흥미]이 없다

13 be late for

~에 늦다[지각하다]

Don't be late for school. 학교에 지각하지 마.

전치사 중심 표현·부사어

14 according to ⓝ

❶ ~에 의하면　❷ ~에 따라서

According to the forecast, it will rain. 일기예보에 의하면 비가 올 것이다.

Play the game according to the rules. 규칙에 따라 경기를 해라.

15 because of

~ 때문에

I didn't go out because of the heavy rain. 나는 폭우 때문에 외출하지 않았다.

⟨유⟩ due to ⓝ, owing to ⓝ, on account of

16 instead of

~ 대신에

Walk instead of taking a car. 차를 타는 대신 걸어라.

17 most of

대부분의

Most of the shops were shut. 대부분의 가게가 문이 닫혀 있었다.

18 as a result

결과적으로

As a result, it became important. 결과적으로 그것은 중요해졌다.

⟨비교⟩ as a result of ~의 결과로

19 in fact

사실상[실제로]

In fact, things cannot stay the same. 사실상 사물들은 변함없이 그대로 있을 수 없다.

⟨유⟩ as a matter of fact

20 one day

(과거 또는 미래의) 어느 날[언젠가]

One day he met her on the street. 어느 날 그는 거리에서 그녀를 만났다.

One day I want to move to the country. 나는 언젠가 시골로 이사 가고 싶다.

⟨비교⟩ some day[someday] (미래의) 언젠가[훗날]

➕

Today's Expression

Suit yourself. 마음대로 하세요.

A: I'd like to go shopping instead of going to the movie.
영화 보러 가는 대신 쇼핑 가고 싶어.

B: Suit yourself. 마음대로 해.

A 다음 표현을 우리말로!

1	would like[love] to ⓥ	11	be likely to ⓥ
2	keep (on) ⓥ-ing	12	be interested in
3	go on	13	be late for
4	look for	14	according to ⓝ
5	look like	15	because of
6	find out	16	instead of
7	pick up	17	most of
8	give up	18	as a result
9	depend on[upon]	19	in fact
10	worry about	20	one day

B 밑줄 친 표현과 같은 의미 연결하기

1 You should <u>give up</u> smoking.
너는 담배를 끊어야 한다.

❶ want

2 The party <u>went on</u> until dawn.
파티는 새벽까지 계속되었다.

❷ stop

3 I <u>would like to</u> talk about the future of education.
나는 교육의 미래에 관해 얘기하고 싶다.

❸ continue

C [보기] 표현들의 의미를 음미해 보고 알맞은 꼴을 빈칸 속에 퐁덩!

|보기| find out	keep on	look for	look like	worry about

1 희망을 포기하지 마. 계속해서 시도해 봐.
Don't give up hope. _____ trying.

2 부모들이 행방불명된 아이들을 찾고 있다.
The parents are _____ their lost children.

3 너는 그다지 기분이 좋은 것 같지 않구나.
You don't _____ you're feeling very well.

4 사고에 대해 뭐 알아낸 거 있어요?
Did you _____ anything about the accident?

5 세계는 지구 온난화와 산성비를 걱정한다.
The world _____ global warming and acid rain.

▶▶ 정답

A 앞면 참조 B 1. ❷ 2. ❸ 3. ❶ C 1. Keep on 2. looking for 3. look like 4. find out 5. worries about

D 빈칸에 들어갈 알맞은 전치사는?

1 Don't be late _____ school. 학교에 지각하지 마.

2 She is interested _____ website design. 그녀는 웹사이트 디자인에 관심이 있다.

3 Happiness in life depends _____ yourself. 인생의 행복은 너 자신에게 달려 있다.

4 She couldn't read the letter because _____ tears.
그녀는 눈물 때문에 편지를 읽을 수가 없었다.

E 문장에 어울리는 표현 쌍, 빈칸 속에 퐁퐁!

| 보기 | according to – most of   in fact – depend on   one day – give up

1 사실상, 지구상의 모든 형태의 생명체는 서로에게 의존한다.
_____, all forms of life on earth _____ each other.

2 최근 연구에 의하면 대부분의 학생들이 심한 스트레스를 받는다.
_____ the recent study, _____ students feel great stress.

3 어느 날 그는 직장을 그만두고 세계 일주를 하기로 결심했다.
_____ he decided to _____ his job and travel around the world.

F 표현을 외우니 문장이 해석되네!

1 It is likely to rain.
_____

2 I don't know what's going on.
나는 _____ 모르겠다.

3 As a result, our success depends on our own efforts.
_____

G 같은 모양, 다른 의미!

He will pick me up at 11.

We picked up garbage on the street.

She doesn't know where her child has picked up those words.

H 명문을 완성하는 영광을!

사람들은 다리 대신에 벽을 만들기 때문에 외롭다.

People are lonely because they build walls _____ bridges.

13

동사 중심 표현

01 get to ⓝ/ⓥ

~에 도착하다[이르다](=reach)/~하게 되다
What time did you get to the station? 몇 시에 역에 도착했니?
How did you get to know each other? 너희들은 어떻게 서로 알게 되었니?
⊕ arrive at[in] ~에 도착하다[이르다]　come to ⓥ ~하게 되다

02 stop ⓥ-ing/to ⓥ

그만두다[~하는 것을 멈추다]/~하기 위해 멈추다
He stopped talking. 그는 말하는 것을 멈췄다.
He stopped to talk to her. 그는 그녀에게 말을 걸기 위해 멈춰 섰다.

03 spend＋돈[시간]＋ (on[in]) ⓝ[ⓥ-ing]

~하는 데 돈을 쓰다[시간을 보내다]
I spend too much time playing games.
나는 게임하는 데 너무 많은 시간을 보낸다.

04 go out

❶ 외출하다[밖에 나가다]　❷ 사귀다[데이트하다]　❸ (불이) 꺼지다
Are you going out tonight? 오늘 밤에 외출할 거니?
He used to go out with Jane. 그는 Jane과 사귀었었다.
Suddenly the candle went out. 갑자기 촛불이 꺼졌다.

05 wake up

깨어나다[깨우다]
Wake me up at six. 6시에 나를 깨워줘.

06 wait for

기다리다(=await)
I'll wait for you outside. 밖에서 너를 기다릴게.
비교 wait on (특히 식사) 시중들다

07 fill A with B

A를 B로 채우다
I filled the bucket with water. 나는 양동이를 물로 채웠다.
비교 be filled with ~로 가득 차 있다

08 take A to B

A를 B로 가져가다[데려가다]
He took his children to the zoo. 그는 아이들을 동물원에 데리고 갔다.
반 bring A to B A를 B로 가져오다[데려오다]

09 make a mistake

실수하다
It's easy to make a mistake. 실수하기는 쉽다.

10 pay[give] attention to ⓝ

~에 주의를 기울이다
Please pay attention to what I'm saying. 제가 하는 말에 주의를 기울여 주세요.

형용사 중심 표현

11 be allowed to ⓥ

~하는 것이 허락[허용]되다
He is not allowed to stay out late. 그는 늦게까지 밖에 있는 것이 허락되지 않는다.
비교 allow A to ⓥ A가 ~하는 것을 허락하다

12 be supposed to ⓥ

❶ ~하기로 되어 있다(예정 · 의무) ❷ ~라고 여겨지다[한다]
We were supposed to meet at seven. 우리는 7시에 만날 예정이었다.
We are supposed to be at school by 8. 우리는 8시까지 학교에 가야 한다.
His new book is supposed to be very good. 그의 새 책은 매우 좋다고 한다.
반 be not supposed to ⓥ ~해서는 안 된다(금지)

13 be based on

~에 바탕을 두다, ~에 기초[근거]하다
The film is based on a true story. 그 영화는 실화에 바탕을 두고 있다.
비교 on the basis of ~을 기초[근거]로 하여, ~을 바탕으로

전치사 중심 표현 · 부사어

14 next to ⓝ

~ 옆에(=beside)
She sat down next to me. 그녀는 내 옆에 앉았다.

15 thousands of

수천의
thousands of people 수천 명의 사람들
◎ 숫자-s+of: millions/hundreds/dozens of 수백만의/수백의/수십의

16 at first

처음에
At first I thought he was joking. 처음에 나는 그가 농담하고 있다고 생각했다.
비교 for the first time 처음으로   in the first place 첫째로[우선], 맨 먼저

17 at (the) least

적어도
It will cost at least ten dollars. 그것은 적어도 10달러가 들 것이다.
반 at (the) most 많아야[기껏해야]   비교 at last 마침내[드디어]

18 by the way

그런데 ◎ 화제를 바꿀 때 사용함.
Oh, by the way, aren't you hungry? 아, 그런데, 너 배고프지 않니?

19 in addition

게다가(=besides, moreover, furthermore)
In addition, he is quite strong. 게다가 그는 힘도 꽤 세다.
비교 in addition to ⓝ ~에 더하여, ~ 이외에도

20 as soon as

~하자마자
I will call you as soon as I arrive. 도착하자마자 네게 전화할게.

➕

**Today's
Expression**

Be my guest. (상대방의 부탁을 들어주는 말) 그러세요.
A: Do you mind if I use the phone? 전화 좀 써도 될까요?
B: Be my guest. 그러세요.

A 다음 표현을 우리말로!

1	get to ⓝ/ⓥ	11	be allowed to ⓥ
2	stop ⓥ-ing/to ⓥ	12	be supposed to ⓥ
3	spend+돈[시간]+(on[in]) ⓝ[ⓥ-ing]	13	be based on
4	go out	14	next to ⓝ
5	wake up	15	thousands of
6	wait for	16	at first
7	fill A with B	17	at (the) least
8	take A to B	18	by the way
9	make a mistake	19	in addition
10	pay[give] attention to ⓝ	20	as soon as

B [보기] 표현들의 의미를 음미해 보고 알맞은 꼴을 빈칸 속에 풍덩!

| 보기 | be allowed to   be based on   be supposed to   wake up |

1 이 소설은 역사적 사실에 바탕을 두고 있다.

This novel ＿＿＿＿＿＿＿＿ historial facts.

2 그 모임은 오후 6시에 끝나기로 되어 있다.

The meeting ＿＿＿＿＿＿＿＿ end at 6 p.m.

3 그들은 집에서 애완동물을 키우는 것을 허락받았다.

They ＿＿＿＿＿＿＿＿ keep pets in their house.

4 그는 치통으로 새벽 4시에 잠이 깼다.

He ＿＿＿＿＿＿＿＿ at 4 a.m. with a toothache.

C [보기] 표현들의 뜻을 씹어 보고 들어갈 곳에 쏘옥!

| 보기 | as soon as   by the way   next to   thousands of |

1 그녀는 수업 시간에 내 곁에 앉는다.

She sits ＿＿＿＿＿＿＿＿ me in class.

2 도착하자마자 네게 전화할게.

I will call you ＿＿＿＿＿＿＿＿ I arrive.

3 아, 그런데, 너 배고프지 않니?

Oh, ＿＿＿＿＿＿＿＿, aren't you hungry?

4 그녀는 팬들로부터 수천 통의 편지를 받았다.

She got ＿＿＿＿＿＿＿＿ letters from her fans.

▸▸▸ 정답

A 앞면 참조 **B 1.** is based on **2.** is supposed to **3.** were allowed to **4.** woke up   **C 1.** next to **2.** as soon as **3.** by the way **4.** thousands of

D [보기] 문장에 어울리는 표현 쌍, 알맞은 꼴로 빈칸 속에 퐁퐁!

| 보기 | make mistakes – in addition   pay attention to – at first   wait for – at least

1 그녀는 처음에는 내게 주의를 기울이지 않았다.

She didn't _____ me _____.

2 그는 그녀를 적어도 한 시간 동안 기다렸다.

He _____ her for _____ an hour.

3 그는 받아쓰기에서 실수를 했다. 게다가 숙제도 하지 않았다.

He _____ in his dictation. _____, he didn't do his

homework.

E 표현을 외우니 문장이 해석되네!

1 He took his children to the zoo.

그는 _____.

2 Please fill the bathtub with water.

욕조를 _____.

3 Don't spend the present worrying about the past.

과거를 _____.

F 같은 모양, 다른 의미!

1 He stopped smoking.

He stopped to smoke.

2 She got to the office at 7 a.m.

They got to know each other better.

3 He went out and got some fresh air.

They've been going out for two years.

Suddenly, the lights in the room went out.

4 We were supposed to meet at seven.

We are supposed to be at school by 8.

His new book is supposed to be very good.

G 명문을 완성하는 영광을!

처음에 성공하지 않으면 계속 시도해라.

If _____ you don't succeed, try, try again.

▸▸▸ 정답

D 1. pay attention to – at first 2. waited for – at least 3. made mistakes – In addition   E 1. 아이들을 동물원에 데리고 갔다
2. 물로 채워주세요 3. 걱정하면서 현재를 보내지 마라   F 1. 그는 담배를 끊었다. / 그는 담배를 피우기 위해 멈춰 섰다. 2. 그녀는 아침 7시에 사
무실에 도착했다. / 그들은 서로를 더 잘 알게 되었다. 3. 그는 밖으로 나가 신선한 공기를 마셨다. / 그들은 2년 동안 사귀고 있다. / 갑자기 방 안의
불이 꺼졌다. 4. 우리는 7시에 만날 예정이었다. / 우리는 8시까지 학교에 가야 한다. / 그의 새 책은 매우 좋다고 한다.   G at first

| **동사 중심 표현** |

01 belong to ⓝ

❶ ~의 것[소유]이다   ❷ ~에 속하다
This book belongs to her. 이 책은 그녀의 것이다.
I belong to the English club. 나는 영어 동아리에 속해 있다.

02 deal with

❶ 처리하다   ❷ 다루다   ❸ 거래하다
We'll deal with that problem later. 우리는 그 문제를 나중에 처리할 것이다.
His poems deal with the subject of death. 그의 시들은 죽음이라는 주제를 다룬다.

03 get out of

❶ ~에서 나가다   ❷ ~에서 내리다   ❸ ~에서 벗어나다
Let's get out of here. 여기서 나가자.
We got out of the car. 우리는 차에서 내렸다.
I have to get out of this trouble. 나는 이 곤경에서 벗어나야 한다.

04 put on

❶ (옷 등을) 입다   ❷ (연극 등을) 공연하다
She put on her coat and went out. 그녀는 코트를 입고 외출했다.
They put on a play in English. 그들은 영어로 연극을 공연했다.

05 throw away

내던지다[버리다]
Don't throw away receipts. 영수증을 버리지 마세요.

06 work for

~을 위해 일하다, ~에 근무하다
He works for a law firm. 그는 법률회사에서 일한다.

07 bring A to B

A를 B로 가져오다[데려오다]
She brought her boyfriend to the party. 그녀는 남자친구를 파티에 데려왔다.
[반] take A to B A를 B로 가져가다[데려가다]   [비교] bring about 일으키다[가져오다]

08 thank A for B

A에게 B에 대해 감사하다
He thanked me for helping him. 그는 내게 그를 도와준 것에 대해 감사했다.

09 make sure

❶ 확실히[반드시] ~하다   ❷ 확인하다
Make sure you finish your homework. 반드시 숙제를 끝내라.
I wanted to make sure you were all right. 네가 괜찮은지 확인하고 싶었어.

10 take care of

❶ 돌보다   ❷ 처리하다
Nurses take care of patients. 간호사는 환자들을 돌본다.
Let me take care of the problem immediately. 즉시 그 문제를 처리해 드릴게요.
[유] care for[look after] 돌보다   deal with 처리하다

형용사 중심 표현

11 be angry with[at]+사람 / about[at]+사물

사람에게/사물에 대해 화나다
Don't be angry with[at] me. 내게 화내지 마.
What are you angry about[at]? 무엇 때문에 화가 났니?

12 be good at

~에 능숙하다, 잘하다
She is good at dancing. 그녀는 춤을 잘 춘다.
[반] be poor at ~에 서툴다, 잘하지 못하다   [비교] be good for ~에 유익하다

13 be worth ⓥ-ing

~할 가치가 있다
This book is worth reading. 이 책은 읽을 가치가 있다.
[유] be worthwhile to ⓥ, be worthy of

전치사 중심 표현·부사어

14 after all

❶ (예상과 달리) 결국   ❷ (설명·이유를 덧붙일 때) 어쨌든
You will see I am right after all. 너는 결국 내가 옳다는 것을 알게 될 거야.
I do like her – after all, she is my sister.
난 그녀를 좋아해. 어쨌든 내 여동생이잖아.

15 as well

~도 또한(=too)
Are they coming as well? 그들도 오는 거니?
[비교] A as well as B B뿐만 아니라 A도 역시

16 at once

❶ 즉시[곧](=immediately)   ❷ 동시에[한꺼번에]
I'll do it at once. 즉시 그것을 할게요.
I can't do two things at once. 나는 동시에 두 가지 일을 할 수 없다.
[유] right now, right away 즉시   at the same time 동시에

17 for a while[moment]

잠시 동안
She thought for a while[moment]. 그녀는 잠시 동안 생각했다.

18 on the other hand

한편[반면에]
Import is increasing. On the other hand, export is decreasing.
수입은 증가하고 있다. 반면에 수출은 감소하고 있다.

19 that is (to say)

즉[다시 말해서](=namely)
four days from now, that is (to say) on Friday
지금으로부터 나흘, 즉 금요일에

20 these days

요즘(=nowadays)
Vegetarianism is very popular these days.
요즘 채식주의가 매우 인기 있다.
[비교] (in) those days 그 당시(에는)

Today's Expression

Couldn't be better. 이보다 더 좋을 순 없어[더할 나위 없이 좋아, 최고야].
A: How's everything going these days? 요즘 어떻게 지내?
B: Couldn't be better. 더할 나위 없이 좋아.

A 다음 표현을 우리말로!

1	belong to ⓝ	11	be angry with[at]+사람 / about[at]+사물
2	deal with	12	be good at
3	get out of	13	be worth ⓥ-ing
4	put on	14	after all
5	throw away	15	as well
6	work for	16	at once
7	bring A to B	17	for a while[moment]
8	thank A for B	18	on the other hand
9	make sure	19	that is (to say)
10	take care of	20	these days

B 밑줄 친 표현과 같은 의미를 갖는 것끼리 연결하기

1 She thought <u>for a while</u>.
그녀는 잠시 동안 생각했다.

❶ namely

2 Vegetarianism is very popular <u>these days</u>.
요즘 채식주의가 매우 인기 있다.

❷ nowadays

3 He is a veterinarian, <u>that is</u>, an animal doctor.
그는 수의사 즉, 동물 의사이다.

❸ for a moment

C [보기] 표현들의 의미를 음미해 보고 알맞은 꼴을 빈칸 속에 풍덩!

┃보기┃ deal with　　　get out of　　　make sure　　　throw away　　　work for

1 이곳에서 나가자!
Let's _____ here!

2 반드시 안전벨트를 매세요.
_____ you fasten your seat belt.

3 쓰레기를 버리기 전에 두 번 생각해라.
Think twice before you _____ garbage.

4 그들은 같은 광고회사에서 일한다.
They _____ the same advertising agency.

5 쓰레기를 처리하는 최선의 방법은 쓰레기를 덜 만드는 것이다.
The best way to _____ our waste is to produce less of it.

D 빈칸에 들어갈 알맞은 전치사는?

1 She is good _____ dancing. 그녀는 춤을 잘 춘다.

2 Don't be angry _____ me. 내게 화내지 마.

3 What are you angry _____? 무엇 때문에 화가 났니?

4 I'd like to thank you _____ your help. 당신의 도움에 대해 감사드리고 싶습니다.

5 She brought her boyfriend _____ the party. 그녀는 남자친구를 파티에 데려왔다.

E [보기] 표현들의 뜻을 씹어 보고 들어갈 곳에 쏘옥!

| 보기 | after all　　　as well　　　on the other hand

1 너는 결국 내가 옳다는 걸 알게 될 거야.
　You will see I am right _____.

2 그녀는 영어도 할 줄 알고 프랑스어도 또한 할 줄 안다.
　She can speak English, and French _____.

3 뉴스 잡지는 많은 분야의 주제를 다룬다. 반면에 전문 잡지는 특정한 한 주제를 다룬다.
　News magazines deal with many subject areas. _____, special-
　interest magazines deal with one particular subject.

F 표현을 외우니 문장이 해석되네!

1 What is worth doing is worth doing well.
　할 만한 가치가 있는 일이라면 _____.

2 Earth does not belong to Man. Man belongs to the Earth.
　지구는 _____.

G 같은 모양, 다른 의미!

1 I'll do it at once.
　I can't do two things at once.

2 He put on his best suit.
　The monkeys in the circus put on a show.

H 명문을 완성하는 영광을!
자신을 돌볼 수 있을 때가 아니라 타인을 돌볼 수 있을 때 비로소 인간은 성인이 된다.
A person is grown up not when they can _____ themselves, but when
they can _____ others.

▶▶ 정답

D 1. at **2.** with[at] **3.** about[at] **4.** for **5.** to　**E 1.** after all **2.** as well **3.** On the other hand　**F 1.** 잘 할 가치가 있다 **2.** 인간에게 속해 있지 않다. 인간이 지구에 속해 있다　**G 1.** 즉시 그것을 할게요. / 나는 동시에 두 가지 일을 할 수 없다. **2.** 그는 가장 멋진 정장을 입었다. / 서커스의 원숭이들이 쇼를 공연했다.　**H** take care of, take care of

21

동사 중심 표현	

01 **go ⓥ-ing**	~하러 가다 Let's go swimming. 수영하러 가자. ● go camping/fishing/jogging/swimming/shopping 캠핑/낚시/조깅/수영/쇼핑하러 가다
02 **tend to ⓥ**	~하는 경향이 있다, ~하기 쉽다 Women tend to live longer than men. 여성이 남성보다 더 오래 사는 경향이 있다. ㊜ have a tendency to ⓥ, be apt to ⓥ, be inclined to ⓥ
03 **regret ⓥ-ing/to ⓥ**	(과거에) ~한 것을 후회하다/(현재·미래에) ~하게 되어 유감이다 I regret saying that to her. 그녀에게 그렇게 말한 게 후회스러워. I regret to say it's not possible. 그게 불가능하다고 말하게 되어 유감이에요.
04 **grow up**	어른이 되다[성장하다] He was born and grew up in Seoul. 그는 서울에서 태어나 자랐다.
05 **set up**	❶ 세우다 ❷ 설립[설치]하다(=establish) They set up a tent on the hill. 그들은 언덕에 텐트를 세웠다. They set up a charity organization. 그들은 자선 단체를 설립했다.
06 **take out**	❶ 꺼내다 ❷ 데리고 나가다 ❸ 대출[인출]하다 ❹ (음식을) 싸 갖고 가다 He took out his wallet. 그는 지갑을 꺼냈다. I'd like to take you out for dinner. 너를 데리고 나가 저녁을 대접하고 싶어. You can take out six books at a time. 한 번에 6권을 대출할 수 있습니다. You may take out what's left over. 남은 것은 싸 가지고 가셔도 됩니다.
07 **stare at**	빤히 보다[응시하다] Don't stare at people like that. 사람들을 그렇게 빤히 쳐다보지 마. ㊫ look at 보다[바라보다] glance at 흘끗 보다
08 **pay for**	~의 값을 치르다[지불하다] I'll pay for the tickets. 제가 표 값을 지불할게요. ㊫ pay off 성과를 올리다. (빚을) 전부 갚다 pay back (돈을) 갚다, 보복하다
09 **lead to ⓝ**	(결과적으로) ~에 이르다[~하게 되다](=result in) Stress can lead to physical illness. 스트레스는 신체적 질병이 될 수 있다. ● [원인+lead to+결과] 구문을 이룸.
10 **say[talk] to yourself**	혼잣말하다[마음속으로 생각하다] I said to myself, "Shall I try?" 나는 "해볼까?"하고 혼자 중얼거렸다.

형용사 중심 표현

11 be good for

~에 유익하다, ~에 적합하다
Exercise is good for you. 운동은 네게 유익하다.
㊠ be beneficial to ⓝ 비교 be good at ~에 능숙하다, 잘하다

12 be known as

~로 알려지다 ○ as는 자격(~로서)을 나타냄.
He is known as a pop singer. 그는 대중 가수로 알려져 있다.
비교 be known for ~로 유명하다 ○ for는 이유(~때문에)를 나타냄.
be known to ⓝ ~에게 알려지다 ○ to는 대상(~에게)을 나타냄.

13 be made of

~으로 만들어지다(재질의 변화가 없는 물리적 변화)
This shirt is made of cotton. 이 셔츠는 면으로 만들어져 있다.
비교 be made from ~으로 만들어지다(재질의 변화가 있는 화학적 변화)

전치사 중심 표현·부사어

14 a kind[sort] of

일종의
It's a kind[sort] of love story. 그건 일종의 사랑 이야기이다.
비교 all kinds[sorts] of 모든 종류의

15 at the same time

동시에(=at once)
They raised their hands at the same time. 그들은 동시에 손을 들었다.

16 first of all

무엇보다 먼저[우선]
First of all, let me ask you something. 우선 당신에게 뭐 좀 물어볼게요.
㊠ above all, most of all, best of all

17 in other words

다시 말해서(=namely)
In other words, he is right. 다시 말해서 그가 옳다.
㊠ that is (to say)

18 all the time

언제나[항상](=always)
No one can win all the time. 아무도 항상 이길 수는 없다.

19 one another

서로(=each other)
We must help one another. 우리는 서로를 도와야 한다.
○ each other는 둘, one another는 셋 이상에 쓰임이 원칙이지만 이 구별은 무시됨.

20 over and over (again)

여러 번[반복해서](=repeatedly, many times)
I read the book over and over (again). 나는 그 책을 반복해서 읽었다.

Today's Expression

Good for you! 잘했어!
A: I passed first time. 나는 첫 번에 합격했어.
B: Good for you! 잘했어!

A 다음 표현을 우리말로!

1	go ⓥ-ing	11	be good for
2	tend to ⓥ	12	be known as
3	regret ⓥ-ing/to ⓥ	13	be made of
4	grow up	14	a kind[sort] of
5	set up	15	at the same time
6	take out	16	first of all
7	stare at	17	in other words
8	pay for	18	all the time
9	lead to ⓝ	19	one another
10	say[talk] to yourself	20	over and over (again)

B 밑줄 친 표현과 같은 의미 연결하기

1 Poetry is a kind of music.
시는 일종의 음악이다.

❶ repeatedly

2 I read the book over and over (again).
나는 그 책을 반복해서 읽었다.

❷ a sort of

3 They raised their hands at the same time.
그들은 동시에 손을 들었다.

❸ at once

4 She has an I.Q. of 165. In other words, she is a genius.
그녀는 아이큐가 165다. 다시 말해서 그녀는 천재다.

❹ that is

C [보기] 표현들의 의미를 음미해 보고 알맞은 꼴을 빈칸 속에 풍덩!

|보기|	lead to	pay for	set up	stare at	tend to

1 사람들을 그렇게 빤히 쳐다보지 마.
Don't _____ people like that.

2 여성은 남성보다 더 오래 사는 경향이 있다.
Women _____ live longer than men.

3 좋은 준비는 좋은 결과에 이른다.
Good preparation _____ good result.

4 그는 신용카드로 표 값을 지불했다.
He _____ his ticket with a credit card.

5 내 꿈은 월트 디즈니 같은 애니메이션 회사를 설립하는 거야.
My dream is to _____ an animation company like Walt Disney.

▶▶▶ 정답

A 앞면 참조 B 1. ❷ 2. ❶ 3. ❸ 4. ❹ C 1. stare at 2. tend to 3. leads to 4. paid for 5. set up

D 빈칸에 들어갈 알맞은 전치사는?

1 This jacket is made _____ leather. 이 재킷은 가죽으로 만들어져 있다.

2 Koreans are known _____ a diligent people. 한국인은 근면한 민족으로 알려져 있다.

3 Exercise is good _____ physical and mental health. 운동은 신체와 정신 건강에 좋다.

E [보기] 표현들의 뜻을 씹어 보고 들어갈 곳에 쏘옥!

| 보기 | all the time   　　 first of all   　　　 one another |

1 아무도 항상 이길 수는 없다.

No one can win _____.

2 우선 당신에게 뭐 좀 물어볼게요.

_____, let me ask you something.

3 그들은 함께 일하며 서로 도왔다.

They worked together and helped _____.

F 표현을 외우니 문장이 해석되네!

1 He used to go fishing every weekend.

그는 주말마다 _____.

2 Juliet said to herself : "Oh, Romeo! Why are you Romeo?"

줄리엣은 "오, 로미오! 왜 당신은 로미오인가요?"라고 _____.

3 Taking responsibility for yourself is part of the process of growing up.

너 자신에 대해 책임을 진다는 것은 _____.

G 같은 모양, 다른 의미!

1 I regret saying that to her.
I regret to say it's not possible.

2 He took out a gold ring from his pocket.
She went to the bank to take out money.

H 명문을 완성하는 영광을!

삶의 여행길이 고달프고 끝은 보이지 않지만, 결국 끝에 이르지 않는 길은 없다.

Though the journey of life is bitter, and the end is unseen, there is no road which does not _____ an end.

▸▸▸ 정답

D **1.** of **2.** as **3.** for　E **1.** all the time **2.** First of all **3.** one another　F **1.** 낚시하러 가곤 했다 **2.** 혼잣말을 했다 **3.** 어른이 되는 과정의 일부분이다　G **1.** 그녀에게 그렇게 말한 게 후회스러워. / 그게 불가능하다고 말하게 되어 유감이에요. **2.** 그는 호주머니에서 금반지를 꺼냈다. / 그녀는 돈을 인출하러 은행에 갔다.　H lead to

25

| 동사 중심 표현 |

01 cut down

❶ 줄이다(=cut down on, cut back (on)) ❷ (나무를) 베어 쓰러뜨리다
Cut down (on) fast food. 패스트푸드를 줄여라.
They cut down the tree. 그들은 나무를 베어 쓰러뜨렸다.

02 turn off

(전기 · 가스 · 수도 등을) 끄다[잠그다]
Turn off the light. 전등을 꺼라.
🔁 turn on (전기 · 가스 · 수도 등을) 켜다[틀다]

03 agree with

~에(게) 동의하다, ~와 일치하다
I agree with you. 나는 네 의견에 동의한다.
🔁 disagree with ~와 의견이 다르다[~에(게) 동의하지 않다]

04 ask for

요구[요청]하다(=request)
I came to ask for your help. 네게 도움을 청하려고 왔어.

05 consist of

~로 이루어지다[구성되다]
The committee consists of ten members.
위원회는 10명의 위원으로 이루어져 있다.
🔗 be composed of, be made up of　비교 consist in ~에 있다[존재하다]

06 suffer from

~로 고통을 겪다
They are suffering from hunger. 그들은 굶주림으로 고통을 겪고 있다.

07 work on

❶ ~에 종사하다, ~에 대해 작업하다 ❷ ~에 애쓰다[공들이다]
I'm working on a new project. 나는 새로운 프로젝트를 하고 있어.

08 refer to ⓝ

❶ ~에 대해 말하다(=mention) ❷ ~와 관련되다[가리키다] ❸ 참조하다
Don't refer to the matter again. 다시는 그 문제에 대해 말하지 마.
The figures refer to our sales in the U.S. 그 수치는 미국에서의 판매량을 가리킨다.
Please refer to page 16. 16쪽을 참조하세요.

**09 look forward to ⓝ
[ⓥ-ing]**

~하기를 고대하다
I'm looking forward to meeting you. 나는 당신을 만나기를 고대하고 있어요.

10 do[try] your best

최선을 다하다
I'll do[try] my best. 나는 최선을 다할 거야.

11 make friends (with)

(~와) 친구가 되다[사귀다]
I want to make friends with you. 나는 너와 친구가 되고 싶어.

형용사 중심 표현

12 be aware of

알고[눈치채고] 있다
I am aware of **the problem.** 난 그 문제를 알고 있다.
[반] be unaware of 알지 못하다

13 be filled with

~로 가득 차다
My heart is filled with **joy.** 내 가슴은 기쁨으로 가득 차 있다.
[유] be full of　[비교] fill A with B A를 B로 채우다

**14 be sure of[about]/
(that)**

확신하다
Are you sure of[about] **that?** 그것을 확신하니?
I'm sure (that) **he's still alive.** 나는 그가 아직 살아있다고 확신한다.
[유] be certain of[about]/(that)

전치사 중심 표현 · 부사어

15 along with

~와 함께(=together with)
He sent me red roses along with **a card.**
그는 내게 카드와 함께 빨간 장미를 보냈다.

16 due to ⓝ

~ 때문에
The game was postponed due to **rain.** 경기가 비 때문에 연기되었다.
[유] because of, on account of, owing to ⓝ　[비교] be due to ⓥ ~할 예정이다

17 as[so] long as

❶ ~하기만 하면[~하는 한]　❷ ~하는 동안
We'll go as[so] long as **the weather is good.** 날씨가 좋기만 하면 우리는 갈 거야.
You can stay for as long as **you want.** 네가 원하는 동안 머물러도 돼.

18 at last

마침내[드디어](=finally)
At last **my dream has come true.** 마침내 내 꿈이 이루어졌다.

19 for the first time

처음으로
She visited Seoul for the first time. 그녀는 처음으로 서울을 방문했다.
[비교] at first 처음에　in the first place 첫째로[우선], 맨 먼저[애초]

20 and so on[forth]

기타 등등
name, age, address, and so on[forth] 이름, 나이, 주소 등등
[유] and the like, etc.

**Today's
Expression**

It's a piece of cake. 식은 죽 먹기야.
A: Could you show me how to use the computer? 컴퓨터 사용법 좀 가르쳐 주실래요?
B: Sure, it's a piece of cake. 물론이죠, 그것은 식은 죽 먹기예요.

A 다음 표현을 우리말로!

1	cut down	11	make friends (with)
2	turn off	12	be aware of
3	agree with	13	be filled with
4	ask for	14	be sure of[about]/(that)
5	consist of	15	along with
6	suffer from	16	due to ⓝ
7	work on	17	as[so] long as
8	refer to ⓝ	18	at last
9	look forward to ⓝ[ⓥ-ing]	19	for the first time
10	do[try] your best	20	and so on[forth]

B 밑줄 친 표현과 같은 의미 연결하기

1 I'm not <u>sure of</u> that.
난 그것을 확신하지 못하겠어.

❶ because of

2 My heart <u>is filled with</u> joy.
내 가슴은 기쁨으로 가득 차 있다.

❷ be certain of

3 <u>At last</u> my dream has come true.
마침내 내 꿈이 이루어졌다.

❸ be full of

4 She has been absent from work <u>due to</u> illness.
그녀는 병 때문에 결근했다.

❹ finally

C [보기] 표현들의 의미를 음미해 보고 알맞은 꼴을 빈칸 속에 풍덩!

|보기| agree with	ask for	consist of	make friends with	turn off

1 난 그 계획에 대해 당신의 의견에 동의해요.
I _____ you on the plans.

2 도움을 청하려고 전화했어요.
I'm calling to _____ your help.

3 그녀는 이웃들과 친구가 되고 싶어한다.
She wants to _____ her neighbors.

4 위원회는 10명의 위원으로 이루어져 있다.
The committee _____ ten members.

5 어머니는 내게 텔레비전을 끄고 공부하라고 자주 말씀하신다.
My mother often tells me to _____ the television and study.

▸▸▸ 정답

A 앞면 참조 **B** 1. ❷ 2. ❸ 3. ❹ 4. ❶ **C** 1. agree with 2. ask for 3. make friends with 4. consists of 5. turn off

D [보기] 표현들의 뜻을 씹어 보고 들어갈 곳에 쏘옥!

| 보기 | along with   and so on[forth]   as[so] long as   for the first time

1 난 작년에 처음으로 유럽을 방문했다.

I visited Europe _____ last year.

2 당신이 행복하기만 하면 난 상관없어요.

I don't care _____ you are happy.

3 그는 카드와 함께 빨간 장미를 내게 보냈다.

He sent me red roses _____ a card.

4 그는 내 이름, 주소 등등을 물었다.

He asked me my name, my address, _____.

E 표현을 외우니 문장이 해석되네!

1 Do your best to realize your dreams.

네 꿈을 실현하기 위해 _____.

2 Are you aware of the risk of smoking?

당신은 흡연의 위험성을 _____?

3 I'm looking forward to seeing you again.

_____

4 Many people are suffering from hunger and disease.

많은 사람들이 _____.

F 같은 모양, 다른 의미!

1 They are working on a new album.

You need to work on your technique.

2 They cut down trees to make roads.

Obeying traffic safety laws can cut down the number of car accidents.

3 We didn't refer to the matter again.

For more details, please refer to the attached file.

The figures in the left-hand column refer to our sales abroad.

G 오늘의 숙어로 명문 완성하기!

발견은 다른 모든 사람들과 같은 것을 보는 것과 다른 것을 생각하는 것으로 이루어진다.

Discovery _____ looking at the same thing as everyone else and thinking something different.

▶▶▶ 정답

D **1.** for the first time **2.** as[so] long as **3.** along with **4.** and so on[forth] E **1.** 최선을 다해라 **2.** 알고 있나요 **3.** 나는 당신을 다시 만나기를 고대하고 있다. **4.** 기아와 질병으로 고통을 겪고 있다 F **1.** 그들은 새 앨범 작업을 하고 있다. / 너는 기술을 향상시키는 데 공을 들일 필요가 있다. **2.** 그들은 도로를 만들기 위해 나무를 베어 쓰러뜨렸다. / 교통안전 법규를 준수하면 교통사고 수를 줄일 수 있다. **3.** 우리는 다시는 그 문제에 대해 말하지 않았다. / 더 자세한 사항은 첨부한 파일을 참조해 주세요. / 왼쪽 칸의 숫자는 해외 판매량을 가리킨다. G consists of

동사 중심 표현

01 manage to ⓥ

이럭저럭[가까스로] ~하다
They managed to find a place to stay. 그들은 가까스로 머물 곳을 찾았다.

02 happen to ⓝ/ⓥ

~에게 일어나다/우연히 ~하다
How could this happen to me? 어떻게 이런 일이 내게 일어날 수 있지?
I happened to see him on the street. 나는 길에서 그를 우연히 만났다.

03 go back (to ⓝ)

❶ (~로) 되돌아가다 ❷ (~로) 거슬러 올라가다
Go back to your seat. 네 자리로 되돌아가렴.
The building goes back to Roman times. 이 건물은 로마 시대로 거슬러 올라간다.

04 contribute to ⓝ

❶ ~에 기여[공헌]하다 ❷ ~의 원인이 되다 ❸ ~에 기부하다
He contributed to global peace. 그는 세계 평화에 기여했다.
Smoking contributed to his early death. 흡연이 그의 조기 사망의 원인이 되었다.
Would you like to contribute to the charity? 자선 단체에 기부하시겠습니까?

05 warm up

❶ 준비 운동을 하다 ❷ 따뜻하게 하다
You must warm up before taking exercise. 운동하기 전에 준비 운동을 해야 한다.
I warmed up the leftover soup. 나는 남은 수프를 따뜻하게 데웠다.

06 dream of[about]

~에 대해 꿈꾸다
He dreams of[about] becoming an actor. 그는 영화배우가 되기를 꿈꾼다.

07 escape from

❶ ~에서 도망가다 ❷ ~에서 벗어나다
He escaped from prison this morning. 그는 오늘 아침 감옥에서 도망쳤다.

08 divide A into B

A를 B로 나누다
Divide it into three equal parts. 그것을 3등분하시오.
[비교] be divided into ~로 나누어져 있다

09 take it easy

❶ 쉬엄쉬엄하다 ❷ 진정하다 ❸ (작별 인사) 안녕
Take it easy. We don't have to rush. 쉬엄쉬엄해. 우리는 서두를 필요가 없어.
Take it easy and tell me what happened. 진정하고 무슨 일이 있었는지 말해 보렴.
See you then. Take it easy. 그때 보자. 안녕.

10 have something/ nothing to do with

~와 관계가 있다/없다
His job has something to do with computers. 그의 일은 컴퓨터와 관계가 있다.
It has nothing to do with me. 그것은 나와 관계가 없어.
[비교] have much[a lot]/little to do with ~와 많은 관계가 있다/~와 거의 관계가 없다

형용사 중심 표현

11 be afraid of[that]

두려워[무서워]하다
She's afraid of dogs. 그녀는 개를 무서워한다.

12 be proud of

~을 자랑스럽게 여기다
I'm proud of you. 나는 네가 자랑스러워.
⊕ take pride in, pride yourself on

13 be[get] ready to ⓥ

❶ ~할 준비가 되다   ❷ 기꺼이 ~하다
Are you ready to order? 주문하실 준비가 되셨나요[주문하시겠어요]?
He's always ready to help his friends. 그는 항상 기꺼이 친구들을 도우려고 한다.

전치사 중심 표현 · 부사어

14 in general

일반적으로(=generally)
In general, men are taller than women. 일반적으로 남자가 여자보다 더 키가 크다.

15 up to ⓝ

❶ ~까지   ❷ ~에 달려 있는
Up to six people can sleep in this tent. 여섯 명까지 이 텐트 안에서 잘 수 있다.
It's up to you. 그것은 네게 달려 있어.

16 every time

❶ ~할 때마다(=whenever)   ❷ 언제나(=always)
The roof leaks every time it rains. 비가 올 때마다 지붕에서 물이 샌다.
Love will conquer hatred every time. 사랑은 언제나 증오를 물리치기 마련이다.
⊕ each time ~할 때마다   all the time 언제나

17 right now

❶ 지금 바로[당장](=immediately)   ❷ 지금(=now)
Do it right now. 지금 바로 그것을 해라.
He's not in the office right now. 그분은 지금 사무실에 안 계세요.

18 some day [someday]

(미래의) 언젠가[훗날]
I'll go back there some day. 언젠가 그곳으로 돌아갈 거야.
비교 one day (과거 또는 미래의) 어느 날[언젠가]

19 best of all

무엇보다도 (가장 좋은), 특히, 첫째로
Best of all, the acting is wonderful. 무엇보다도 연기가 좋다.
⊕ above all, most of all, first of all

20 all over the world

전 세계에
English is spoken all over the world. 영어는 전 세계에서 통용된다.
⊕ around the world

Today's Expression

You can say that again! 맞아[정말 그래, 동감이야]!
A: What a great day! 날씨 참 좋네요!
B: You can say that again! 정말 그래요!

A 다음 표현을 우리말로!

1	manage to ⓥ	11	be afraid of[that]
2	happen to ⓝ/ⓥ	12	be proud of
3	go back (to ⓝ)	13	be[get] ready to ⓥ
4	contribute to ⓝ	14	in general
5	warm up	15	up to ⓝ
6	dream of[about]	16	every time
7	escape from	17	right now
8	divide A into B	18	some day[someday]
9	take it easy	19	best of all
10	have something/nothing to do with	20	all over the world

B 밑줄 친 표현과 같은 의미 연결하기

1 Warm up the milk <u>right now</u>.
당장 우유를 데우렴.

❶ whenever

2 <u>Some day</u> you'll regret your decision.
언젠가 너는 네 결정을 후회하게 될 거야.

❷ immediately

3 <u>Every time</u> I went to see her, she was not at home.
그녀를 만나러 갈 때마다 그녀는 집에 없었다.

❸ one day

C [보기] 표현들의 의미를 음미해 보고 알맞은 꼴을 빈칸 속에 풍덩!

| 보기 | dream of   escape from   go back to   happen to   manage to   warm up |

1 네 자리로 돌아가.

_____ your seat.

2 그는 배우가 되기를 꿈꾼다.

He _____ being an actor.

3 그들은 화재에서 가까스로 살아남았다.

They _____ survive the fire.

4 나는 우연히 그들의 대화를 듣게 되었다.

I _____ hear their conversation.

5 사람들은 스트레스에서 벗어나고 싶어 한다.

People want to _____ the stress.

6 운동하기 전에 준비 운동을 해야 한다.

You must _____ before taking exercise.

▸▸▸ 정답

A 앞면 참조   B 1. ❷ 2. ❸ 3. ❶   C 1. Go back to 2. dreams of 3. managed to 4. happened to 5. escape from
6. warm up

D 빈칸에 들어갈 알맞은 전치사는?

1 I'm proud _____ you. 나는 네가 자랑스러워.

2 What happened _____ him? 그에게 무슨 일이 일어났니?

3 Don't be afraid _____ making mistakes. 실수하는 것을 두려워하지 마.

E [보기] 표현들의 뜻을 씹어 보고 들어갈 곳에 쏘옥!

| 보기 | all over the world   best of all   in general

1 영어는 전 세계에서 두루 통용되는 언어이다.

English is a language used _____.

2 일반적으로 모든 성취는 시행착오를 필요로 한다.

_____, every achievement requires trial and error.

3 그곳은 깨끗하고 좋은 곳에 위치했지만, 무엇보다도 가격이 적당하다.

It's clean and well-located, but _____, it's affordable.

F 표현을 외우니 문장이 해석되네!

1 She divided the cake into four equal parts.
그녀는 케이크를 _____.

2 Everything's packed, and we're ready to leave.
모든 짐들을 다 싸서 우리는 _____.

3 Words have something to do with their culture.
단어들은 문화와 _____.

G 같은 모양, 다른 의미!

1 It's up to you to make a decision.
Up to six people can sleep in this tent.

2 Smoking contributes to lung cancer.
Everyone on the team contributed to winning the game.

3 See you then. Take it easy.
Take it easy. We don't have to rush.
Take it easy and tell me what happened.

H 명문을 완성하는 영광을!

사랑은 당신이 얻기를 기대하는 것과 관계가 없다. 사랑은 당신이 주기를 기대되는 것이다.

Love _____ what you are expecting to get, it's what you are expected to give.

▶▶ 정답

D 1. of **2.** to **3.** of **E 1.** all over the world **2.** In general **3.** best of all **F 1.** 똑같은 네 조각으로 나누었다 **2.** 떠날 준비가 되었다 **3.** 관계가 있다 **G 1.** 결정하는 것은 너에게 달려 있어. / 6명까지 이 텐트 안에서 잘 수 있다. **2.** 흡연은 폐암의 원인이 된다. / 팀의 모두가 경기에 이기는 데 기여했다. **3.** 그때 보자. 안녕. / 쉬엄쉬엄해. 우리는 서두를 필요가 없어. / 진정하고 무슨 일이 있었는지 말해 보렴. **H** has nothing to do with

33

DAY 08

동사 중심 표현

01 take off

❶ (옷 따위를) 벗다(↔ put on) ❷ 이륙하다(↔ land)
Won't you take off your hat? 모자 안 벗을래요?
The plane took off an hour late. 비행기가 한 시간 늦게 이륙했다.

02 bring about

일으키다[가져오다](＝cause)
Money cannot bring about happiness. 돈이 행복을 가져오지는 않는다.

03 focus on

～에 초점을 맞추다, ～에 집중하다
We will focus on three main topics. 우리는 세 가지 주제에 초점을 맞출 것이다.

04 result in

～의 결과를 가져오다
The fire resulted in damage to their property.
화재는 그들의 재산 손실을 가져왔다.
비교 result from ～의 결과이다
◎ 원인+result in+결과 / 결과+result from+원인

05 sound like

～처럼 들리다, ～인 것 같다
That sounds like a good idea. 그것은 좋은 생각인 것 같다.
비교 seem, appear, look like ～처럼 보이다, ～인 것 같다

06 make it

❶ 성공하다 ❷ (시간 맞춰) 가다
He made it as an actor. 그는 배우로서 성공했다.
Sorry, I can't make it at seven. 미안해. 난 7시에 맞춰 갈 수 없어.

07 play a role (in)

(～에서) 역할을 하다
He played a role in the victory of his team. 그는 팀의 승리에 한몫을 했다.
유 play[do] a part (in)

08 keep ~ in mind

명심[유념]하다
I'll keep that in mind. 그것을 명심할게.
유 bear ~ in mind   비교 have ~ in mind 고려하고 있다[염두에 두다]

09 provide A with B

A(사람 · 사물)에게 B(사물)를 공급[제공]하다
We provided them with food and water. 우리는 그들에게 음식과 물을 제공했다.
유 supply[furnish] A with B   provide[supply] B(사물) for[to] A(사람 · 사물)

10 prefer to A(ⓥ) (rather than B(ⓥ))

(B하기보다) A하기를 더 좋아하다
I prefer to walk rather than drive. 나는 운전하는 것보다 걷는 것을 더 좋아한다.
비교 prefer A(ⓝ) to B(ⓝ) B보다 A를 더 좋아하다

형용사 중심 표현

11 be covered with

~로 덮여 있다
The mountain is covered with snow. 산이 눈으로 덮여 있다.

12 be responsible for

❶ ~에 책임이 있다 ❷ 책임지고 있다 ❸ ~의 원인이 되다
Who's responsible for the accident? 누가 그 사고에 책임이 있니?
He is responsible for recruiting new staff. 그는 신입사원 모집을 책임지고 있다.
The chemical is responsible for those deaths.
그 화학제품이 그들 사망의 원인이다.

13 be worried about

~에 대해 걱정하다
She is worried about his health. 그녀는 그의 건강에 대해 걱정한다.
위 worry about, be concerned about, be anxious about

전치사 중심 표현·부사어

14 at the end of

~의 끝에
I'm leaving at the end of this month. 나는 이달 말에 떠날 거야.
반 at the beginning of ~의 처음에   비교 in the end 끝내[마침내], 결국

15 in spite of

~에도 불구하고(=despite, for all)
We went out in spite of the rain. 우리는 비가 오는 데도 불구하고 외출했다.

**16 on your[the] way
(to ⓝ)**

(~로 가는) 도중에
He died on his way to the hospital. 그는 병원으로 가는 도중에 사망했다.

17 thanks to ⓝ

~ 덕분[때문]에
Thanks to your help, I was able to do it. 네 도움 덕분에 나는 그것을 할 수 있었어.
비교 because of, due to ⓝ, owing to ⓝ ~ 때문에

18 in short

간단히 말하면[요컨대]
In short, he is a dreamer. 요컨대, 그는 몽상가다.
위 in brief, in a word, in sum

19 for yourself

❶ 스스로[직접]   ❷ 자신을 위해
He does everything for himself. 그는 모든 것을 스스로[직접] 한다.
비교 by yourself 혼자서, 혼자 힘으로   of itself 저절로, 자연히
beside yourself 제 정신을 잃고

20 or so

(수량 뒤에서) ~쯤[정도](=about, around)
We stayed there for an hour or so. 우리는 한 시간쯤 그곳에 머물렀다.

**Today's
Expression**

It's on the tip of my tongue. 혀끝에서 뱅뱅 도네[생각 날 듯 말 듯하네].
A: What's her name? 그녀의 이름이 뭐니?
B: It's on the tip of my tongue, but I can't remember.
생각 날 듯 말 듯한데, 기억이 안 나네.

A 다음 표현을 우리말로!

1	take off	11	be covered with
2	bring about	12	be responsible for
3	focus on	13	be worried about
4	result in	14	at the end of
5	sound like	15	in spite of
6	make it	16	on your[the] way (to ⓝ)
7	play a role (in)	17	thanks to ⓝ
8	keep ~ in mind	18	in short
9	provide A with B	19	for yourself
10	prefer to A(ⓥ) (rather than B(ⓥ))	20	or so

B 밑줄 친 표현과 같은 의미 연결하기

1 <u>In short</u>, the world is becoming internationalized.　　　　　❶ despite
　간단히 말해서, 세계는 국제화되고 있다.

2 <u>In spite of</u> his injury, he will play in Saturday's match.　　　❷ because of
　부상에도 불구하고 그는 토요일 시합에서 뛰게 될 것이다.

3 <u>Thanks to</u> technology, I can send this e-mail to all of you at once.　❸ in brief
　과학 기술 덕분에 너희들 모두에게 이 이메일을 동시에 보낼 수 있다.

C [보기] 표현들의 의미를 음미해 보고 알맞은 꼴을 빈칸 속에 퐁덩!

보기	focus on	keep in mind	prefer to	result in	sound like

1 그녀는 혼자 있는 것을 더 좋아한다.
　She ＿＿＿＿＿＿＿＿＿ be alone.

2 네가 한 말을 명심할게.
　I will ＿＿＿＿＿＿＿＿＿ what you said.

3 그것은 매우 좋은 생각인 것 같다.
　That ＿＿＿＿＿＿＿＿＿ a very good idea.

4 책임의 결여는 많은 끔찍한 재난을 가져온다.
　Lack of responsibility ＿＿＿＿＿＿＿＿＿ many terrible disasters.

5 우리는 오늘 노숙자 문제에 초점을 맞출 것이다.
　Today we're going to ＿＿＿＿＿＿＿＿＿ the problem of homeless people.

▸▸▸ 정답

A 앞면 참조　**B** 1. ❸ 2. ❶ 3. ❷　**C** 1. prefers to　2. keep in mind　3. sounds like　4. results in　5. focus on

D 빈칸에 들어갈 알맞은 전치사는?

1 She is worried _____ his health. 그녀는 그의 건강에 대해 걱정한다.

2 The forest was covered _____ fallen leaves. 숲은 낙엽들로 덮여 있었다.

3 She provided them _____ food and shelter. 그녀는 그들에게 음식과 집을 제공해 주었다.

E [보기] 표현들의 뜻을 씹어 보고 들어갈 곳에 쏘옥!

| 보기 | at the end of　　　for yourself　　　on my way to　　　or so |

1 우리는 한 시간쯤 그곳에 머물렀다.

We stayed there for an hour _____.

2 수업이 끝날 때 숙제를 제출하시오.

Summit your homework _____ the class.

3 어느 쪽이 참이고 어느 쪽이 거짓인지 스스로 결정해.

Decide _____ which is true and which is false.

4 나는 부산으로 떠나기 위해 버스 터미널에 가는 중이다.

I am _____ the bus terminal to depart for Busan.

F 표현을 외우니 문장이 해석되네!

1 The Internet plays an important role in our life.

인터넷은 우리 생활에서 _____.

2 Computers have brought about many changes in the world.

컴퓨터가 세상에 많은 변화를 _____.

G 같은 모양, 다른 의미!

1 Sorry, I can't make it at seven.

I never thought he would make it as an actor.

2 The President is responsible for the national security and welfare.

Gases from automobiles are responsible for air pollution.

3 At this airport, an average of fifty planes land and take off every hour.

In Korea, we are supposed to take off our shoes when we enter the house.

H 명문을 완성하는 영광을!

각자 자신의 행동에 책임이 있다.

Each _____ his own actions.

▶▶▶ 정답

D 1. about　2. with　3. with　**E** 1. or so　2. at the end of　3. for yourself　4. on my way to　**F** 1. 중요한 역할을 한다　2. 일으켰다　**G** 1. 미안하지만, 나는 7시에 맞춰 갈 수 없어. / 나는 그가 영화배우로 성공할 것이라고 결코 생각하지 못했다.　2. 대통령은 국가 안보와 복지를 책임지고 있다. / 자동차 배기가스가 대기 오염의 원인이다.　3. 이 공항에서는 평균 50대의 비행기들이 매시간 착륙하고 이륙한다. / 한국에서는 집에 들어갈 때 신발을 벗어야 한다.　**H** is responsible for

동사 중심 표현

01 cause A to B(ⓥ)

A가 B하게 하다
What caused you to change your mind? 무엇이 네 마음을 바꾸게 했니?

02 get back

❶ 돌아오다[가다]　❷ 돌려받다[되찾다]
What time did you get back last night? 지난밤에 몇 시에 돌아왔니?
Did you get your books back? 네 책을 돌려받았니?

03 arrive at[in]

~에 도착하다(=reach)
What time did you arrive at the airport? 너는 공항에 몇 시에 도착했니?
She'll arrive in New York at noon. 그녀는 정오에 뉴욕에 도착할 것이다.

04 ask out

~에게 데이트를 신청하다
He's too shy to ask her out. 그는 너무 소심해서 그녀에게 데이트 신청을 못한다.

05 figure out

❶ 이해하다[알아내다]　❷ 계산하다(=calculate)
I can't figure out why he did it. 나는 그가 왜 그랬는지 이해할 수 없다.
Figure out how much it will cost. 비용이 얼마인지 계산해 주세요.

06 turn out

❶ ~로 드러나다[밝혀지다]　❷ 생산하다　❸ (전등·수도 등을) 끄다[잠그다]
The rumor turned out to be true. 그 소문은 사실로 밝혀졌다.
The factory turns out 900 cars a week.
그 공장은 한 주에 900대의 자동차를 생산한다.
Don't forget to turn out the lights. 불 끄는 것을 잊지 마.
㊨ turn off (전기·가스·수도 등을) 끄다[잠그다]

07 compare A with[to] B(ⓝ)

A를 B와 비교하다
I compared the copy with the original. 나는 복사본을 원본과 비교했다.
◐ be compared with[to] ~와 비교되다
　(as) compared with[to] ~와 비교하면[비교해서]

08 make a[your] decision

결정[결심]하다(=decide)
You made a[your] great decision. 너는 굉장한 결정을 했구나.

09 make[give, deliver] a speech

연설하다
He made[gave/delivered] a wonderful speech. 그는 멋진 연설을 했다.

10 be about to ⓥ

막 ~하려고 하다
The movie is about to start. 영화가 막 시작하려고 해요.

형용사 중심 표현

11 be concerned about

~에 대해 염려[걱정]하다
I'm concerned about **your health**. 나는 네 건강이 염려돼.
㊔ be worried about, be anxious about
㊐ be concerned with ~와 관련이 되다

12 be expected to ⓥ

~라고 예상[기대]되다
House prices are expected to **rise sharply**. 주택 가격이 급등할 것으로 예상된다.

13 be willing to ⓥ

기꺼이 ~하다
I'm willing to **help you**. 제가 기꺼이 도와드릴게요.
㊔ be ready to ⓥ   ㊀ be unwilling to ⓥ, be reluctant to ⓥ ~하기를 꺼리다

전치사 중심 표현 · 부사어

14 a variety of

여러 가지의[다양한](=various, diverse)
They produce a variety of **products**. 그들은 여러 가지 제품을 생산한다.

15 as[so] far as

❶ ~하는 한   ❷ ~까지
As far as **I know**, he is a nice guy. 내가 아는 한 그는 멋진 사람이야.
He went as far as **Chicago**. 그는 시카고까지 갔다.
㊐ as[so] far as ~ be concerned ~에 관한 한
　　as[so] far as I am concerned 나로서는

16 in a hurry

서둘러[급히]
Why are you in a hurry? 왜 서두르니?
㊔ in haste   ㊐ hurry up 서두르다

17 all day (long)

하루 종일
I've been studying all day (long). 나는 하루 종일 공부했다.

18 at a time

한 번에
He ran up the stairs two at a time. 그는 한 번에 두 단씩 뛰어 계단을 올라갔다.
㊐ at one time 예전에[한때], 한 번에

19 in time

시간 맞춰[늦지 않게]
Will you be able to finish it in time? 그것을 시간 맞춰 끝낼 수 있겠어요?
㊐ on time 제시간[정시]에

20 so far

지금까지(=until now)
Everything is going as planned so far. 지금까지 모든 일이 계획대로 진행 중이다.

➕

Today's Expression

So far so good. 지금까지는 좋아요.
A: How's life in Korea? 한국 생활이 어때요?
B: So far so good. 지금까지는 좋아요.

A 다음 표현을 우리말로!

1	cause A to B(ⓥ)	11	be concerned about
2	get back	12	be expected to ⓥ
3	arrive at[in]	13	be willing to ⓥ
4	ask out	14	a variety of
5	figure out	15	as[so] far as
6	turn out	16	in a hurry
7	compare A with[to] B(ⓝ)	17	all day (long)
8	make a[your] decision	18	at a time
9	make[give, deliver] a speech	19	in time
10	be about to ⓥ	20	so far

B 밑줄 친 표현과 같은 의미 연결하기

1 They arrived at the South Pole.
그들은 남극에 도착했다.   ❶ be worried about

2 They produce a variety of products.
그들은 여러 가지 제품을 생산한다.   ❷ reach

3 Everything is going as planned so far.
지금까지 모든 일이 계획대로 진행 중이야.   ❸ various

4 She is concerned about her math exam next week.
그녀는 다음 주 수학 시험에 대해 걱정한다.   ❹ until now

C [보기] 표현들의 의미를 음미해 보고 알맞은 꼴을 빈칸 속에 풍덩!

보기	be about to	be expected to	be willing to	get back	turn out

1 막 해가 뜨려고 한다.
The sun _____ rise.

2 그녀는 가난한 사람들을 기꺼이 도왔다.
She _____ help poor people.

3 자정까지 비가 계속될 것으로 예상된다.
The rain _____ continue until midnight.

4 그는 돌아왔을 때 너무 지쳐서 한 마디도 할 수 없었다.
When he _____, he was too tired to say a word.

5 불가능해 보이는 것이 가능한 것으로 밝혀질 수도 있다.
What seems impossible can _____ to be possible.

▸▸▸ 정답

A 앞면 참조 B 1. ❷ 2. ❸ 3. ❹ 4. ❶ C 1. is about to 2. was willing to 3. is expected to 4. got back 5. turn out

D 빈칸에 공통으로 들어가는 단어는?

나는 너무 초조해서 좋은 연설을 할 수 없었다.

I felt too nervous to _____ a good speech.

네가 결정을 해야 할 때가 온다.

There comes a time when you have to _____ a decision.

E [보기] 표현들의 뜻을 씹어 보고 들어갈 곳에 쏘옥!

| |보기| all day (long) as far as at a time in a hurry in time |

1 한 번에 한 단계씩 목표들을 이루려고 해라.

Aim to achieve your goals one step _____.

2 일을 서둘러서 하면 실수하게 될 거야.

You'll make mistakes if you do things _____.

3 그의 부모는 자신들이 할 수 있는 한 그를 뒷받침해 주었다.

His parents supported him _____ they could.

4 나는 헤르만 헤세의 '데미안'을 읽으면서 하루 종일 집에 있었다.

I stayed at home _____, reading Hermann Hesse's *Demian*.

5 서두르지 않으면 시간 맞춰 기차를 탈 수 없을 거야.

If we don't hurry up, we won't be _____ to catch the train.

F 표현을 외우니 문장이 해석되네!

1 He's too shy to ask her out.

그는 너무 소심해서 그녀에게 _____.

2 I compared the copy with the original.

나는 복사본을 원본과 _____.

3 Scolding may cause the child to have a negative view of himself/herself.

꾸중은 아이가 자신에 대한 부정적인 견해를 _____.

G 같은 모양, 다른 의미!

I never figure out why he quit his job.

You must figure out what the sale price is.

H 명문을 완성하는 영광을!

우리 뒤에 있는 것이나 우리 앞에 있는 것이나 우리 속에 있는 것에 비하면 작은 것들에 불과하다.

What lies behind us, and what lies before us are tiny matters _____ what lies within us.

▸▸▸ 정답

D make E 1. at a time 2. in a hurry 3. as far as 4. all day (long) 5. in time F 1. 데이트 신청을 못 한다 2. 비교했다 3. 갖게 할 수 있다. G 나는 그가 왜 직장을 그만뒀는지 이해할 수 없다. / 너는 판매 가격이 얼마인지 계산해야 한다. H compared with[to]

DAY 10

동사 중심 표현

01 ought to ⓥ

~해야 하다(＝should)
They ought to apologize. 그들은 사과해야 한다.

02 set out

❶ 출발하다[떠나다] ❷ 시작[착수]하다 ❸ (음식 등을) 차려 놓다
He set out for New York. 그는 뉴욕으로 출발했다.
They set out to discover a cure for cancer. 그들은 암 치료제 개발에 착수했다.
She set out the dinner on the table. 그녀는 식탁에 저녁식사를 차려 놓았다.

03 go ahead

❶ 앞서 가다 ❷ 진행되다[시작하다]
Go ahead. I'll follow right behind you. 먼저 가. 바로 뒤따라갈게.
The party went ahead as planned. 파티는 계획대로 진행되었다.
They went ahead with the plans. 그들은 그 계획들을 시작했다.

04 care for

❶ 돌보다 ❷ 좋아하다
She cares for her elderly mother. 그녀는 나이 드신 어머니를 돌본다.
I don't care for meat. 나는 고기를 좋아하지 않는다.
◉ Would you care for ~? (정중한 질문이나 부탁) ~하시겠어요[해 주시겠어요]?

05 hear of[about]

~에 대해 전해 듣다, ~의 소식[소문]을 듣다
Have you ever heard of it? 너는 그것에 대해 들어 본 적 있니?
비교 hear from ~로부터 연락[편지 · 전화 · 전갈]을 받다

06 think of A as B

A를 B로 생각하다[여기다]
Don't think of me as a fool. 나를 바보로 여기지 마.
유 look on[upon] A as B, regard A as B, consider A (as) B

07 keep A from B (ⓥ-ing)

A가 B하는 것을 막다[못하게 하다]
The noise keeps me from falling asleep. 나는 소음 때문에 잠을 잘 수가 없다.
유 prevent[stop] A from B(ⓥ-ing)

08 keep a diary

일기를 쓰다
I've kept a diary for ten years. 나는 10년 동안 일기를 써 왔다.

09 take part in

~에 참가하다
They took part in the protest. 그들은 시위에 참가했다.
유 participate in

10 get married (to + 사람)

(~와) 결혼하다
John's getting married to Ann. John은 Ann과 결혼할 것이다.

형용사 중심 표현

11 be sure to ⓥ

반드시 ~하다
Be sure to **fasten** your seat belt. 반드시 안전벨트를 매라.
비교 **be sure of[that]** 확신하다　**make sure** 확실히 ~하다, 확인하다

12 be used to ⓝ [ⓥ-ing]

~에 익숙하다
He is used to **living** alone. 그는 혼자 사는 데 익숙하다.
○ **get[become] used to ⓝ** ~에 익숙해지다
유 **be accustomed to ⓝ[ⓥ-ing]**
비교 **be used to ⓥ** ~하기 위해 사용되다　**used to ⓥ** ~하곤 했다, ~이었다

13 be followed by

~을 앞서다[다음에 ~이 이어지다]
The wedding was followed by **a reception.** 결혼식 다음에 피로연이 이어졌다.

전치사 중심 표현·부사어

14 at times

때때로[가끔](=sometimes)
Life is hard at times. 때때로 인생은 힘들다.
유 **from time to time, now and then**

15 more than

~보다 많은[~ 이상]
I waited for more than **an hour.** 나는 한 시간 이상 기다렸다.
비교 **no more than** 단지, 겨우　**not more than** 기껏해야[많아야], ~보다 많지 않은

16 in the end

끝내[마침내], 결국
What did you decide in the end? 너는 결국 무엇을 결정했니?

17 at the age of

~살 때에
She died at the age of **100.** 그녀는 100살 때 죽었다.

18 in danger (of)

(~의) 위험에 처해 있는
animals in danger of **extinction** 멸종 위기에 처한 동물들

19 a couple of

❶ 둘의　❷ 두셋의[몇 개의]
There are a couple of **girls** waiting for you. 두 명의 소녀가 너를 기다리고 있어.
You'll be all right in a couple of **days.** 너는 이삼일이 지나면 좋아질 거야.

20 a number of

❶ (수가) 많은(=many)　❷ 얼마간의(=some)
He made a number of **mistakes.** 그는 많은 실수를 했다.
비교 **the number of** ~의 수　**a small/large number of** 소수/다수의

➕

Today's Expression

Go ahead. 그렇게 하세요[먼저 하세요, 말씀하세요].
A: May I start now? 지금 시작해도 될까요?
B: Yes, go ahead. 네, 그렇게 하세요.

A 다음 표현을 우리말로!

1	ought to ⓥ	11	be sure to ⓥ
2	set out	12	be used to ⑪[ⓥ-ing]
3	go ahead	13	be followed by
4	care for	14	at times
5	hear of[about]	15	more than
6	think of A as B	16	in the end
7	keep A from B(ⓥ-ing)	17	at the age of
8	keep a diary	18	in danger (of)
9	take part in	19	a couple of
10	get married (to+사람)	20	a number of

B 밑줄 친 표현과 같은 의미 연결하기

1 I think of him as my best friend.
   나는 그를 나의 가장 친한 친구로 생각한다.

   ❶ consider

2 Korea first took part in the World Cup in 1954.
   한국은 1954년에 처음으로 월드컵에 참가했다.

   ❷ should

3 We ought to be careful not to waste the energy we use.
   우리가 사용하는 에너지를 낭비하지 않도록 유의해야 한다.

   ❸ participate in

C [보기] 표현들의 의미를 음미해 보고 알맞은 꼴을 빈칸 속에 풍덩!

| 보기 | be sure to　be used to　get married　go ahead　hear of　keep a diary |

1 그는 혼자 사는 데 익숙하다.
   He _____ living alone.

2 그들은 그 계획들을 시작했다.
   They _____ with the plans.

3 넌 그 경기에서 반드시 잘 할 거야.
   You _____ do well in the game.

4 그녀는 영어로 일기를 쓰겠다고 결심했다.
   She decided to _____ in English.

5 나는 지금까지 그런 말을 들어 본 적이 없다.
   I've never _____ such a thing until now.

6 많은 여성들이 결혼한 후에도 계속해서 일하기를 원한다.
   Many women want to continue to work after they _____.

▶▶▶ 정답

A 앞면 참조　B 1. ❶ 2. ❸ 3. ❷　C 1. is used to　2. went ahead　3. are sure to　4. keep a diary　5. heard of　6. get married

D [보기] 표현들의 뜻을 씹어 보고 들어갈 곳에 쏘옥!

| 보기 | a couple of   a number of   at times   at the age of   in the end

1 그녀는 100살 때 죽었다.
She died _____ 100.

2 그들은 많은 재미있는 사실을 발견했다.
They found _____ interesting facts.

3 두 달 후에 그는 회복되었다.
_____ months later, he got well again.

4 그는 몇 차례 시도해서 결국 성공했다.
He tried several times, and _____ he succeeded.

5 때때로 나는 내가 무얼 하고 있으며 누구인지 생각해 본다.
_____ I wonder what I am doing and who I am.

E 표현을 외우니 문장이 해석되네!

1 The whole is more than the sum of its parts.
전체는 부분의 합 _____.

2 Flashes of lightning are followed by thunder.
번개의 섬광은 _____.

3 Good food and exercise can keep you from catching a disease.
좋은 음식과 운동은 _____.

4 Tigers are in danger of extinction because of some thoughtless people.
호랑이는 일부 몰지각한 사람들 때문에 _____.

F 같은 모양, 다른 의미!

1 She doesn't really care for him.
She cared for her father all through his long illness.

2 She set out the dinner on the table.
They set out to discover a cure for cancer.
They set out on dangerous expeditions to explore unknown lands.

G 재미있는 글을 완성하는 재미를!

코걸이를 하고 헐렁한 옷을 입고 뾰족하게 세운 머리를 한 십대가 친구에게 말했다. "사실은 나도 이 따위로 하고 다니는 게 싫어. 하지만 이런 게 부모님이 그들이 가는 어디든지 날 끌고 가지 못하도록 해 주지."

A teenager with nose rings, baggy clothing and spiked hair said to a friend: "I don't really like dressing this way, but it _____ my parents _____ dragging me everywhere they go."

▸▸▸ 정답

D 1. at the age of **2.** a number of **3.** A couple of **4.** in the end **5.** At times **E 1.** 이상이다 **2.** 천둥을 앞선다 **3.** 당신이 병에 걸리지 않도록 해줄 수 있다 **4.** 멸종 위기에 처해 있다 **F 1.** 그녀는 그를 진짜로는 좋아하지 않는다. / 그녀는 아버지의 오랜 투병 기간 내내 그를 돌보았다. **2.** 그녀는 식탁에 저녁을 차려 놓았다. / 그들은 암 치료제 개발에 착수했다. / 그들은 미지의 땅을 탐험하기 위해 위험한 탐험을 떠났다. **G** keeps, from

동사 중심 표현

01 believe in

~의 존재를 믿다, 좋다고 믿다
Do you believe in God? 너는 신의 존재를 믿니?
◎ believe him: 그의 '말'을 믿다 believe in him: 그의 '사람됨[능력]'을 믿다

02 care about

걱정[염려]하다, ~에 마음[신경] 쓰다
He cares deeply about environmental issues. 그는 환경문제를 매우 염려한다.
비교 care for 돌보다, 좋아하다

03 feel like

❶ ~하고 싶다 ❷ ~라는 느낌이 들다 ❸ ~인[일] 것 같다
Do you feel like going for a swim? 수영하러 가고 싶니?
I felt like a complete idiot. 나는 완전히 바보가 된 느낌이 들었다.
It feels like rain. 비가 올 것 같다.

04 look around

❶ 둘러보다[구경하다] ❷ (~ for) 찾아다니다
Let's look around the shops. 가게들을 둘러보자.
He looked around for a new job. 그는 새로운 일자리를 찾아다녔다.

05 put up

❶ 올리다 ❷ 세우다 ❸ 게시하다[내붙이다]
Please put your hands up. 손을 들어 주세요.
We put up our tents. 우리는 텐트를 세웠다.
Can I put up some posters? 포스터 좀 붙여도 될까요?

06 rely on[upon]

❶ ~에 의지[의존]하다(=depend on[upon]) ❷ 믿다(=trust)
I rely on my parents for tuition. 나는 학비를 부모님께 의지하고 있다.
He's someone I can rely on. 그는 내가 믿을 수 있는 사람이다.

07 respond to ⓝ

❶ ~에 대답[응답]하다 ❷ ~에 반응하다
He never responded to my letter. 그는 내 편지에 결코 답장을 하지 않았다.
How did he respond to the news? 그는 그 소식에 어떻게 반응했니?

08 have fun

재미있게 놀다
I had fun at the party yesterday. 나는 어제 파티에서 재미있게 놀았다.
비교 make fun of 놀리다

09 have an effect[impact] on

~에 영향을 미치다(=affect, influence)
The experience had a big effect on her. 그 경험은 그녀에게 큰 영향을 끼쳤다.

10 gain[put on]/lose weight

체중이 늘다/줄다
He's gained[put on] weight recently. 그는 최근에 체중이 늘었다.
She's trying to lose weight. 그녀는 체중을 줄이려고 노력 중이다.

형용사 중심 표현

11 be busy (in) ⓥ-ing
~하느라 바쁘다
She is busy studying for her exams. 그녀는 시험 공부하느라 바쁘다.
비교 be busy with ~로 바쁘다

12 be nervous about
~에 불안[초조]해하다
She was nervous about her exams. 그녀는 시험 때문에 불안했다.

13 be sorry for
❶ 안됐다 ❷ 미안하다[유감스럽다]
I am sorry for being late. 늦어서 미안해.
비교 feel sorry for 안쓰럽게[안됐다고] 여기다

전치사 중심 표현 · 부사어

14 in silence
조용히[말없이]
They sat in silence. 그들은 말없이 앉아 있었다.

15 on time
제시간[정시]에
Please be on time. 제시간에 오시기 바랍니다.
비교 in time 시간 맞춰[늦지 않게]

16 with care/ease
조심하여[주의 깊게](=carefully)/쉽게(=easily)
Handle it with care. 그것을 조심해서 다뤄라.
He passed the exam with ease. 그는 쉽게 시험에 통과했다.
○ with+추상명사=부사 *ex.* with difficulty=difficultly

17 a great[good] deal of
(양이) 많은, 다량의(=much)
It took a great deal of time. 많은 시간이 걸렸다.
유 a lot of, plenty of, a large amount of
비교 a (large) number of (수가) 많은

18 in terms of
~의 면[점]에서
The job is great in terms of salary. 그 일자리는 급여 면에서는 아주 좋다.

19 regardless of
~에 상관없이
Anyone can apply, regardless of age. 나이에 상관없이 누구나 지원할 수 있다.

20 right away
즉시[곧](=immediately, right now, at once)
I'll call you back right away. 곧 다시 전화 드릴게요.

Today's Expression

It's raining cats and dogs. 비가 억수로 내리고 있어요.
A: How's the weather today? 오늘 날씨 어때요?
B: It's raining cats and dogs. 비가 억수로 내리고 있어요.

A 다음 표현을 우리말로!

1	believe in	11	be busy (in) ⓥ-ing
2	care about	12	be nervous about
3	feel like	13	be sorry for
4	look around	14	in silence
5	put up	15	on time
6	rely on[upon]	16	with care/ease
7	respond to ⓝ	17	a great[good] deal of
8	have fun	18	in terms of
9	have an effect[impact] on	19	regardless of
10	gain[put on]/lose weight	20	right away

B 밑줄 친 표현과 바꿔 쓸 수 <u>없는</u> 것은?

1 I have to contact my teacher <u>right away</u>. 나는 즉시 선생님께 연락해야 한다.
　① immediately　　② at first　　③ at once　　④ right now

2 Studying English takes <u>a great deal of</u> effort. 영어를 공부하는 것은 많은 노력이 든다.
　① much　　② a lot of　　③ a number of　　④ plenty of

3 Genetic engineering <u>has an effect on</u> our lives. 유전공학은 우리 삶에 영향을 미친다.
　① affects　　　　　　　　② has an influence on
　③ has an impact on　　　④ has a right to

C [보기] 표현들의 의미를 음미해 보고 알맞은 꼴을 빈칸 속에 퐁당!

보기	be busy (in)　　have fun　　look around　　lose weight　　respond to

1 그는 이곳저곳을 둘러보았다.
　He ＿＿＿＿＿＿＿＿＿＿ here and there.

2 운동이 살을 빼는 가장 좋은 방법이다.
　Exercise is the best way to ＿＿＿＿＿＿＿＿＿＿.

3 그녀는 시험 준비하느라 바쁘다.
　She ＿＿＿＿＿＿＿＿＿＿ preparing for the exam.

4 그녀는 내 제안에 침묵으로 대답했다.
　She ＿＿＿＿＿＿＿＿＿＿ my suggestion with a silence.

5 기본적인 네티켓 규칙들을 지키기만 한다면 인터넷상에서 재미있게 놀 수 있어.
　If you follow the basic netiquette rules, you can ＿＿＿＿＿＿＿＿＿＿ on the Internet.

▶▶▶정답

A 앞면 참조　B 1. ❷ 2. ❸ 3. ❹　C 1. looked around 2. lose weight 3. is busy (in) 4. responded to 5. have fun

D 빈칸에 들어갈 알맞은 전치사는?

1 Handle it _____ care. 그것을 조심해서 다뤄라.

2 They sat _____ silence. 그들은 말없이 앉아 있었다.

3 I am sorry _____ being late. 늦어서 미안해.

4 She was nervous _____ her exams. 그녀는 시험 때문에 불안했다.

E [보기] 표현들의 뜻을 씹어 보고 들어갈 곳에 쏘옥!

보기	in terms of	on time	regardless of

1 우리는 제시간에 그것을 끝내기 위해 최선을 다할 것이다.
We'll do our best to finish it _____.

2 모든 인간은 부에 상관없이 평등하게 대우받아야 한다.
All human beings should be treated equally _____ wealth.

3 수의 면에서는 인도가 미국보다 더 많은 영화를 만든다.
_____ the number of films, India produces more films than America.

F 표현을 외우니 문장이 해석되네!

1 He thought he didn't have to care about his health.
그는 자신의 건강에 대해 _____.

2 Players must believe in themselves if they are to win.
선수들은 이기려면 _____.

G 같은 모양, 다른 의미!

1 I wonder what love feels like.
I don't feel like going out tonight.

2 You can rely on me to keep your secret.
We rely on fossil fuels for an energy source.

3 We put up our tents.
Please put your hands up.
Can I put up some posters?

H 명문을 완성하는 영광을!

다른 사람이 옳다고 말했다고 해서 그걸 믿지 마라. 너 스스로 진실을 찾아내라.

Do not _____ a thing because another man has said it was true. Find out the truth for yourself.

▶▶▶ 정답

D 1. with 2. in 3. for 4. about E 1. on time 2. regardless of 3. In terms of F 1. 신경 쓸 필요가 없다고 생각했다 2. 자기 자신을 믿어야 한다 G 1. 사랑이란 게 어떤 느낌인지 궁금하다. / 나는 오늘밤 외출하고 싶지 않다. 2. 내가 너의 비밀을 지켜줄 거라고 믿어도 돼. / 우리는 에너지원으로 화석 연료에 의존한다. 3. 우리는 텐트를 세웠다. / 손을 들어 주세요. / 포스터 좀 붙여도 될까요? H believe in

동사 중심 표현

01 go away
❶ 떠나가다 ❷ 없어지다[사라지다]
Go away and leave me alone! 가 버리고 날 혼자 내버려 둬!
The smell still hasn't gone away. 냄새가 아직 없어지지 않았다.

02 go by
❶ (사람·시간·기회 등이) 지나가다 ❷ ~을 따라 행동하다
Last month went by so fast. 지난달은 매우 빨리 지나갔다.
Don't go by what they say. 그들의 말을 따르지 마라.

03 go through
❶ 겪다, (과정 등을) 거치다 ❷ 살펴보다[조사하다] ❸ 통과하다
He went through many difficulties. 그는 많은 어려움을 겪었다.
She went through every drawer of her desk. 그녀는 책상 서랍을 모두 살펴봤다.
He went through customs. 그는 세관을 통과했다.

04 make up
❶ 구성하다[이루다] ❷ 만들어내다[지어내다] ❸ 화장하다
Eleven players make up a team. 11명의 선수가 한 팀을 구성한다.
He made up an excuse for being late. 그는 늦은 데 대한 변명을 지어냈다.
◎ 수동태 표현: **be made up of** ~로 이루어지다

05 slow down
(속도를) 늦추다
He slowed down at the traffic lights. 그는 신호등에서 속도를 늦췄다.

06 turn on
(전기·가스·수도 등을) 켜다[틀다]
I turned on the television. 나는 텔레비전을 켰다.
⑫ **turn off** (전기·가스·수도 등을) 끄다[잠그다]

07 refer to A as B
A를 B라고 부르다
They referred to America as the new world. 그들은 미국을 신세계라고 불렀다.
⑪ **refer to** ⓝ ~에 대해 말하다, ~와 관련되다[가리키다], 참조하다

08 let go (of)
놓다[놓아주다]
Hold tight and don't let go of my hand. 꽉 잡고 내 손을 놓지 마.

09 take place
❶ (사건 등이) 일어나다(=happen, occur) ❷ (행사 등이) 열리다
When did the accident take place? 사고는 언제 일어났니?
The Olympics take place every four years. 올림픽은 4년마다 열린다.

10 take (full) advantage of
(충분히) 이용하다
They took full advantage of the situation. 그들은 상황을 충분히 이용했다.
㊒ **make use of** ⑪ **have the advantage of** ~보다 유리하다

형용사 중심 표현

11 be[feel] ashamed of

부끄러워하다

You should be ashamed of yourself. 네 자신이 부끄러운 줄 알아라.

12 be due to ⓥ

~할 예정이다

He is due to make a speech tonight. 그는 오늘 밤에 연설할 예정이다.

비교 due to ⓝ ~ 때문에

13 be related to ⓝ

❶ ~와 관계[관련]가 있다 ❷ ~와 친척 간이다

Your happiness is related to your job. 너의 행복은 너의 직업과 관계가 있다.

Are you related to John? 너는 John과 친척 간이니?

유 have something to do with, be connected to[with]

전치사 중심 표현 · 부사어

14 above all

무엇보다도[특히]

Above all, you should be punctual. 무엇보다도 너는 시간을 지켜야 한다.

유 first of all, most of all   비교 after all 결국, 어쨌든

15 as usual

여느 때처럼[평소와 같이]

I was busy all day long as usual. 나는 여느 때처럼 하루 종일 바빴다.

16 except for

~을 제외하고

Everyone was there except for John.

John을 제외하고 모두가 그곳에 있었다.

17 in person

본인이 직접, 몸소

You have to sign for it in person. 당신이 직접 그것에 서명해야 한다.

18 no doubt

❶ 아마 ❷ 틀림없이(=undoubtedly)

No doubt she'll call us when she gets there.

그녀가 거기에 도착하면 아마 우리에게 전화할 것이다.

No doubt she will come here. 틀림없이 그녀는 여기에 올 것이다.

유 without (a) doubt

19 on the contrary

그 반대로

I'm not sick. On the contrary, I'm very healthy.

난 아프지 않아요. 그 반대로 매우 건강해요.

비교 contrary to ⓝ ~와 반대로

20 out of sight

안 보이는 (곳에)

He was hidden out of sight. 그는 안 보이는 곳에 숨었다.

반 in sight 보이는 (곳에)

Today's Expression

You read my mind. 내 마음을 읽었군요[내 맘을 잘 아시네요].

A: Would you care for a cup of coffee? 커피 한 잔 하시겠어요?

B: You read my mind. 내 맘을 읽었군요.

A 다음 표현을 우리말로!

1	go away	11	be[feel] ashamed of
2	go by	12	be due to ⓥ
3	go through	13	be related to ⓝ
4	make up	14	above all
5	slow down	15	as usual
6	turn on	16	except for
7	refer to A as B	17	in person
8	let go (of)	18	no doubt
9	take place	19	on the contrary
10	take (full) advantage of	20	out of sight

B 빈칸에 공통으로 들어갈 단어는?

한 달이 낭만적인 꿈처럼 지나갔다.

A month _____ by like a romantic dream.

그녀는 다음날 아침 옥스퍼드로 떠나갔다.

She _____ away to Oxford the next morning.

그는 꿈을 실현하기 위해 많은 시련과 어려움을 겪었다.

He _____ through many trials and difficulties to realize his dream.

C [보기] 표현들의 의미를 음미해 보고 알맞은 꼴을 빈칸 속에 풍덩!

|보기| be ashamed of　　be due to　　let go of　　slow down　　turn on

1 나는 텔레비전을 켰다.

I _____ the television.

2 밧줄을 놓치지 마.

Don't _____ the rope.

3 그는 오늘 밤에 연설할 예정이다.

He _____ make a speech tonight.

4 질문하는 것을 두려워하는 자는 배우는 것을 부끄러워하는 자다.

He who is afraid of asking _____ learning.

5 과학자들은 노화 과정을 늦추기 위해서 세포와 DNA를 연구 중이다.

Scientists are studying cells and DNA to _____ the aging process.

▸▸▸ 정답

A 앞면 참조　B went　C 1. turned on　2. let go of　3. is due to　4. is ashamed of　5. slow down

D [보기] 표현들의 뜻을 씹어 보고 들어갈 곳에 쏘옥!

| 보기 | above all   as usual   except for   no doubt   on the contrary |

1 틀림없이 그녀는 여기에 올 것이다.

_____ she will come here.

2 나는 여느 때처럼 하루 종일 바빴다.

I was busy all day long _____.

3 무엇보다도 시간을 지켜라.

_____, you should be punctual.

4 한 가지만 제외하고는 모든 게 성공적이었다.

Everything was successful _____ one thing.

5 그것은 내게 추해 보이지 않았다. 그 반대로 꽤 아름답다고 생각했다.

It didn't seem ugly to me. _____, I thought it's rather beautiful.

E 표현을 외우니 문장이 해석되네!

1 You have to sign for it in person.

당신이 _____ 그것에 서명해야 한다.

2 She waved until the car was out of sight.

그녀는 차가 _____ 손을 흔들었다.

3 Your happiness is closely related to your job.

너의 행복은 너의 직업과 _____.

4 They referred to Korea as "the land of morning calm."

그들은 한국을 '조용한 아침의 나라'라고 _____.

5 You must take full advantage of your personal qualities.

네가 가진 개인적 자질들을 _____.

F 같은 모양, 다른 의미!

1 The accident took place on the crosswalk.

The fashion show is scheduled to take place in Paris.

2 She made up a story for her daughter.

50,000 to 100,000 genes make up the human body.

G 명문을 완성하는 영광을!

민주주의는 사랑처럼 거의 어떤 공격을 받아도 살아남을 수 있다. 방치와 무관심만 빼고.

Democracy, like love, can survive almost any attack — _____ neglect and indifference.

▶▶▶ 정답

D 1. No doubt 2. as usual 3. Above all 4. except for 5. On the contrary   E 1. 직접 2. 안 보일 때까지 3. 밀접한 관계가 있다 4. 불렀다 5. 충분히 활용해야 한다   F 1. 그 사고는 횡단보도에서 일어났다. / 패션쇼는 파리에서 열릴 예정이다. 2. 그녀는 딸을 위해 이야기를 지어냈다. / 오만 개에서 십만 개의 유전자가 인체를 구성하고 있다.   G except for

동사 중심 표현

01 fail to ⓥ

~하지 못하다
They failed to save her life. 그들은 그녀의 목숨을 구하지 못했다.
[반] never fail to ⓥ 꼭[반드시] ~하다

02 bring up

❶ 기르다[양육하다](=raise) ❷ (화제 등을) 꺼내다
She brought up three children. 그녀는 세 명의 자식을 길렀다.
I won't bring up the subject again. 나는 그 주제를 다시 꺼내지 않을 것이다.
[비교] bring about 일으키다[가져오다]

03 point out

❶ 지적하다 ❷ 가리키다(=indicate)
He pointed out my mistake. 그는 내 실수를 지적했다.
Can you point it out on this map? 이 지도에서 그것을 가리켜 줄래요?

04 send out

❶ 보내다, 발송[파견]하다 ❷ (빛·신호·소리 등을) 내다
Did you send out the invitations? 초대장을 발송했니?
The sun sends out light and heat. 태양은 빛과 열을 낸다.

05 take up

❶ (공간·시간을) 차지하다 ❷ 착수[시작]하다
This table takes up too much room. 이 탁자는 너무 많은 공간을 차지한다.
Why don't you take up swimming? 수영을 시작해 보는 게 어때요?

06 differ from

~와 다르다
His views differ from mine. 그의 관점은 나의 관점과 다르다.
[유] be different from [반] be similar to ⓝ ~와 비슷하다[유사하다]

07 die of

(병·노령 등)으로 죽다
She died of stomach cancer. 그녀는 위암으로 죽었다.
[비교] die from (부상·부주의 등)으로 죽다

08 lie in

~에 있다
The problem lies in their attitude. 문제는 그들의 태도에 있다.

09 prepare for

준비[대비]하다
Have you prepared for your interview? 너는 면접을 준비했니?
◎ 수동태 표현: be prepared for[to ⓥ] ~의[할] 준비가 되어 있다

10 feel free to ⓥ

(명령문으로) 마음 놓고 ~해도 괜찮다
Feel free to ask questions. 마음 놓고 질문해도 괜찮아요.

형용사 중심 표현

11 be[get] involved in

❶ ~에 참여[관여]하다 ❷ ~에 관련[연루]되다
They are involved in the project. 그들은 그 프로젝트에 참여하고 있다.

12 be famous for

~로 유명하다
France is famous for its wine. 프랑스는 포도주로 유명하다.
⊛ be known for, be renowned for

13 be packed with

~로 가득 차다
The beach was packed with tourists. 해변은 관광객들로 가득 차 있었다.
⊛ be full of, be filled with

전치사 중심 표현 · 부사어

14 a pair of

(같은 것 2개로 되는) 한 쌍[켤레]의
a pair of shoes/gloves 구두/장갑 한 켤레

15 plenty of

풍부[충분]한 수량의[많은](=many[much])
We've got plenty of time. 우리에게 시간은 충분하다.
⊛ a lot of, a great deal of

16 something like

❶ ~와 같은[비슷한] (것) ❷ 약(=about)
a large fish something like a shark 상어와 같은 큰 물고기
He scored something like 12 goals. 그는 약 12골을 득점했다.

17 in[by] contrast (to[with])

(~와) 대조적으로
In contrast to me, she spoke quietly. 나와 대조적으로 그녀는 조용히 말했다.

18 again and again

몇 번이고[되풀이해서](=many times, repeatedly)
He saw your picture again and again. 그는 네 사진을 몇 번이고 봤다.
⊛ over and over (again)

19 out of stock

재고가 없는[품절된]
The book is out of stock now. 그 책은 지금 품절되었습니다.
⊛ in stock 재고가 있는

20 the other day

일전에[며칠 전에]
I saw Andy the other day. 나는 며칠 전에 Andy를 봤다.
비교 one day (과거 또는 미래의) 어느 날[언젠가]   some day (미래의) 언젠가[훗날]

➕

Today's Expression

I'm all ears. 잘 듣고 있어요.
A: Do you know what happened last night? 어젯밤 무슨 일이 있었는지 아니?
B: Go ahead! I'm all ears. 말해 봐! 나 잘 듣고 있어.

A 다음 표현을 우리말로!

1	fail to ⓥ	**11**	be[get] involved in
2	bring up	**12**	be famous for
3	point out	**13**	be packed with
4	send out	**14**	a pair of
5	take up	**15**	plenty of
6	differ from	**16**	something like
7	die of	**17**	in[by] contrast (to[with])
8	lie in	**18**	again and again
9	prepare for	**19**	out of stock
10	feel free to ⓥ	**20**	the other day

B 빈칸에 들어갈 알맞은 전치사는?

1 프랑스는 포도주로 유명하다.

France is famous _____ its wine.

2 해변은 관광객들로 가득 차 있었다.

The beach was packed _____ tourists.

3 그의 관점은 부모님의 관점과 다르다.

His views differ _____ those of his parents.

C [보기] 표현들의 의미를 음미해 보고 알맞은 꼴을 빈칸 속에 풍덩!

보기	die of	fail to	feel free to	lie in	prepare for	send out

1 언제든지 마음 놓고 저희에게 연락해도 괜찮습니다.

_____ contact us at any time.

2 태양은 빛과 열을 낸다.

The sun _____ light and heat.

3 문제는 그들의 태도에 있다.

The problem _____ their attitude.

4 우리는 내일을 준비하기 위해서 미래를 연구한다.

We study the future so we can _____ tomorrow.

5 만 오천 명 이상의 사람들이 매일 굶주림으로 죽는다.

More than 15,000 people _____ starvation every day.

6 많은 사람들은 자신의 잠재력에 이르지 못하거나 그것을 완전히 실현하지 못한다.

Many people _____ reach their potential or fully realize it.

▸▸▸ 정답

A 앞면 참조 B **1.** for **2.** with **3.** from C **1.** Feel free to **2.** sends out **3.** lies in **4.** prepare for **5.** die of **6.** fail to

D [보기] 문장에 어울리는 표현 쌍, 알맞은 꼴로 빈칸 속에 퐁퐁!

| 보기 | point out – again and again   send out – the other day   take up – plenty of

1 책을 쓰는 것은 많은 시간이 소요된다.
Writing a book _____ _____ time.

2 그는 몇 번이나 그녀의 실수를 지적했다.
He _____ her mistakes _____.

3 며칠 전 우리는 결혼 청첩장을 발송했다.
We _____ the wedding invitations _____.

E 표현을 외우니 문장이 해석되네!

1 I'd like to buy a pair of shoes.
_____

2 They are involved in the project.
그들은 그 프로젝트에 _____.

3 I'm sorry but that book is currently out of stock.
죄송하지만 그 책은 현재 _____.

4 Can you point out where we are now on this map?
이 지도에서 우리가 어디에 있는지 _____?

5 She was tall in contrast to her mother who was short.
그녀는 키가 작은 어머니와 _____.

F 같은 모양, 다른 의미!

1 She took up a job as a teacher.
This table takes up too much room.

2 Why did you bring up that issue during dinner?
She brought up three young children on her own.

3 I saw an animal something like a deer.
There were something like 100 people present.

G 명문을 완성하는 영광을!

모든 병폐와 부정, 걱정, 슬픔, 인류의 범죄에 대한 치료는 모두 한 단어 '사랑'에 있다.

The cure for all ills and wrongs, the cares, the sorrows and the crimes of humanity,
all _____ the one word 'love.'

▶▶▶ 정답

D 1. takes up – plenty of 2. pointed out – again and again 3. sent out – the other day   E 1. 나는 신발 한 컬레를 사고 싶다. 2. 참여[관여]하고 있다 3. 품절되었습니다 4. 가리켜 주시겠어요 5. 대조적으로 키가 컸다   F 1. 그녀는 교사로서 일을 시작했다. / 이 탁자는 너무 많은 공간을 차지한다. 2. 너는 왜 저녁식사 중에 그 문제를 꺼냈니? / 그녀는 혼자 힘으로 3명의 어린 자식들을 길렀다. 3. 나는 사슴과 비슷한 동물을 봤다. / 약 백 명이 출석했다.   G lies in

DAY 14

동사 중심 표현

01 get on

❶ (탈것을) 타다   ❷ (with) (일 등을) 계속하다   ❸ 해나가다[지내다]
She got on the bus. 그녀는 버스를 탔다.
Be quiet and get on with your work! 조용히 하고 일을 계속해!
How is he getting on at school? 그는 학교에서 어떻게 지내고 있니?

02 put off

연기하다[미루다](=postpone, delay)
We put off the meeting. 우리는 회의를 연기했다.
[비교] put on 입다. 공연하다   put out (불을) 끄다, 내놓다

03 add to ⓝ

~에 더하다, 늘리다[증가시키다](=increase)
Sales tax adds to the price. 판매세가 가격을 증가시킨다.
[비교] add A to B(ⓝ) B에 A를 더하다

04 invite A to B(ⓝ/ⓥ)

A를 B(ⓝ)에 초대하다/A에게 B(ⓥ)하도록 (초)청하다
They invited her to the party. 그들은 그녀를 파티에 초대했다.
She invited me to eat at her house.
그녀는 나를 자기 집에서 식사하자고 초청했다.

05 provide A for[to] B

B(사람·사물)에게 A(사물)를 공급[제공]하다
The hotel provides a playroom for children.
그 호텔은 어린이들에게 놀이방을 제공한다.
[유] supply A to B   [비교] provide[supply, furnish] B(사람·사물) with A(사물)

06 remind A of B

A에게 B를 떠올리게[생각나게] 하다
She reminds me of my mother. 그녀는 내게 나의 어머니를 떠올리게 한다.

07 get rid of

없애다[제거하다](=remove)
Get rid of your bad habits. 나쁜 습관들을 없애라.
[유] do away with

08 make (good) use of

(잘) 이용하다(=take advantage of)
Try to make good use of your time. 시간을 잘 이용하도록 해라.
[비교] make the best[the most, full] use of 최대한 이용하다

09 take pride in

자랑스러워하다
He takes pride in his work. 그는 자신의 일에 자부심을 갖고 있다.
[유] be proud of, pride yourself on

10 take your picture [take a picture of]

~의 사진을 찍다
He took our picture. 그는 우리의 사진을 찍어 주었다.
Would you take a picture of us? 저희 사진 좀 찍어 주시겠어요?

형용사 중심 표현

11 **be apt to** ⓥ
~하는 경향이 있다[~하기 쉽다]
She is apt to be a bit forgetful. 그녀는 다소 잘 잊어 버리는 경향이 있다.

12 **be similar to** ⓝ
~와 비슷하다[유사하다]
Her ideas are similar to mine. 그녀의 생각은 내 생각과 비슷하다.
⟨반⟩ be different from ~과 다르다

13 **be impressed by [with]**
~에 감동받다
I was impressed by[with] his presentation. 나는 그의 발표에 감동을 받았다.
⟨유⟩ be moved by, be touched by

전치사 중심 표현 · 부사어

14 **as a whole**
전체로서[전체적인]
for the benefit of society as a whole 전체적인 사회 이익을 위해서

15 **for some time**
한동안, 당분간
I stayed there for some time. 나는 한동안 거기에 머물렀다.

16 **in shape**
건강이 좋은 상태인
How do you keep[stay] in shape? 너는 어떻게 건강을 유지하니?
⟨반⟩ out of shape 건강이 나쁜 상태인

17 **in the meantime [meanwhile]**
그 동안[사이]에
You need to do something in the meantime. 너는 그 사이에 뭔가 할 필요가 있다.

18 **on earth**
❶ 지구상[세상]   ❷ (의문문에서) 도대체   ❸ (부정문에서) 전혀[조금도]
What on earth were you doing? 도대체 뭘 하고 있었니?
There is no reason on earth why you should do that.
네가 그것을 해야 할 이유가 전혀 없어.

19 **quite a few/little [bit]**
(수가)/(양 · 정도가) 꽤 많은
Quite a few people know it. 꽤 많은 사람들이 그것을 알고 있다.
He knew quite a little about her. 그는 그녀에 관해서 꽤 많이 알고 있었다.

20 **What if ~?**
~하면 어쩌지[어떻게 될까]?
What if it rains tomorrow? 내일 비가 오면 어쩌지?
○ What if ~ ? = What will[would] it happen?

Today's Expression

For here or to go? 여기서 드실 건가요, 가져가실 건가요?
A: For here or to go? 여기서 드실 건가요, 가져가실 건가요?
B: For here. 여기서 먹을 거예요.

A 다음 표현을 우리말로!

1	get on	11	be apt to ⓥ
2	put off	12	be similar to ⓝ
3	add to ⓝ	13	be impressed by[with]
4	invite A to B(ⓝ/ⓥ)	14	as a whole
5	provide A for[to] B	15	for some time
6	remind A of B	16	in shape
7	get rid of	17	in the meantime[meanwhile]
8	make (good) use of	18	on earth
9	take pride in	19	quite a few/little[bit]
10	take your picture[take a picture of]	20	What if ~?

B 밑줄 친 표현과 같은 의미 연결하기

1 <u>Get rid of</u> your bad habits.
   나쁜 습관들을 없애라.

   ❶ delay

2 We <u>put off</u> the meeting until tomorrow.
   우리는 내일까지 회의를 연기했다.

   ❷ increase

3 Using products <u>adds to</u> pollution in the form of waste.
   생산품을 사용하는 것은 쓰레기의 형태로 오염을 증가시킨다.

   ❸ remove

C [보기] 표현들의 뜻을 씹어 보고 들어갈 곳에 쏘옥!

┃보기┃ as a whole	in shape	in the meantime	on earth	quite a few

1 도대체 무엇을 하고 있었니?
   What _____ were you doing?

2 등산은 내가 건강을 유지하는 데 도움이 된다.
   Climbing mountains helps me keep _____.

3 전체적인 주민이 개혁에 찬성한다.
   The population _____ is in favor of the reform.

4 오늘 수업에 결석한 학생들이 꽤 많았다.
   There were _____ students absent from class today.

5 다음 프로그램은 5분 후에 시작됩니다. 그 동안 음악이 나갑니다.
   The next program starts in five minutes; _____, here's some music.

▸▸▸ 정답

A 앞면 참조 B 1. ❸ 2. ❶ 3. ❷ C 1. on earth 2. in shape 3. as a whole 4. quite a few 5. in the meantime

D 빈칸에 들어갈 알맞은 전치사는?

1 Her ideas are similar _____ mine. 그녀의 생각은 내 생각과 비슷하다.

2 She reminds me _____ my mother. 그녀는 내게 나의 어머니를 떠올리게 한다.

3 They provided relief _____ the flood victims.
= They provided the flood victims _____ relief. 그들은 수재민들에게 구호물자를 제공했다.

E [보기] 표현들의 의미를 음미해 보고 알맞은 꼴을 빈칸 속에 풍덩!

| 보기 | be apt to   be impressed by   make good use of

1 시간을 잘 이용하도록 해라.
Try to _____ your time.

2 나는 그의 발표에 감동을 받았다.
I _____ his presentation.

3 그녀는 다소 잘 잊어 버리는 경향이 있다.
She _____ be a bit forgetful.

F 표현을 외우니 문장이 해석되네!

1 What if it rains tomorrow?
_____

2 I stayed there for some time.
나는 _____.

3 I invited my neighbors to dinner.
_____

4 My parents took a lot of pictures of me when I was small.
부모님은 내가 어렸을 때 _____.

G 같은 모양, 다른 의미!

He watched her get on the bus.

Keep quiet and let me get on with the driving.

H 명문을 완성하는 영광을!

사람들을 미워하는 것은 쥐 한 마리를 없애려고 자신의 집을 다 태워 버리는 것과 같다.

Hating people is like burning down your own house to _____ a rat.

▶▶▶ 정답

D 1. to 2. of 3. for[to], with E 1. make good use of 2. was impressed by 3. is apt to F 1. 내일 비가 오면 어쩌지? 2. 한동안 거기에 머물렀다 3. 나는 이웃들을 저녁 식사에 초대했다. 4. 내 사진을 많이 찍어 주셨다 G 그는 그녀가 버스에 타는 것을 지켜보았다. / 조용히 하고 내가 운전을 계속하게 해 줘. H get rid of

61

DAY 15

동사 중심 표현

01	**enable A to B(ⓥ)**	A가 B할 수 있게 하다 The loan enabled him to buy the house. 그는 대출로 집을 살 수 있었다.
02	**appeal to ⓝ**	❶ ～에 호소[간청]하다 ❷ ～의 마음을 끌다 They appealed to the government for help. 그들은 정부에 도움을 호소했다. The program appeals to young children. 그 프로그램은 어린 아이들의 마음을 끈다.
03	**apply to ⓝ**	❶ ～에 적용되다[적합하다] ❷ (대학 등에) 지원[신청]하다 This rule doesn't apply to you. 이 규칙은 당신에게 적용되지 않는다. I applied to three universities. 나는 세 개의 대학에 지원했다. 비교 apply for (일자리·허가 등을) 지원[신청]하다
04	**clean up**	청소하다 Help me clean up the house. 집 청소하는 것 좀 도와줘.
05	**come over**	❶ (건너)오다 ❷ (누구 집에) 들르다 Why don't you come over for dinner? 저녁 식사하러 우리 집에 오는 게 어때?
06	**leave out**	빼다[배제하다](=omit, exclude) She left out an 'r' in 'worry.' 그는 worry에서 r을 하나 빼먹었다. ◐ 수동태 표현: be[feel] left out 소외되다[소외감을 느끼다]
07	**look up**	❶ 찾아보다 ❷ 올려다보다 Look up the word in your dictionary. 그 단어를 네 사전에서 찾아봐라. 비교 look up to ⓝ 존경하다
08	**write down**	적어 놓다 Would you write down your name here? 여기에 성함을 적어 주시겠어요?
09	**participate in**	～에 참여[참가]하다(=attend) He participated in the discussion. 그는 토론에 참여했다. 유 take part in
10	**see A as B**	A를 B로 여기다 I see the job as a challenge. 나는 그 일을 도전으로 여긴다. 유 think of A as B, look on[upon] A as B, regard A as B, consider A (as) B
11	**have ~ in common**	공통으로 ～을 갖고 있다 The two cultures have a lot in common. 그 두 문화는 공통점이 많다. I have nothing in common with Jane. 나는 Jane과 공통점이 없다.

형용사 중심 표현

12 be known to ⓝ

~에게 알려지다
The fact is known to everybody. 그 사실은 모든 사람들에게 알려져 있다.
[반] be unknown to ⓝ ~에게 알려지지 않다
[비교] be known to ⓥ ~하다고 알려지다

13 be familiar with

잘 알다[~에 익숙하다]
Are you familiar with the software? 너는 그 소프트웨어를 잘 아니?
[비교] be familiar to ⓝ ~에게 친숙[익숙]하다, ~의 눈[귀]에 익다

14 be connected to [with]

❶ ~와 연결되다   ❷ ~와 관련되다
The printer is connected to the computer. 프린터는 컴퓨터와 연결되어 있다.
The two cases are connected with each other. 두 사건은 서로 관련되어 있다.

전치사 중심 표현 · 부사어

15 as to ⓝ

❶ ~에 관하여(=about)   ❷ ~에 관해서는(=as for)
I need some advice as to what to do. 나는 무엇을 할지에 관한 조언이 필요하다.

16 at the beginning (of)

(~의) 처음에, (~의) 초에
I'm going to Japan at the beginning of July. 나는 7월 초에 일본에 갈 것이다.
[반] at the end of ~의 끝에

17 in favor of

~을 찬성[지지]하여(=for ↔ against), ~을 위해
I am in favor of the plan. 나는 그 계획에 찬성한다.

18 in that

~이므로[~라는 점에서]
I'm lucky in that I have good friends. 나는 좋은 친구들이 있다는 점에서 운이 좋다.
[비교] now that ~이므로[~이니까]

19 all the way

❶ 줄곧[내내]   ❷ 완전히[온 힘을 다해]
He ran all the way from home. 그는 집에서부터 줄곧 뛰어왔다.
I will help you all the way. 제가 온 힘을 다해 당신을 도울게요.

20 by yourself

❶ 혼자서(=alone)   ❷ 혼자 힘으로(=without help)
She lives by herself. 그녀는 혼자 산다.
She did it all by herself. 그녀는 혼자 힘으로 그것을 다 했다.
[비교] for yourself 스스로[직접]   of itself 저절로, 자연히

Today's Expression

Long time, no see. 오랜만이에요.
A: Long time, no see. How have you been? 오랜만이에요. 어떻게 지내셨어요?
B: Good. How about yourself? 잘 지냈어요. 당신은 어땠어요?

A 다음 표현을 우리말로!

1	enable A to B(ⓥ)	11	have ~ in common
2	appeal to ⓝ	12	be known to ⓝ
3	apply to ⓝ	13	be familiar with
4	clean up	14	be connected to[with]
5	come over	15	as to ⓝ
6	leave out	16	at the beginning (of)
7	look up	17	in favor of
8	write down	18	in that
9	participate in	19	all the way
10	see A as B	20	by yourself

B [보기] 밑줄 친 표현과 바꿔 쓸 수 있는 것은?

▌보기▌	about	alone	for

1 I am planning to travel through Europe <u>by myself</u>.
나는 혼자 유럽 여행을 하려고 계획 중이다.

2 He was not certain <u>as to</u> whether it's the right job for him.
그는 그 일이 자신에게 맞는지에 관해서 확신하지 못했다.

3 Only seven people are <u>in favor of</u> the policy, and others against it.
단 7명만 그 정책에 찬성하고 나머지는 반대한다.

C [보기] 표현들의 의미를 음미해 보고 알맞은 꼴을 빈칸 속에 풍덩!

▌보기▌	clean up	come over	leave out	look up	write down

1 네가 방 청소를 할 차례야.
It's your turn to _____ the room.

2 그 단어를 네 사전에서 찾아봐라.
_____ the word in your dictionary.

3 오늘 밤 파티하러 우리 집에 오는 게 어때?
Why don't you _____ for a party tonight?

4 나는 공책 표지에 내 이름을 적었다.
I _____ my name on the cover of the notebook.

5 그는 이 문장에서 중요한 단어를 빼먹었다.
He _____ the most important word in this sentence.

▶▶▶ 정답

A 앞면 참조 **B** 1. alone 2. about 3. for **C** 1. clean up 2. Look up 3. come over 4. wrote down 5. left out

D 빈칸에 들어갈 알맞은 전치사는?

1 He is familiar _____ computers. 그는 컴퓨터를 잘 안다.

2 I see the job _____ a challenge. 나는 그 일을 도전으로 여긴다.

3 The fact is known _____ everyone. 그 사실은 모든 이들에게 알려져 있다.

4 He participated _____ the discussion. 그는 토론에 참여했다.

E [보기] 표현들의 뜻을 씹어 보고 들어갈 곳에 쏘옥!

| 보기 | all the way   at the beginning of   in that |

1 그는 열차를 놓치지 않기 위해 역까지 줄곧 뛰어갔다.

He ran _____ to the station not to miss the train.

2 주제는 대개 단락 처음에 나타난다.

The main idea usually appears _____ a paragraph.

3 인간은 생각하고 말한다는 점에서 동물과 다르다.

Men differ from animals _____ they can think and speak.

F 표현을 외우니 문장이 해석되네!

1 He and I have a lot in common.

그와 나는 _____.

2 The Internet enables us to share more than before.

인터넷은 _____.

3 All living species are connected with each other so closely.

모든 살아있는 종들은 서로 _____.

G 같은 모양, 다른 의미!

1 This rule applies to all cases.

What do I need to apply to your school?

2 He appealed to audience to help raise the money.

Rock music appeals to young people as an expression of freedom.

H 재미있는 글을 완성하는 재미를!

배트맨 의상의 경고 라벨: 주의! 망토는 사용자가 날 수 있게 하지 못함.

Batman costume warning label: Caution! Cape does not _____ user _____ fly.

▸▸▸ 정답

D 1. with **2.** as **3.** to **4.** in **E 1.** all the way **2.** at the beginning of **3.** in that **F 1.** 공통점이 많다 **2.** 우리가 예전보다 더 많은 것을 공유할 수 있게 해 준다 **3.** 아주 밀접하게 연관되어 있다 **G 1.** 이 규칙은 모든 경우에 적용된다. / 당신 학교에 지원하는 데 필요한 게 뭐죠? **2.** 그는 청중에게 모금하는 것을 도와달라고 호소[간청]했다. / 록 음악은 자유의 표현으로 젊은이들의 마음을 끈다. **H** enable, to

동사 중심 표현

01 forget ⓥ-ing/to ⓥ

(과거에 했던 것을)/(미래에 할 것을) 잊어버리다
I forgot **writing** her. 나는 그녀에게 편지를 썼던 것을 잊어버렸다.
I forgot **to write** her. 나는 그녀에게 편지를 써야 하는 것을 잊어버렸다.

02 remember ⓥ-ing/ to ⓥ

(과거에 했던 것을)/(미래에 할 것을) 기억하다
I remember **meeting** her before. 나는 전에 그녀를 만났던 것을 기억한다.
I remember **to meet** her tomorrow. 나는 내일 그녀를 만나야 하는 것을 기억한다.

03 bring back

❶ 갖고[데리고] 돌아오다 ❷ 되돌리다[다시 도입하다] ❸ 상기시키다
I will bring it **back** next time. 내가 다음에 그것을 가지고 돌아오게.
We are against bringing **back** the death penalty.
우리는 사형 제도를 다시 도입하는 것에 반대한다.
The music brought **back** old memories. 그 음악은 옛 기억을 상기시켰다.

04 get off

(탈것에서) 내리다
I have to get **off** at the next stop. 나는 다음 역에서 내려야 한다.
[반] **get on[in]** 타다

05 pick out

❶ 고르다[선발하다](=choose, select) ❷ 알아보다[식별하다](=recognize)
He picked **out** the ripest peach. 그는 가장 잘 익은 복숭아를 골랐다.
Can you pick me **out** in this photo? 너는 이 사진에서 나를 알아볼 수 있겠니?

06 complain about[of]

~에 대해 불평[항의]하다
They complained **about** the noise. 그들은 소음에 대해 불평했다.
[비교] **complain of** (어디가 아프다고) 호소하다

07 succeed in

~에 성공하다
He succeeded **in** climbing Mt. Everest. 그는 에베레스트 산 등정에 성공했다.
[반] **fail in** ~에 실패하다 [비교] **succeed to** ⓝ 계승하다, ~의 뒤를 잇다

08 prevent A from B (ⓥ-ing)

A가 B하는 것을 막다[못하게 하다]
The heavy rain prevented us **from** going out.
폭우 때문에 우리는 외출할 수 없었다.
[유] **keep[stop] A from B(ⓥ-ing)**

09 share A with B

A를 B와 나누다[함께 하다]
He shares the housework **with** his wife. 그는 아내와 집안일을 분담한다.

10 have trouble [difficulty] (in) ⓥ-ing

~하는 데 어려움을 겪다
I have trouble[difficulty] **(in)** breathing. 나는 숨 쉬는 게 힘들다.
[유] **have a problem[hard time] (in) ⓥ-ing**

형용사 중심 표현

11 be made from
~으로 만들어지다(재질의 변화가 있는 화학적 변화)
Cheese is made from milk. 치즈는 우유로 만들어진다.
비교 be made of ~으로 만들어지다(재질의 변화가 없는 물리적 변화)

12 be scared of
무서워하다(=be afraid of)
She is scared of going out alone. 그녀는 혼자 밖에 나가는 것을 무서워한다.

13 be true of
~에 해당[적용]되다
It is true of every case. 그것은 어느 경우에나 해당[적용]된다.

전치사 중심 표현 · 부사어

14 for the sake of [for your sake]
~을 위하여
He gave up smoking for the sake of his health.
그는 그의 건강을 위해서 금연했다.

15 far from
❶ 전혀[결코] ~이 아닌(=never) ❷ ~에서 멀리[먼]
His idea is far from realistic. 그의 생각은 결코 현실적이지 않다.
He lives far from here. 그는 여기서 멀리 떨어져 산다.

16 nothing but
단지 ~만(=only), ~ 이외에는 아무것도 아닌
I will tell nothing but the truth. 나는 단지 진실만을 말할 것이다.
비교 do nothing but ⓥ ~만 할 뿐이다
비교 anything but 결코 ~이 아닌, ~ 이외에는 무엇이든

17 at the moment
❶ (현재) 지금(=now) ❷ (과거) (마침) 그때
She's out at the moment. 그녀는 지금 외출 중이에요.
At the moment, the cars crashed. 그때, 차들이 충돌했다.

18 all at once
❶ 갑자기(=suddenly) ❷ 모두 동시에[한꺼번에]
All at once the light went out. 갑자기 불이 나갔다.
I can't do everything all at once. 나는 모든 일을 한꺼번에 할 수 없다.
윤 all of a sudden 갑자기 비교 at once 즉시[곧], 동시에[한꺼번에]

19 for sure[certain]
틀림없이[확실히]
I don't know for sure. 나는 확실히 알지 못하겠어.
윤 surely, certainly, to be sure

20 by the time (that)
~할 즈음, ~할 때까지
By the time we arrived, the meeting was over.
우리가 도착했을 즈음 회의가 끝났다.

Today's Expression
You can't miss it. 틀림없이 찾으실 거예요.
A: Excuse me. Is there a post office near here? 실례합니다. 근처에 우체국이 있나요?
B: Just go straight for two blocks. You can't miss it.
두 블록만 쭉 가세요. 틀림없이 찾으실 거예요.

67

A 다음 표현을 우리말로!

1	forget ⓥ-ing/to ⓥ	11	be made from
2	remember ⓥ-ing/to ⓥ	12	be scared of
3	bring back	13	be true of
4	get off	14	for the sake of[for your sake]
5	pick out	15	far from
6	complain about[of]	16	nothing but
7	succeed in	17	at the moment
8	prevent A from B(ⓥ-ing)	18	all at once
9	share A with B	19	for sure[certain]
10	have trouble[difficulty] (in) ⓥ-ing	20	by the time (that)

B 밑줄 친 표현과 같은 의미는?

1 She's out <u>at the moment</u>.
그녀는 지금 외출 중이에요.

❶ never

2 His idea is <u>far from</u> realistic.
그의 생각은 결코 현실적이지 않다.

❷ now

3 I swear I will tell <u>nothing but</u> the truth.
나는 단지 진실만을 말할 것을 맹세합니다.

❸ only

C [보기] 표현들의 의미를 음미해 보고 알맞은 꼴을 빈칸 속에 풍덩!

| 보기 | bring back   complain about   get off   have trouble   pick out   succeed in |

1 마음에 드는 것을 골라 보세요.
Just _____ what you like.

2 그들은 새 단어들을 외우는 데 어려움을 겪었다.
They _____ memorizing new words.

3 종업원들이 근로 조건에 대해서 불평했다.
Employees _____ working conditions.

4 그녀는 어려운 문제를 푸는 데 성공했다.
She _____ solving the difficult problem.

5 버스에서 내려서 지하철을 타라.
_____ the bus and then get on the subway.

6 그는 그들에게 돌아오는 길에 쓰레기를 갖고 돌아오라고 부탁했다.
He asked them to _____ waste on their way back.

▶▶ 정답

A 1. 앞면 참조   B 1. ❷ 2. ❶ 3. ❸   C 1. pick out   2. had trouble   3. complained about   4. succeeded in   5. Get off
6. bring back

D 빈칸에 들어갈 알맞은 전치사는?

1 She is scared _____ going out alone.
그녀는 혼자 밖에 나가는 것을 무서워한다.

2 A husband should share the housework equally _____ his wife.
남편은 아내와 집안일을 똑같이 분담해야 한다.

3 Wine is made _____ grape and wine bottles are made _____ glass.
포도주는 포도로 만들어지고 포도주 병은 유리로 만들어진다.

E [보기] 표현들의 뜻을 씹어 보고 들어갈 곳에 쏘옥!

|보기| for sure　　　by the time (that)　　　for the sake of

1 우리가 도착할 즈음 그곳은 문을 닫았을 거야.
_____ we get there, it will be closed.

2 아무도 실제로 무슨 일이 일어났는지 확실히 알지 못한다.
No one knows _____ what really happened.

3 단지 시험을 위해서만 영어 공부를 해서는 안 된다.
You should not study English _____ exams only.

F 표현을 외우니 문장이 해석되네!

1 Such social prejudice prevents our society from being a better place to live in.
그런 사회적 편견이 _____.

2 People around the world are proud of their own culture. The same is true of Korean people.
전 세계인들은 자신들의 고유한 문화를 자랑스럽게 여긴다. 같은 사실이 _____.

G 같은 모양, 다른 의미!

1 I remember meeting her before.
I remember to meet her tomorrow.

2 All at once the light went out.
In Korea, dishes are served all at once.

H 명문을 완성하는 영광을!

생계비를 벌기 위해서만 살아가는 사람들은 살아가야 하는 것을 잊어버린다.
Men for the sake of getting a living _____ live.

▶▶▶ 정답

D 1. of 2. with 3. from, of　**E** 1. By the time (that) 2. for sure 3. for the sake of　**F** 1. 우리 사회가 더 살기 좋은 곳이 되는 것을 막는다 2. 한국인들에게도 해당된다　**G** 1. 나는 전에 그녀를 만났던 것을 기억한다. / 나는 내일 그녀를 만나야 하는 것을 기억한다. 2. 갑자기 불이 나갔다. / 한국에서는 음식이 한꺼번에 제공된다.　**H** forget to

DAY 17

동사 중심 표현

01 break down

고장 나다
My computer broke down again. 내 컴퓨터가 또 고장 났다.
[비교] break out (전쟁·사고·질병 등이) 발발[발생]하다
break up 부서지다, 해산하다, 헤어지다

02 come across

우연히 마주치다[발견하다]
I came across an old diary in her desk.
나는 그녀의 책상에서 오랜 된 일기장을 우연히 발견했다.

03 pass away

돌아가시다[죽다](=die)
He passed away last year. 그는 작년에 돌아가셨다.

04 work out

❶ 운동하다 ❷ 잘 되어 가다 ❸ (계획을) 세우다 ❹ (문제를) 풀다
I work out regularly to keep fit. 나는 건강을 유지하기 위해서 규칙적으로 운동한다.
I'm sure things will work out. 난 일이 잘 될 것이라고 확신한다.
They worked out a new plan. 그들은 새로운 계획을 세웠다.
She worked out the problem. 그녀는 그 문제를 풀었다.

05 laugh at

❶ 비웃다 ❷ 보고[듣고] 웃다
I'm afraid they will laugh at me. 그들이 나를 비웃을까 봐 두렵다.
They laughed at her jokes. 그들은 그녀의 농담을 듣고 웃었다.

06 count on[upon]

❶ 의지하다[믿다](=depend on, rely on) ❷ 기대하다
You can count on me. 너는 나를 믿어도 돼.
I'm counting on the meeting finishing on time.
나는 회의가 제시간에 끝나기를 기대하고 있다.

07 separate A from B

A를 B에서 분리하다, A를 B와 구분 짓다
Please separate recyclables from trash. 재활용품을 쓰레기에서 분리하세요.
○ 수동태 표현: be separated from ~에서 분리되다[갈라지다]

08 come true

이루어지다[실현되다]
Our dream will come true. 우리의 꿈은 이루어질 것이다.

09 do well/badly

잘하다[성공하다]/잘 못하다[실패하다]
He's doing well/badly at school. 그는 학교 성적이 좋다/나쁘다.

10 earn[make] a living

생계를 꾸려가다
People have to work to earn a living.
사람들은 생계를 꾸려가기 위해 일을 해야 한다.

11 fall in love (with)

(~와) 사랑에 빠지다
We fell in love with each other. 우리는 서로 사랑에 빠졌다.

형용사 중심 표현

12 be accustomed to ⓝ[ⓥ-ing]
~에 익숙하다(=be used to ⓝ[ⓥ-ing])
We were accustomed to **working** together. 우리는 함께 일하는 데 익숙했다.
[비교] get[grow, become] accustomed to ⓝ[ⓥ-ing] ~에 익숙해지다

13 be convinced of [that]
확신하다
I am convinced of **her innocence.** 나는 그녀의 무죄를 확신한다.
I am convinced that **she is innocent.** 나는 그녀가 무죄라고 확신한다.
[유] be sure of[that]   [비교] convince A of[that] B A에게 B를 확신시키다

14 be curious about
~에 대해 궁금해하다[~에 호기심이 있다]
Children are curious about **animals.** 아이들은 동물에 대해 궁금해한다.

전치사 중심 표현 · 부사어

15 at the top of
❶ ~의 맨 위에   ❷ ~의 일등인
Write down your name at the top of **the page.** 페이지 맨 위에 네 이름을 써라.
He is at the top of **his class.** 그는 자기 반에서 일등이다.

16 in need
(사정 · 형편이) 어려운
We must care for those in need. 우리는 어려운 사람들을 돌봐야 한다.
[비교] in need of ~이 필요한

17 in reality
실제로는[사실상]
It looks easy, but in reality **it's difficult.** 그것은 쉬워 보이지만 실제로는 어렵다.
[유] in fact

18 before long
머지않아[곧](=soon)
Spring will come before long. 머지않아 봄이 올 거야.

19 side by side
나란히
The two girls stood side by side. 그 두 소녀는 나란히 서 있었다.

20 in the first place
❶ (문장 앞에서) 첫째로[우선]   ❷ (문장 끝에서) 애초에[처음부터]
In the first place, **the plan is not practical.** 첫째로, 그 계획은 실제적이지 않다.
Why didn't you say that in the first place? 왜 애초에 그렇게 말하지 않았니?
[유] first[most] of all, above all, to begin[start] with
[비교] at first 처음에   for the first time 처음으로

Today's Expression

Let's grab a bite (to eat). 간단히 요기나 하자.
A: I'm hungry. 배고파.
B: Me, too. Let's grab a bite. 나도 그래. 간단히 요기나 하자.

A 다음 표현을 우리말로!

1	break down	11	fall in love (with)
2	come across	12	be accustomed to ⓝ[ⓥ-ing]
3	pass away	13	be convinced of[that]
4	work out	14	be curious about
5	laugh at	15	at the top of
6	count on[upon]	16	in need
7	separate A from B	17	in reality
8	come true	18	before long
9	do well/badly	19	side by side
10	earn[make] a living	20	in the first place

B 밑줄 친 표현과 같은 의미 연결하기

1 You can <u>count on</u> me.
  너는 나를 믿어도 돼.

❶ die

2 I <u>am convinced that</u> he is lying.
  나는 그가 거짓말을 하고 있다고 확신해.

❷ rely on

3 His father <u>passed away</u> last week.
  그의 아버지가 지난주에 돌아가셨어.

❸ be sure that

4 English people <u>are accustomed to</u> driving on the left.
  영국인들은 왼쪽으로 운전하는 것에 익숙하다.

❹ be used to

C [보기] 표현들의 의미를 음미해 보고 알맞은 꼴을 빈칸 속에 풍덩!

보기	break down	come across	come true	fall in love with	laugh at

1 언젠가 우리의 꿈은 이루어질 거야.
  Some day our dream will _____.

2 그녀는 사람들이 자신을 비웃을까봐 걱정했다.
  She was worried people would _____ her.

3 우리는 만나자마자 서로 사랑에 빠졌다.
  As soon as we met, we _____ each other.

4 이 건물의 엘리베이터들은 자주 고장 난다.
  The elevators in this building often _____.

5 나는 거리에서 외국 관광객을 우연히 만나면 그들에게 말을 걸어 본다.
  I try talking to foreign tourists when I _____ them on the street.

▸▸▸ 정답

A 앞면 참조 B 1. ❷ 2. ❸ 3. ❶ 4. ❹ C 1. come true 2. laugh at 3. fell in love with 4. break down 5. come across

D 빈칸에 들어갈 알맞은 전치사는?

1 What separates humans _____ animals? 무엇이 인간을 다른 동물과 구분 짓는가?

2 She was curious _____ what he was doing. 그녀는 그가 무엇을 하고 있는지 궁금했다.

E [보기] 표현들의 뜻을 씹어 보고 들어갈 곳에 쏘옥!

| 보기 | before long | in need | in the first place | side by side |

1 머지않아 장마철이 시작될 것이다.
The rainy season will come _____.

2 우리는 해변을 따라 나란히 걸었다.
We walked along the beach, _____.

3 우선 제 관점을 표명하고 싶습니다.
_____, I would like to express my point of view.

4 그녀는 어려운 사람들에게 정신적이고 정서적인 후원을 한다.
She gives mental and emotional support to those _____.

F 표현을 외우니 문장이 해석되네!

1 He's doing well at school.
그는 학교 _____.

2 She learned how to earn a living for herself.
그녀는 스스로 _____.

G 같은 모양, 다른 의미!

1 Write your name at the top of the page.
She is always at the top of her class in English.

2 Everything will work out in the end.
We have to work out a practicable solution.
My doctor advised me to work out regularly.

H 명문을 완성하는 영광을!

사람들은 서로에게 다가갈 수 있다고 생각한다. 실제로는 단지 서로를 스쳐 지나갈 뿐이다.
People imagine that they can reach one another. _____, they only pass each other by.

73

| 동사 중심 표현 |

01 mean to ⓥ

작정[의도]하다
I didn't mean to do it. 나는 그러려고 의도했던 게 아니었다.
ⓤ intend to ⓥ

02 calm down

진정하다[진정시키다](=cool down)
Please calm down and listen to me. 진정하고 제 말 좀 들어보세요.

03 come out

❶ 나오다, 출판[발매]되다 ❷ (얼룩 등이) 빠지다 ❸ (꽃이) 피다
When is her new novel coming out? 그녀의 새 소설은 언제 나오나요?
These stains will never come out. 이 얼룩들은 절대 안 빠질 것이다.
The daffodils came out early this year. 올해는 수선화가 일찍 피었다.

04 come up with

생각해내다[찾아내다]
He came up with a good idea. 그가 좋은 생각을 해냈다.

05 go up

❶ 오르다(=rise, increase) ❷ 올라가다
Prices go up every year. 물가는 해마다 오른다.
He went up stairs. 그는 계단을 올라갔다.

06 look into

❶ 들여다보다 ❷ 조사하다(=investigate, examine)
She looked into the mirror. 그녀는 거울을 들여다보았다.
They looked into the cause of the fire. 그들은 화재의 원인을 조사했다.

07 pass through

지나가다[통과하다]
The train passed through a tunnel. 열차가 터널을 통과했다.

08 distinguish A from B

A를 B와 구별하다
We need to distinguish right from wrong. 우리는 옳고 그름을 구별해야 한다.
ⓤ tell[know] A from B

09 make sense

의미가 통하다[이해가 되다], 타당하다[말이 되다]
This sentence doesn't make sense. 이 문장은 의미가 통하지 않는다.
비교 make sense of ~의 뜻을 이해하다

10 make fun of

놀리다
Don't make fun of me. 나를 놀리지 마세요.
ⓤ make a fool of

11 meet a challenge

도전에 맞서다[대처하다]
We can meet the challenge of climate change.
우리는 기후 변화에 대처할 수 있다.

형용사 중심 표현

12 be forced to ⓥ

~하지 않을 수 없다
He was forced to resign. 그는 사임하지 않을 수 없었다.
[비교] force A to B(ⓥ) A에게 강제로 B하도록 하다
[유] be obliged to ⓥ, be compelled to ⓥ

13 be addicted to ⓝ

~에 중독되어 있다[빠져 있다]
He's addicted to Internet games. 그는 인터넷 게임에 중독되어 있다.
[비교] become[get] addicted to ⓝ ~에 중독되다

14 be tired of

~에 싫증나다[~가 지겹다]
I'm tired of waiting. 나는 기다리는 게 지겹다.
[유] be sick (and tired) of, be bored with [비교] be tired from[with] ~로 피곤하다

전치사 중심 표현 · 부사어

15 in charge (of)

(~을) 맡고 있는[책임지고 있는]
Who is in charge of the project? 누가 그 프로젝트를 맡고 있나요?

16 at present

현재[지금](=now)
The item is not available at present. 그 제품은 지금 구할 수가 없습니다.
[비교] for the present 당분간, 현재로서는 in the past 과거에 in the future 미래에

17 in a minute [second]

곧(=soon)
I'll be back in a minute[second]. 곧 돌아올게.

18 in order

❶ 순서대로 ❷ 정리[정돈]된 ❸ 적법한[유효한]
I'll answer your questions in order. 여러분의 질문에 대해 순서대로 대답할게요.
She put her room in order. 그녀는 자기 방을 정돈했다.
Is your passport in order? 당신의 여권은 유효한가요?
[반] out of order 고장 난, 순서가 뒤바뀐 [비교] in order to ⓥ ~하기 위하여

19 in the long run

결국
Justice will prevail in the long run. 결국 정의가 승리하기 마련이다.
[유] finally, after all, in the end, at last, ultimately

20 on sale

❶ 할인 판매 중인 ❷ 판매 중인
It was on sale for $20. 그것은 20달러에 할인 판매 중이었다.
Tickets are on sale at the box office. 표는 매표소에서 판매 중이다.
[비교] for sale 판매 중인, 판매용

Today's Expression

My mouth is watering. 군침이 도네.
A: Wonderful smell of food is coming from the kitchen.
부엌에서 맛있는 음식 냄새가 나네.
B: My mouth is watering. 군침이 도는군.

A 다음 표현을 우리말로!

1	mean to ⓥ	11	meet a challenge
2	calm down	12	be forced to ⓥ
3	come out	13	be addicted to ⓝ
4	come up with	14	be tired of
5	go up	15	in charge (of)
6	look into	16	at present
7	pass through	17	in a minute[second]
8	distinguish A from B	18	in order
9	make sense	19	in the long run
10	make fun of	20	on sale

B 밑줄 친 표현과 같은 의미 연결하기

1 I will be with you <u>in a minute</u>.
내가 곧 갈게.

❶ at last

2 Everything is going well <u>at present</u>.
현재 모든 일이 잘 되어 가고 있다.

❷ now

3 All kinds of experiences are made use of <u>in the long run</u>.
모든 종류의 경험이 결국에는 활용된다.

❸ soon

C [보기] 표현들의 의미를 음미해 보고 알맞은 꼴을 빈칸 속에 풍덩!

보기	calm down come up with go up make fun of make sense pass through

1 그가 좋은 생각을 해냈다.
He _____ a good idea.

2 물가가 해마다 오른다.
Prices _____ every year.

3 열차가 터널을 통과했다.
The train _____ a tunnel.

4 진정하고 무슨 일이 일어났는지 내게 말해 봐.
_____ and tell me what happened.

5 이것을 읽고 의미가 통하는지 내게 말해 주렴.
Read this and tell me if it _____.

6 급우들을 놀려서는 안된다.
You should not _____ your classmates.

▶▶ 정답

A 앞면 참조   B 1. ❸ 2. ❷ 3. ❶   C 1. came up with   2. go up   3. passed through   4. Calm down   5. makes sense
6. make fun of

D 빈칸에 들어갈 알맞은 전치사는?

1 그는 인터넷 게임에 중독되어 있다.
He is addicted _____ Internet games.

2 우리는 옳고 그름을 구별해야 한다.
We need to distinguish right _____ wrong.

3 나는 매일매일 같은 일을 하는 게 지겹다.
I am tired _____ doing the same job day after day.

E [보기] 표현들의 뜻을 씹어 보고 들어갈 곳에 쏘옥!

| ┃보기┃ on sale   in order   in charge of |

1 누가 그 프로젝트를 맡고 있나요?
Who is _____ the project?

2 그는 언제나 파일을 순서대로 보관한다.
He always keeps the files _____.

3 이 물건들은 50% 할인 판매 중이에요.
These items are _____ for 50% off.

F 표현을 외우니 문장이 해석되네!

1 I didn't mean to hurt you.
나는 _____.

2 He was forced to accept her proposal.
그는 그녀의 제안을 _____.

3 You should have the better skills to meet the challenges of the 21st century.
_____ 너는 더 나은 기술을 갖추어야 한다.

G 같은 모양, 다른 의미!

1 She looked into the mirror.
The police looked into the disappearance of five children.

2 These stains will never come out.
When is her new novel coming out?

H 명문을 완성하는 영광을!

자연을 더 깊이 들여다보면 볼수록, 자연이 생명으로 가득 차 있고 우리 모두는 이 생명에 결합되어 있다는 사실을 더 깨닫게 된다.
The deeper we _____ nature, the more we recognize that it is full of life, and we are all united to this life.

▶▶▶ 정답

D **1.** to **2.** from **3.** of E **1.** in charge of **2.** in order **3.** on sale F **1.** 네게 상처 줄 의도는 아니었다 **2.** 받아들이지 않을 수 없었다 **3.** 21세기의 도전에 맞서기 위해서 G **1.** 그녀는 거울을 들여다보았다. / 경찰은 다섯 어린이의 실종을 조사했다. **2.** 이 얼룩들은 절대 안 빠질 거야. / 그녀의 새 소설은 언제 나오니[출간되니]? H look into

동사 중심 표현

01 look after

돌보다[보살피다]
I'll look after the kids tomorrow. 내일 내가 아이들을 돌볼게요.
⊕ take care of, care for
비교 look at 바라보다 look for 찾다 look into 조사하다

02 search for

찾다, 수색[검색]하다
They searched for the missing men. 그들은 실종된 사람들을 수색했다.
⊕ look for 비교 search A for B A에서 B를 찾다 in search of ~을 찾아서

03 turn into

~로 변하다[~이 되다]
Tadpoles turn into frogs. 올챙이가 개구리로 변한다.
비교 turn A into B A를 B로 바꾸다 turn out ~로 드러나다[밝혀지다]

04 break out

(전쟁 · 사고 · 질병 등이) 발발[발생]하다
World War II broke out in 1939. 2차 세계 대전은 1939년에 발발했다.
비교 break down 고장 나다 break up 헤어지다, 해산하다 break into ~에 침입하다

05 carry out

수행[이행]하다, 실시하다
He carried out the plan successfully. 그는 성공적으로 그 계획을 수행했다.
We need to carry out more research. 우리는 더 많은 연구를 수행해야 한다.

06 check out

❶ (책 등을) 대출하다 ❷ (호텔에서) 계산하고 나오다 ❸ 확인[점검]하다
I checked out a book from the library. 나는 도서관에서 책 한 권을 대출했다.
Guests should check out of their rooms by noon.
투숙객은 정오까지 계산하고 나와야 한다.
The police are checking out his alibi. 경찰이 그의 알리바이를 확인하고 있다.
반 check in (호텔 · 공항에서) 투숙[탑승] 수속을 하다

07 put together

❶ (부품을) 조립하다, (모아) 만들다 ❷ 합치다
He likes to put together a model airplane.
그는 모형 항공기를 조립하는 것을 좋아한다.
They put together a sales and marketing team.
그들은 영업 팀과 마케팅 팀을 합쳤다.

08 take apart

(기계 등을) 분해하다
The mechanic took the engine apart. 기계공이 엔진을 분해했다.

09 make a noise

소리[소음]을 내다[시끄럽게 하다]
Don't make a noise in the classroom. 교실에서 시끄럽게 하지 마라.

10 protect A from [against] B

A를 B로부터 지키다[보호하다]
The cover protects the machine from dust. 덮개는 기계를 먼지로부터 보호한다.

형용사 중심 표현

11 be capable of

~할 수 있다, ~할 능력이 있다

He is capable of doing anything. 그는 무엇이든 해낼 수 있다.

㊤ be able to ⓥ ㊦ be incapable of ~할 수 없다, ~할 능력이 없다

12 be accompanied by

동반[수반]하다

Children must be accompanied by an adult. 어린이들은 어른을 동반해야 한다.

13 be surrounded by[with]

~로 둘러싸이다

The lake is surrounded by[with] trees. 그 호수는 나무로 둘러싸여 있다.

전치사 중심 표현·부사어

14 owing to ⓝ

~ 때문에

Prices are soaring owing to inflation. 인플레이션 때문에 물가가 폭등하고 있다.

㊤ because of, due to ⓝ

15 by chance

우연히[뜻밖에](=accidentally, unexpectedly)

We met by chance. 우리는 우연히 만났다.

㊤ by accident ㊦ on purpose 고의로, 의도적으로

16 for one thing

(여러 가지 이유 중) 첫째로[한 가지는]

For one thing, I have no money. 첫째로 나는 돈이 없다.

17 in advance

미리(=beforehand)

Please purchase your ticket in advance. 미리 티켓을 구입하세요.

㊤ ahead of time ㊙ in advance of ~보다 앞서

18 from time to time

때때로[가끔]

I think of her from time to time. 나는 때때로 그녀를 생각한다.

㊙ sometimes, at times, now and then

19 what is called

소위[이른바]

This is what is called "culture shock." 이것이 이른바 '문화 충격'이다.

㊤ what we[they] call, as is called, so-called

20 ever since

그때 이래로 줄곧

I've lived here ever since. 나는 그때 이래로 줄곧 여기서 살고 있다.

I've liked you ever since I first saw you.
당신을 처음 본 이후로 줄곧 당신을 좋아했어요.

Today's Expression

What are friends for? 친구 좋다는 게 뭐니?

A: Thank you for helping me with the work. 일을 도와줘서 고마워.

B: Don't mention it. What are friends for? 그런 말 마. 친구 좋다는 게 뭐니?

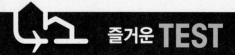

A 다음 표현을 우리말로!

1	look after	**11**	be capable of
2	search for	**12**	be accompanied by
3	turn into	**13**	be surrounded by[with]
4	break out	**14**	owing to ⑩
5	carry out	**15**	by chance
6	check out	**16**	for one thing
7	put together	**17**	in advance
8	take apart	**18**	from time to time
9	make a noise	**19**	what is called
10	protect A from[against] B	**20**	ever since

B 밑줄 친 표현과 같은 의미 연결하기

1 I think of her <u>from time to time</u>.
나는 때때로 그녀를 생각한다.

❶ beforehand

2 I met her <u>by chance</u> at the airport.
나는 우연히 그녀를 공항에서 만났다.

❷ sometimes

3 Prices are soaring <u>owing to</u> inflation.
인플레이션 때문에 물가가 폭등하고 있다.

❸ unexpectedly

4 Please purchase your ticket <u>in advance</u>.
미리 티켓을 구입하세요.

❹ because of

C [보기] 표현들의 의미를 음미해 보고 알맞은 꼴을 빈칸 속에 풍덩!

|보기| break out   carry out   make a noise   search for   turn into

1 그들은 실종자들을 수색했다.
They ＿＿＿＿＿＿＿＿＿ the missing men.

2 한국 전쟁은 1950년에 발발했다.
The Korean War ＿＿＿＿＿＿＿＿＿ in 1950.

3 물이 얼면 얼음이 된다.
Water ＿＿＿＿＿＿＿＿＿ ice when it freezes.

4 그들은 금연 운동을 실시했다.
They ＿＿＿＿＿＿＿＿＿ no smoking campaigns.

5 위층에 올라갈 때 소리를 내지 않도록 하시오.
Try not to ＿＿＿＿＿＿＿＿＿ when you go upstairs.

▸▸▸ 정답

A 앞면 참조 B 1. ❷ 2. ❸ 3. ❹ 4. ❶ C 1. searched for 2. broke out 3. turns into 4. carried out 5. make a noise

D 빈칸에 들어갈 알맞은 전치사는?

1 The lake is surrounded _____ trees. 그 호수는 나무로 둘러싸여 있다.

2 Children must be accompanied _____ an adult. 어린이들은 어른을 동반해야 한다.

3 He is capable _____ handling his current difficulties.
그는 현재의 어려움에 대처할 수 있는 능력이 있다.

E [보기] 표현들의 뜻을 씹어 보고 들어갈 곳에 쏘옥!

| 보기 |　ever since　　　　for one thing　　　　what is called

1 첫째로 나는 매우 바빴고 또 돈도 없었다.
_____ I was very busy, for another I had no money.

2 그녀는 1975년에 미국에 가서 그 이후로 줄곧 그곳에서 살고 있다.
She went to America in 1975 and she has lived there _____.

3 외국 여행을 하는 대부분의 사람들은 소위 '문화 충격'을 경험한다.
Most people who travel overseas experience _____ "culture shock."

F 표현을 외우니 문장이 해석되네!

1 I'll look after the kids tomorrow.
내일 제가 _____.

2 Every person should protect our planet from waste.
모든 사람들이 _____.

3 He took the clock apart and couldn't put it together again.
그는 시계를 _____.

G 같은 모양, 다른 의미!

The police are checking out his alibi.

How many books can I check out at a time?

We checked out from our hotel at 5 a.m. to catch a 7 a.m. flight.

H 명문을 완성하는 영광을!

최고의 선은 생명을 보호하고 생명이 도달할 수 있는 최고 가치까지 끌어올리는 것이며, 최고의 악은 생명을 파괴하고 발전할 수 있는 생명을 억누르는 것이다.

The greatest good is to preserve life and to raise life to the highest value that it _____ reaching. The greatest evil is to destroy life and to put down life which _____ development.

▸▸▸ 정답

D 1. by[with]　2. by　3. of　E 1. For one thing　2. ever since　3. what is called　F 1. 아이들을 돌볼게요　2. 지구를 쓰레기로부터 보호해야 한다　3. 분해했는데 그것을 다시 조립할 수 없었다　G 경찰이 그의 알리바이를 확인하고 있다. / 한 번에 몇 권의 책을 빌릴 수 있나요? / 우리는 아침 7시 비행기를 타려고 새벽 5시에 호텔에서 계산하고 나왔다.　H is capable of, is capable of

동사 중심 표현

01 mix up

❶ 뒤섞다   ❷ 혼동[착각]하다(=confuse)
Don't mix up those papers. 그 서류들을 뒤섞지 마세요.
I always mix him up with his brother. 나는 언제나 그를 그의 동생과 혼동한다.

02 pass by

지나가다
They all waved as they passed by. 그들은 지나갈 때 모두 손을 흔들었다.

03 pull out

❶ 뽑다   ❷ 꺼내다
The dentist pulled out her tooth. 치과 의사가 그녀의 이를 뽑았다.
He pulled out a notebook from the bag. 그는 가방에서 공책 한 권을 꺼냈다.
비교 pull up (차를) 멈추다, 잡아 올리다   pull over (차를) 길가에 대다

04 run away

도망가다[달아나다]
The thief ran away. 도둑이 도망쳤다.
유 escape, go away, get away
비교 run across 우연히 만나다[발견하다], 뛰어 건너다
    run into 우연히 만나다, ~와 충돌하다

05 die from

(부상·부주의 등)으로 죽다
Many people die from car accidents. 많은 사람들이 차 사고로 죽는다.
비교 die of (병·노령 등)으로 죽다

06 grow into

자라서 ~이 되다
She grew into a lovely woman. 그녀는 아름다운 여성으로 자랐다.
비교 grow up 어른이 되다[성장하다]

07 regard A as B

A를 B로 여기다[간주하다, 생각하다]
We regard Mozart as a genius in music. 우리는 모차르트를 음악의 천재로 여긴다.
유 think of A as B, look on[upon] A as B, see A as B, consider A (as) B

08 owe A to B(ⓝ)

B에게 A를 빚[신세]지다, A는 B 덕분이다
I owe my success to my mother. 나의 성공은 내 어머니 덕분이다.

09 fall asleep

잠들다
I fell asleep watching TV. 나는 텔레비전을 보다가 잠들었다.

10 do harm

해가 되다
Trying wouldn't do any harm.
시도해보는 것은 아무런 해도 되지 않는다[밑져야 본전이다].
유 do damage   반 do good 이롭다

형용사 중심 표현

11 be located in[at]

~에 있다[위치하다]
His office is located in the center of the city. 그의 사무실은 도심에 있다.

12 be satisfied with

~에 만족하다
Are you satisfied with your job? 너는 네 일에 만족하니?
[반] be dissatisfied with ~에 불만족하다

13 be (well) known for

~로 (매우) 유명하다
France is well known for its fashion. 프랑스는 패션으로 매우 유명하다.
[유] be famous for, be noted for, be renowned for
[비교] be known as/to ⑪/to ⓥ ~로 알려지다/~에게 알려지다/~하다고 알려지다

전치사 중심 표현 · 부사어

14 as for

~에 대해서 말하자면(=regarding)
As for John, he's doing fine. John에 대해서 말하자면, 그는 잘 지내고 있어요.
[유] as to ⑪ ~에 관하여, ~에 관해서는

15 in need of

~이 필요한
Are you in need of help? 도움이 필요하세요?
[비교] in need (사정 · 형편이) 어려운

16 A rather than B

B라기[하기]보다는 A
Contact me by email rather than phone. 전화보다는 이메일로 연락해 주세요.
[비교] would rather A (than B) (B하기보다는) A하는게 낫겠다[(B하느니) 차라리 A하고 싶다]

17 as a matter of fact

사실상[사실은](=in fact)
As a matter of fact, the plan failed. 그 계획은 사실상 실패로 돌아갔다.

18 in my opinion

내 의견[생각]으로는
In my opinion, the movie wasn't very good.
내 생각에 그 영화는 그다지 좋지 않았다.

19 in vain

헛되이[보람 없이](=useless)
All our efforts were in vain. 우리의 모든 노력이 허사였다.

20 kind[sort] of

얼마간[다소], 좀
He is kind of strange. 그는 좀 이상해.
[유] somewhat, rather, slightly   [비교] a kind[sort] of 일종의

Today's Expression

Take your time. 천천히 하세요.
A: I'll be ready in a few minutes. 잠시면 준비 돼.
B: Take your time. 천천히 해.

A 다음 표현을 우리말로!

1	mix up	11	be located in[at]
2	pass by	12	be satisfied with
3	pull out	13	be (well) known for
4	run away	14	as for
5	die from	15	in need of
6	grow into	16	A rather than B
7	regard A as B	17	as a matter of fact
8	owe A to B(⑩)	18	in my opinion
9	fall asleep	19	in vain
10	do harm	20	kind[sort] of

B 밑줄 친 표현과 같은 의미 연결하기

1 The room was <u>kind of</u> dark.
그 방은 다소 어두웠다.

❶ in fact

2 All my efforts turned out to be <u>in vain</u>.
나의 모든 노력이 헛되었음이 판명되었다.

❷ somewhat

3 <u>As a matter of fact</u>, I know nothing about the matter.
사실, 나는 그 문제에 대해 아무것도 모른다.

❸ useless

C [보기] 표현들의 의미를 음미해 보고 알맞은 꼴을 빈칸 속에 풍덩!

보기	be located in　　fall asleep　　grow into　　pass by　　pull out　　run away

1 그녀는 아름다운 여성으로 자랐다.
She _____ a beautiful woman.

2 그들은 지나갈 때 모두 손을 흔들었다.
They all waved as they _____.

3 치과 의사가 충치 하나를 뺐다.
The dentist _____ a decayed tooth.

4 한국은 극동의 중심에 위치해 있다.
Korea _____ the heart of the Far East.

5 강의가 너무 지루해서 그는 잠이 들었다.
The lecture was so boring that he _____.

6 방향을 물어보는 외국인에게서 도망치지 마.
Don't _____ from foreigners who ask you for directions.

➡ 정답

A 앞면 참조　B 1. ❷　2. ❸　3. ❶　C 1. grew into　2. passed by　3. pulled out　4. is located in　5. fell asleep　6. run away

D 빈칸에 들어갈 알맞은 전치사는?

1 I'm satisfied _____ the result. 나는 결과에 만족한다.

2 France is well known _____ its food and fashion. 프랑스는 음식과 패션으로 매우 유명하다.

E [보기] 표현들의 뜻을 씹어 보고 들어갈 곳에 쏘옥!

| 보기 | as for   in my opinion   in need of   rather than

1 나에 대해서 말하자면, 내가 알고 있는 것은 내가 아무것도 모른다는 사실이다.

_____ me, all I know is that I know nothing.

2 우리 모두는 도움이 필요하다. 오늘은 내가, 내일은 네가.

We are all _____ help. Today I, and tomorrow you.

3 그의 그림을 이해하려하기보다는 느끼려고 해 봐.

Try to feel his paintings _____ to understand them.

4 내 의견으로는 모든 개인들의 사생활을 보호하는 것이 중요하다.

_____, it is important to protect the privacy of all individuals.

F 표현을 외우니 문장이 해석되네!

1 Trying wouldn't do any harm.

시도해 보는 것은 _____.

2 He owes his success to his mother.

_____

3 Many people die from car accidents.

많은 사람들이 _____.

4 Farmers regard the land as their life.

농부들은 _____.

G 같은 모양, 다른 의미!

Don't <u>mix up</u> those papers.

I always <u>mix</u> him <u>up</u> with his brother.

H 명문을 완성하는 영광을!

기도하는 만큼 삶에서 노력하지 않으면서 그 기도가 받아들여지리라 기대하는 것은 헛된 일이다.

It is _____ to expect our prayers to be heard, if we don't make efforts in life as well as pray.

▸▸▸ 정답

D 1. with **2.** for **E 1.** As for **2.** in need of **3.** rather than **4.** In my opinion **F 1.** 아무런 해도 되지 않는다(밑져야 본전이다)
2. 그의 성공은 그의 어머니 덕분이다. **3.** 차 사고로 죽는다 **4.** 땅을 그들의 생명으로 여긴다 **G** 그 서류들을 <u>뒤섞지</u> 마세요. / 나는 언제나 그를 그의 동생과 혼동한다. **H** in vain

85

동사 중심 표현

01 had better

~하는 게 낫다
You'd better see a doctor. 너는 의사의 진찰을 받는 게 낫겠다.

02 get into

❶ ~에 들어가다(=enter)   ❷ (상태에) 처하다
He got into the graduate school. 그는 대학원에 들어갔다.
He got into trouble. 그는 곤경에 처했다.

03 head for

~로 향하다[향해 나아가다]
The ship was heading for Jeju. 그 배는 제주로 향해 가고 있었다.

04 point to ⓝ

❶ 가리키다(=indicate)   ❷ 시사하다[나타내다]   ❸ 지적하다
He pointed to the dog. 그는 그 개를 가리켰다.
The evidence points to her guilt. 그 증거는 그녀의 유죄를 시사한다.
He pointed to the need for more research. 그는 더 많은 연구의 필요성을 지적했다.

05 go off

❶ 떠나다   ❷ (전기·수도·가스가) 끊기다[꺼지다]   ❸ 울리다   ❹ 폭발하다
He went off to work as usual. 그는 평소처럼 일하러 갔다.
Suddenly, all the lights went off. 갑자기 모든 전등이 꺼졌다.
Did you hear the alarm go off? 알람이 울리는 소리를 들었니?
A bomb went off in a hotel downtown. 시내 한 호텔에서 폭탄이 터졌다.

06 look through

❶ 훑어보다   ❷ 뒤지다   ❸ 못 본 척하다
I looked through the newspaper. 나는 신문을 훑어보았다.
I looked through my pockets. 나는 내 주머니들을 뒤졌다.

07 put out

❶ (불을) 끄다(=extinguish)   ❷ 내놓다
Firefighters soon put the fire out. 소방관들이 곧 불을 껐다.
Please put out the plates for dinner. 저녁 식사를 위해 접시들을 내놓으렴.

08 hold on

❶ 기다리다   ❷ 붙잡다   ❸ 지키다[계속 보유하다]
Hold on a second, please. 잠깐만 기다려 주세요.
Hold on to my arm. 내 팔을 붙잡으렴.

09 have ~ in mind

고려하고 있다[염두에 두다]
Do you have anything particular in mind? 특별히 뭔가 마음에 두신 게 있나요?
비교 keep[bear] ~ in mind 명심[유념]하다

10 draw[call] (your) attention to ⓝ

~로 (~의) 주의[관심]를 끌다
Draw people's attention to the matter. 그 문제로 사람들의 관심을 끌어라.
유 attract[catch, get] your attention
비교 pay[give] attention to ⓝ ~에 주의를 기울이다

형용사 중심 표현

11 be anxious for [to ⓥ]

갈망[열망]하다
We were anxious for peace. 우리는 평화를 갈망했다.
We are anxious to know the truth. 우리는 진실을 알기를 간절히 바랐다.
윤 long for[to ⓥ], be eager for[to ⓥ]
비교 be anxious about ~에 대해 걱정하다

12 be made up of

~로 이루어지다[구성되다]
All matter is made up of atoms. 모든 물질은 원자로 구성되어 있다.
윤 be composed of, consist of 비교 be made of ~로 만들어지다
◎ be made of+재료 be made up of+구성 요소

13 be rich in

~이 풍부하다[많이 있다]
Oranges are rich in vitamin C. 오렌지는 비타민 C가 풍부하다.

전치사 중심 표현 · 부사어

14 in harmony with

~와 조화롭게
They live in harmony with nature. 그들은 자연과 조화롭게 산다.

15 when it comes to ⓝ

~에 관해서라면
He's an expert when it comes to computers.
컴퓨터에 관해서라면 그는 전문가이다.

16 with joy[delight]

기뻐서
They shouted with joy[delight]. 그들은 기뻐서 환호했다.

17 in turn

❶ 차례로 ❷ 결국[결과적으로]
She called out their names in turn. 그녀는 차례로 그들의 이름을 큰 소리로 불렀다.
Increased production will, in turn, lead to increased profits.
생산 증가는 결과적으로 수익 증가로 이어질 것이다.

18 back and forth

앞뒤로, 왔다갔다, 여기저기
The Viking ship swings back and forth. 바이킹 배가 앞뒤로 왔다갔다 한다.
윤 to and fro, up and down, here and there, from place to place

19 sooner or later

조만간
She will find out sooner or later. 조만간 그녀가 알게 될 것이다.
윤 after a while

20 How come (~)?

왜[어째서] (~인가)?(=Why (~)?)
How come it happened? 왜 그런 일이 일어났니?

➕ Today's Expression

I feel the same way. 동감이야.
A: The war must be stopped. 전쟁은 중단되어야 해.
B: I feel the same way. 동감이야.

A 다음 표현을 우리말로!

1	had better	11	be anxious for[to ⓥ]
2	get into	12	be made up of
3	head for	13	be rich in
4	point to ⓝ	14	in harmony with
5	go off	15	when it comes to ⓝ
6	look through	16	with joy[delight]
7	put out	17	in turn
8	hold on	18	back and forth
9	have ~ in mind	19	sooner or later
10	draw[call] (your) attention to ⓝ	20	How come (~)?

B 밑줄 친 표현과 같은 의미 연결하기

1 He headed for the bus stop.
그는 버스 정류장을 향해 갔다.

❶ extinguish

2 Fire engines arrived to put out a fire.
소방차들이 화재를 진화하기 위해 도착했다.

❷ indicate

3 He pointed to some birds in the blue sky.
그는 푸른 하늘의 새들을 가리켰다.

❸ consist of

4 All things in our universe are made up of atoms.
우주의 모든 물질은 원자로 이루어져 있다.

❹ go towards

C [보기] 표현들의 뜻을 씹어 보고 들어갈 곳에 쏘옥!

| 보기 | back and forth   in harmony with   sooner or later   when it comes to   with joy |

1 그들은 자연과 조화롭게 산다.
They live _____ nature.

2 바이킹 배가 앞뒤로 왔다갔다 한다.
The Viking ship swings _____.

3 먹는 것에 관한 한 아무도 그를 이길 수 없다.
No one can beat him _____ eating.

4 그들은 기뻐서 서로 팔짱을 끼고 춤을 추었다.
They danced _____ in one another's arms.

5 속임수를 쓰면 조만간 들통이 날 거야.
If you cheat, you'll be found out _____.

▶▶▶ 정답

A 앞면 참조   B 1. ❹ 2. ❶ 3. ❷ 4. ❸   C 1. in harmony with 2. back and forth 3. when it comes to 4. with joy
5. sooner or later

D [보기] 표현들의 의미를 음미해 보고 알맞은 꼴을 빈칸 속에 풍덩!

| 보기 | be anxious for　　be rich in　　had better　　look through |

1 그는 그녀의 행복을 간절히 바란다.

He _____ her happiness.

2 오렌지는 비타민 C가 풍부하다.

Oranges _____ vitamin C.

3 그는 시험 전에 노트를 훑어보았다.

He _____ his notes before the exam.

4 네가 그에게 직접 가서 말하는 게 나을 거야.

You _____ go and speak to him in person.

E 표현을 외우니 문장이 해석되네!

1 How come it happened?

_____

2 Do you have anything particular in mind?

특별히 뭔가 _____?

3 They try to draw people's attention to environmental issues.

그들은 _____ 노력한다.

F 같은 모양, 다른 의미!

1 He got into a good college.

If you get into trouble, I'll help you.

2 Did you hear the alarm go off?

The water and electricity went off.

3 He held on to my hand tightly.

Hold on a second, please. I'll connect you to the Order Department.

4 She called out their names in turn.

Increased production will, in turn, lead to increased profits.

G 명문을 완성하는 영광을!

온 세상에 작은 촛불 하나조차도 끌 만큼 짙은 어둠은 없다.

There is not enough darkness in all the world to _____ the light of even one small candle.

───────

▸▸▸ 정답

D **1.** is anxious for **2.** are rich in **3.** looked through **4.** had better　E **1.** 왜 그런 일이 일어났니? **2.** 마음에 두신 게 있나요 **3.** 환경 문제로 사람들의 주의를 끌려고　F **1.** 그는 좋은 대학에 들어갔다. / 네가 곤경에 처하면 내가 너를 도와줄게. **2.** 알람이 울리는 소리를 들었니? / 수도와 전기가 끊겼다. **3.** 그는 내 손을 꽉 잡았다. / 잠시만 좀 기다려 주세요. 주문 부서로 연결해 드릴게요. **4.** 그녀는 차례대로 그들의 이름을 큰 소리로 불렀다. / 생산 증가는 결과적으로 수익 증가로 이어질 것이다.　G put out

DAY 22

동사 중심 표현

01 concentrate on
~에 집중[전념]하다
Concentrate on your work. 네 일에 집중하렴.

02 go with
❶ ~와 어울리다 ❷ 공존하다[동반되다] ❸ (계획 등을) 받아들이다
Does this jacket go with this skirt? 이 재킷이 이 치마와 어울리니?
Disease often goes with poverty. 질병은 흔히 빈곤과 동반된다.
Let's go with his original proposal. 그의 원안을 받아들입시다.

03 call out
❶ 큰 소리로 부르다[외치다] ❷ 출동시키다[소집하다]
Someone called out my name. 누군가 나의 이름을 큰 소리로 불렀다.
The army was called out to help them. 그들을 돕기 위해 군대가 출동했다.
[비교] call on[upon] 방문하다, 요구[부탁]하다 call up 전화하다, 소집하다, 상기시키다

04 cut off
❶ 잘라내다 ❷ 끊다
Cut the fat off the meat. 고기에서 비계를 잘라내라.
The water supply was cut off. 수돗물 공급이 끊겼다.
[비교] cut down (나무를) 베어 넘어뜨리다, 줄이다

05 turn away
❶ (몸을) 딴 데로 돌리다[외면하다] ❷ 돌려보내다[쫓아 보내다]
He turned his head away. 그는 고개를 딴 데로 돌렸다.
Police had to turn people away. 경찰이 사람들을 돌려보내야 했다.
[비교] turn on 켜다[틀다] turn off 끄다[잠그다] turn into ~로 변하다[~이 되다]

06 cut in line
새치기하다
He tried to cut in line. 그는 새치기하려고 했다.
[비교] stand in line 줄을 서다 line up 한 줄로 서다[세우다]

07 get A to B(ⓥ)
A가 B하게 하다
I'll get him to give you a call. 그가 당신에게 전화하게 할게요.
[비교] have A B(ⓥ)

08 help A with B
A가 B하는 것을 돕다
Would you help me with this box? 제가 이 상자 드는 것 좀 도와주시겠어요?

09 attract[catch, get] (your) attention
(~의) 주의[눈길]를 끌다
He waved to attract her attention. 그는 그녀의 주의를 끌기 위해 손을 흔들었다.
[유] draw[call] (your) attention to ⓝ

10 give birth to ⓝ
❶ 낳다(=bear) ❷ 생겨나게 하다
She gave birth to a baby girl. 그녀는 딸을 낳았다.

형용사 중심 표현

11 be sensitive to ⓝ
~에 민감하다
She is very sensitive to criticism. 그녀는 비판에 매우 민감하다.

12 be suitable for
~에 알맞다[적합하다](=be fit for)
The film is suitable for children. 그 영화는 아이들에게 적합하다.

13 be surprised at
~에 놀라다
I was surprised at the news. 나는 그 소식을 듣고 놀랐다.

전치사 중심 표현 · 부사어

14 for ages
오랫동안
I haven't seen him for ages. 나는 오랫동안 그를 보지 못했다.
⊕ for years, for a long time

15 at the bottom of
~의 맨 아래[바닥]에
Footnotes are at the bottom of each page. 각주가 각 페이지 맨 아래에 있다.
⊕ at the foot of   ⊞ at the top of ~의 맨 위에

16 on the basis of
~을 기초[근거]로 하여, ~을 바탕으로
They were chosen on the basis of their talent. 그들은 재능을 근거로 선발되었다.
[비교] be based on ~에 바탕을 두다, ~에 기초[근거]하다

17 all of a sudden
갑자기(=suddenly)
All of a sudden the lights went out. 갑자기 불이 나갔다.

18 on and on
계속해서(=continuously)
They walked on and on. 그들은 계속해서 걸었다.

19 in the distance
저 멀리[먼 곳에]
We saw lights in the distance. 우리는 저 멀리 불빛을 보았다.
[비교] from a distance 멀리서

20 what is more [what's more]
더욱이[게다가](=besides, moreover, furthermore)
She's intelligent and, what is more, very beautiful.
그녀는 지적이고 게다가 매우 아름답다.
⊕ in addition   [비교] what is worse 설상가상으로   what is better 금상첨화로

Today's Expression

You must have the wrong number. 전화 잘못 거셨습니다.
A: May I speak to Mr. Smith? Smith 씨 좀 바꿔 주시겠어요?
B: Sorry, but you must have the wrong number. 미안하지만, 전화 잘못 거셨어요.

A 다음 표현을 우리말로!

1	concentrate on	11	be sensitive to ⓝ
2	go with	12	be suitable for
3	call out	13	be surprised at
4	cut off	14	for ages
5	turn away	15	at the bottom of
6	cut in line	16	on the basis of
7	get A to B(ⓥ)	17	all of a sudden
8	help A with B	18	on and on
9	attract[catch, get] (your) attention	19	in the distance
10	give birth to ⓝ	20	what is more[what's more]

B 밑줄 친 표현과 같은 의미 연결하기

1 I haven't seen him for ages.
나는 오랫동안 그를 보지 못했다.

❶ continuously

2 The noise went on and on.
소음이 계속 났다.

❷ moreover

3 All of a sudden the lights went out.
갑자기 불이 나갔다.

❸ for a long time

4 She's intelligent and, what is more, very beautiful.
그녀는 지적이고 게다가 매우 아름답다.

❹ suddenly

C [보기] 표현들의 의미를 음미해 보고 알맞은 꼴을 빈칸 속에 풍덩!

보기	attract your attention　　cut in line　　give birth to　　go with

1 그는 그녀의 주의를 끌기 위해 손을 흔들었다.
He waved to ＿＿＿＿＿＿＿＿＿＿.

2 이 재킷이 이 치마와 어울리니?
Does this jacket ＿＿＿＿＿＿＿＿＿ this skirt?

3 그녀는 어젯밤에 건강한 사내아이를 낳았다.
She ＿＿＿＿＿＿＿＿＿ a healthy baby boy last night.

4 새치기하지 말고 줄 맨 뒤로 돌아가시오.
Don't ＿＿＿＿＿＿＿＿＿ and go back to the end of the line.

▸▸▸ 정답

A 앞면 참조　B 1. ❸ 2. ❶ 3. ❹ 4. ❷　C 1. attract her attention　2. go with　3. gave birth to　4. cut in line

D 빈칸에 들어갈 알맞은 전치사는?

1 I helped him _____ his work. 나는 그가 일하는 것을 도왔다.

2 He was surprised _____ the news. 그는 그 소식을 듣고 놀랐다.

3 She is very sensitive _____ criticism. 그녀는 비판에 매우 민감하다.

4 The film isn't suitable _____ children. 그 영화는 아이들에게 적합하지 않다.

5 Concentrate _____ what you're doing now. 지금 네가 하고 있는 일에 집중해.

E [보기] 표현들의 뜻을 씹어 보고 들어갈 곳에 쏘옥!

| 보기 | at the bottom of   in the distance   on the basis of

1 각주가 각 페이지 맨 아래에 있다.

Footnotes are _____ each page.

2 우리는 저 멀리 그리스의 섬들을 볼 수 있었다.

We could see the islands of Greece _____.

3 그 결정은 국민적 동의를 기반으로 신중히 이루어져야 한다.

The decision must be made carefully _____ national agreement.

F 표현을 외우니 문장이 해석되네!

I'll get him to give you a call.

_____

G 같은 모양, 다른 의미!

1 Vincent Van Gogh cut off his own ear.
They had their electricity cut off because they didn't pay the bill.

2 He turned the beggar away from his door.
She turned her head away lest he should see her tears.

3 Someone in the crowd called out my name.
The government called out the army to help flood victims.

H 명문을 완성하는 영광을!

지성이 열매 맺게 하고 상상력이 생겨나게 하는 것은 바로 자연과 영혼의 결혼이다.

It is the marriage of the soul with Nature that makes the intellect fruitful, and

_____ imagination.

▶▶▶ 정답

D 1. with 2. at 3. to 4. for 5. on E 1. at the bottom of 2. in the distance 3. on the basis of F 그가 당신에게 전화하게 할게요. G 1. 빈센트 반 고흐는 자신의 귀를 잘랐다. / 그들은 전기요금을 내지 않아서 전기가 끊겼다. 2. 그는 거지를 현관에서 쫓아 보냈다. / 그에게 눈물을 보이지 않으려고 그녀는 고개를 딴 데로 돌렸다. 3. 군중 속의 누군가가 내 이름을 소리쳐 불렀다. / 정부는 수재민들을 돕기 위해 군대를 동원했다[출동시켰다]. H gives birth to

동사 중심 표현

01 hear from

~로부터 연락[편지 · 전화 · 전갈]을 받다
I was glad to hear from you. 너에게서 연락을 듣게 되어 반가웠어.
[비교] hear of[about] ~에 대해서 전해 듣다, ~의 소식[소문]을 듣다

02 get together

모이다[만나다]
Let's get together again soon. 곧 또 모이자[만나자].

03 hold up

❶ 들어 올리다   ❷ 떠받치다[지지하다]
Hold up your hands! 손 들어!
The two pillars hold up the ceiling. 두 개의 기둥이 천장을 떠받치고 있다.

04 pay off

❶ 성과를 올리다   ❷ (빚을) 전부 갚다
All our hard work finally paid off.
우리들의 모든 고된 노력이 마침내 성과를 거두었다.
I'll pay off all my debts first. 나는 우선 내 모든 빚을 전부 갚겠다.
[비교] pay for ~의 값을 치르다   pay back (돈을) 갚다, 보복하다

05 show up

나타나다(=appear)
He didn't show up on time. 그는 제시간에 나타나지 않았다.
[유] turn up   [비교] show off 자랑하다[과시하다], 돋보이게 하다

06 take away

없애 주다[제거하다], 치우다, 데려가다
These drugs should take the pain away. 이 약들이 통증을 없애 줄 것이다.
[유] remove, get rid of, do away with

07 get along

❶ 지내다[살아가다]   ❷ (with) (~와) 잘 지내다
How are you getting along these days? 너는 요즘 어떻게 지내니?
He gets along with his classmates. 그는 급우들과 잘 지낸다.

08 run out of

~이 바닥나다, 다 써버리다
I'm afraid we've run out of gas. 기름이 다 떨어진 것 같아.
[유] use up, run short of, exhaust   [비교] run the risk of ~의 위험을 무릅쓰다

09 get better/worse

(병 · 상황이) 좋아지다[호전되다]/나빠지다[악화되다]
I hope he will get better soon. 나는 그가 곧 회복되기를 바란다.
Things are getting worse. 사태가 악화되고 있다.
[비교] get well (병이) 낫다

10 catch a cold

감기에 걸리다
Be careful not to catch a cold. 감기에 걸리지 않도록 조심하세요.

형용사 중심 표현

11 be certain of [about]/(that)

확신하다
I'm **not** certain of[about] **that**. 나는 그것을 확신하지 못하겠다.
I'm certain that **I left the keys in the kitchen**. 내가 열쇠를 부엌에 둔 게 확실하다.

12 be pleased with

~에 기쁘다
They were pleased with **his success**. 그들은 그의 성공에 기뻐했다.

13 be thankful (to A) for B

(A에게) B에 대해 감사하다
We are thankful for **your support**. 여러분의 지지에 감사드립니다.

전치사 중심 표현 · 부사어

14 at one time

❶ 예전에[한때] ❷ 한 번에
At one time, **she lived here**. 예전에 그녀는 이곳에 살았다.
How many pills should I take at one time? 한 번에 몇 알을 먹어야 합니까?
비교 at a time 한 번에

15 (all) by itself

❶ 그것만으로 ❷ 홀로(=alone) ❸ 저절로[자동으로](=automatically)
Punishment by itself **cannot change behaviors**.
처벌만으로 행동을 변화시킬 수 없다.
The house stands by itself **in an acre of land**.
그 집은 1에이커의 대지 내에 홀로 서 있다.
The door opens by itself **as you approach it**.
그 문은 네가 다가가면 자동으로 열린다.

16 in half

절반으로
She cut an orange in half. 그녀는 오렌지를 절반으로 잘랐다.

17 in[at] center of

~의 중심[중앙]에
a long table in the center of **the room** 방 중앙에 놓인 긴 탁자
유 in the middle of, in the heart of

18 throughout your life

평생 동안
He helped them throughout his life. 그는 평생 동안 그들을 도왔다.

19 from now[this, that, that day] on

지금[이로, 그로, 그날]부터 계속
From now on **I'll be more careful**. 지금부터 더 주의하겠습니다.

20 not only A but (also) B

A뿐만 아니라 B도 또한(=B as well as A)
He is not only **a novelist** but also **a poet**.
그는 소설가일 뿐만 아니라 시인이기도 하다.

Today's Expression

Same to you! 당신도 그러길 바라요!
A: Have a nice weekend! 즐거운 주말 보내세요!
B: Same to you! 당신도 그러길 바라요!

A 다음 표현을 우리말로!

1	hear from	11	be certain of[about]/(that)
2	get together	12	be pleased with
3	hold up	13	be thankful (to A) for B
4	pay off	14	at one time
5	show up	15	(all) by itself
6	take away	16	in half
7	get along	17	in[at] center of
8	run out of	18	throughout your life
9	get better/worse	19	from now[this, that, that day] on
10	catch a cold	20	not only A but (also) B

B 빈칸에 들어갈 알맞은 전치사는?

1 We are thankful _____ your support. 여러분의 지지에 감사드립니다.

2 His parents were pleased _____ his success. 그의 부모님은 그의 성공에 기뻐했다.

3 I am looking forward to hearing _____ you. 나는 너에게서 연락을 받기를 고대하고 있어.

4 She divided a piece of cake exactly _____ half.
그녀는 케이크 한 조각을 정확하게 반으로 나눴다.

5 His passion for books continued _____ his life.
책에 대한 그의 열정은 평생 동안 계속되었다.

C [보기] 표현들의 의미를 음미해 보고 알맞은 꼴을 빈칸 속에 풍덩!

|보기| catch a cold　　　get together　　　show up　　　take away

1 감기에 걸리지 않도록 몸조심해.

Take care of yourself not to _____.

2 우리가 2시간 동안 기다렸으나 그는 나타나지 않았다.

We waited for two hours, but he didn't _____.

3 의사는 그녀에게 고통을 없애 주는 약을 주었다.

The doctor gave her some tablets to _____ the pain.

4 우리 가족과 친척들은 설날에 모인다.

My family and relatives _____ on the New Year's day.

▸▸▸ 정답

A 앞면 참조　B 1. for　2. with　3. from　4. in　5. throughout　C 1. catch a cold　2. show up　3. take away　4. get together

D [보기] 표현들의 뜻을 씹어 보고 들어갈 곳에 쏘옥!

| 보기 | at one time   by itself   from now on   in the center of

1 예전에 그녀는 이곳에 살았다.

_____, she lived here.

2 방의 중앙에 탁자 하나가 있었다.

There was a table _____ the room.

3 성공 그것만으로는 대부분의 사람들을 만족시키기에 충분하지 않다.

Success is not, _____, enough to satisfy most people.

4 이제부터 네가 일을 좀 더 진지하게 했으면 좋겠다.

I want you to be more serious about your work _____.

E 표현을 외우니 문장이 해석되네!

1 Are you certain about that?

너는 그것을 _____?

2 The door opens by itself as you approach it.

그 문은 네가 다가가면 _____.

3 It is not only economical but (also) good for the health.

그것은 _____.

4 People don't run out of dreams; people just run out of time.

사람들은 _____.

5 They fear that things are going to get worse before they get better.

그들은 사태가 _____ 걱정한다.

F 같은 모양, 다른 의미!

1 How are you getting along these days?
You seem to get along with others very well.

2 I'm sure someday all these efforts will pay off.
To pay off the debt, he sold his house and land.

3 The two pillars hold up the ceiling.
When a dog swims, it holds up its head to keep it out of the water.

G 명문을 완성하는 영광을!

사랑은 로맨스를 없애고도 여전히 네가 그 사람을 좋아한다는 것을 깨달을 때 존재한다.

Love is when you _____ the romance and you find out you still care for that person.

정답

D **1.** At one time **2.** in the center of **3.** by itself **4.** from now on　E **1.** 확신하니 **2.** 저절로 열린다 **3.** 경제적일 뿐만 아니라 건강에도 좋다 **4.** 꿈이 바닥나는 게 아니라 단지 시간을 다 써버리는 것이다. **5.** 호전되기 전에 악화될까봐　F **1.** 너는 요즘 어떻게 지내고 있니? / 너는 다른 사람들과 아주 잘 지내는 것 같다. **2.** 나는 언젠가 이 모든 노력이 성과를 거두리라 확신한다. / 빚을 전부 갚기 위해 그는 집과 땅을 팔았다. **3.** 두 개의 기둥이 천장을 떠받치고 있다. / 개는 수영할 때 계속 머리가 물 밖으로 나와 있게 하기 위해 머리를 쳐든다.　G take away

DAY 24

동사 중심 표현

01 keep to ⓝ
❶ (길을) 계속 따라 가다　❷ 고수하다　❸ (주제에서) 벗어나지 않다
Keep to the right. 우측통행하시오.
Let's keep to our original plan. 우리의 원안을 고수하자.
Keep to the point. 요점에서 벗어나지 마세요.

02 build up
쌓아올리다, 증강[강화]하다
You have to build up trust. 신뢰를 쌓아야 한다.

03 come up
❶ 생기다[발생하다]　❷ 다가오다　❸ (떠)오르다　❹ 싹트다
Something unexpected came up. 예상치 못한 일이 생겼다[발생했다].
Her birthday is coming up soon. 그녀의 생일이 곧 다가온다.
The sun came up over the mountain. 해가 산 위로 떠올랐다.
비교 come up with 생각해내다[제안하다]　come upon 우연히 만나다[발견하다]

04 dress up
❶ 잘 차려 입다, 정장하다[시키다]　❷ 분장하다
Should I dress up? 제가 정장을 해야 하나요?
He's going to dress up as Santa. 그는 산타로 분장할 것이다.

05 join in
(~에) 참가[참여]하다
Why don't you join in? 참여하는 게 어때?
유 take part in, participate in

06 pay back
❶ (돈을) 갚다　❷ 보복하다
I'll pay you back next week. 다음 주에 너에게 돈을 갚을게.
I'll pay him back for what he's done to me.
나는 내가 당한 것을 그에게 복수할 거야.

07 wear out
❶ 써서 닳다[닳게 하다]　❷ 지쳐버리게 하다
My shoes are beginning to wear out. 내 구두가 닳기 시작했다.
All this shopping has worn us out. 이 모든 쇼핑이 우리를 지치게 했다.
◑ be worn out 닳아 없어지다, 지쳐버리다　유 exhaust

08 meet the deadline
마감에 맞추다
Will you be able to meet the deadline? 마감에 맞출 수 있겠어요?

09 say good-bye (to ⓝ)
(~에게) 작별 인사를 하다
I have to say good-bye to him. 나는 그에게 작별 인사를 해야 해.

10 take ~ for granted [take it for granted that ~]
~을 당연하게 여기다
We take parental love for granted. 우리는 부모님의 사랑을 당연히 여긴다.
Don't take it for granted that they'll call you.
그들이 네게 전화할 거라고 당연하게 여기지 마라.

형용사 중심 표현

11 be attached to ⓝ ❶ ~에 애착을 갖다 ❷ ~에 붙어 있다 ❸ ~에 소속[부속]되다

She is attached to her son. 그녀는 아들에게 애착을 갖는다.

Your claim tag is attached to your ticket.
당신의 수화물표가 항공권에 붙어 있어요.

The research unit is attached to the university.
그 연구팀은 그 대학에 소속되어 있다.

12 be divided into ~로 나누어지다

The book is divided into six chapters. 그 책은 6개 장으로 나뉘어져 있다.
[비교] divide A into B A를 B로 나누다

13 be free of[from] ~이 없다, ~이 면제되다

This product is free of[from] sugar. 이 제품은 설탕이 없다.
[비교] be free to ⓥ 마음대로[자유롭게] ~하다

전치사 중심 표현 · 부사어

14 in a[one] sense [in some senses] 어떤 의미에서는

What he says is right in a sense. 어떤 의미에서는 그가 한 말이 맞다.

15 in sum 요컨대

In sum, it is necessary to reconsider it. 요컨대 그것을 재고할 필요가 있다.
[유] in short, in brief [비교] sum up 요약하다

16 out of control 통제 불가능한[통제에서 벗어난]

The situation is getting out of control. 상황이 통제가 불가능해지고 있다.
[반] in control (of) (~을) 통제하는 under control 통제[제어]되는, 지배되는

17 to be sure 틀림없이[확실히](=surely, certainly)

He is intelligent, to be sure, but he's also lazy.
그는 확실히 똑똑하지만 게으르기도 하다.

18 to make matters worse 설상가상으로(=what is worse)

To make matters worse, it started to rain. 설상가상으로 비까지 오기 시작했다.

19 here and there 여기저기

Her clothes were scattered here and there. 그녀의 옷들이 여기저기 흩어져 있었다.

20 A as well as B B뿐만 아니라 A도 역시(=not only B but also A)

He is a poet as well as a novelist. 그는 소설가일 뿐만 아니라 시인이다.
[비교] as well ~도 또한

Today's Expression

My pleasure. (감사 인사에 대한 대답) 오히려 제가 기뻐요.
A: Thank you for helping me. 도와주셔서 고마워요.
B: My pleasure. 오히려 제가 기뻐요.

A 다음 표현을 우리말로!

1	keep to ⑪	11	be attached to ⑪
2	build up	12	be divided into
3	come up	13	be free of[from]
4	dress up	14	in a[one] sense[in some senses]
5	join in	15	in sum
6	pay back	16	out of control
7	wear out	17	to be sure
8	meet the deadline	18	to make matters worse
9	say good-bye (to ⑪)	19	here and there
10	take ~ for granted	20	A as well as B

B 빈칸에 들어갈 알맞은 전치사는?

1 _____ a sense, life is like a marathon. 어떤 의미에서 인생은 마라톤과 같다.

2 **The book** is divided _____ **six chapters.** 그 책은 6개 장으로 나뉘어져 있다.

3 **The situation is getting** _____ **control.** 상황이 통제가 불가능해지고 있다.

4 **Organic foods** are free _____ **artificial colorings.** 유기농 식품은 인공색소가 없다.

C [보기] 표현들의 뜻을 씹어 보고 알맞은 꼴을 들어갈 곳에 쏘옥!

│보기│	build up	dress up	join in	pay back	say good-bye to

1 나는 그에게 작별 인사를 해야 해.
   I have to _____ him.

2 그들은 빚을 갚을 수 없다.
   They can't _____ the loan.

3 파티에 정장을 차려 입을 필요는 없어.
   You don't have to _____ for the party.

4 대부분의 나라들이 야생 동물을 보호하는 운동에 참여한다.
   Most countries _____ the campaign to protect wildlife.

5 당신의 칭찬은 아이들이 자신감을 강화시키게 한다.
   Your praise allows the kids to _____ self-confidence.

▶▶ 정답

A 앞면 참조 B 1. In 2. into 3. out of 4. of[from] C 1. say good-bye to 2. pay back 3. dress up 4. join in 5. build up

D [보기] 표현들의 의미를 음미해 보고 빈칸 속에 풍덩!

| 보기 | here and there   in sum   to be sure   to make matters worse

1 쓰레기가 여기저기로 흩어졌다.

The trash scattered _____.

2 요컨대 대안 정책이 고려되지 않았다.

_____, alternative policies were not considered.

3 나는 늦게 일어났는데, 설상가상으로 버스도 시간 맞춰 오지 않았다.

I got up late, and _____, the bus didn't come in time.

4 국가 간에 평화를 유지하는 것은 확실히 세계의 큰 문제이다.

Keeping peace among nations is a great problem of the world, _____.

E 표현을 외우니 문장이 해석되네!

1 Will you be able to meet the deadline?

_____

2 She can speak Japanese as well as English.

그녀는 _____.

3 He took it for granted that he would pass the exam.

그는 시험에 합격할 거라는 것을 _____.

F 같은 모양, 다른 의미!

1 Her birthday is coming up soon.
Something unexpected came up.
The sun came up over the mountain.

2 All this shopping has worn us out.
My shoes are beginning to wear out.

3 Your claim tag is attached to your ticket.
Cats are attached to places, and dogs to people.

4 Keep to the point.
Keep to the speed limit.
Please keep to the track.

G 명문을 완성하는 영광을!

신뢰를 쌓는 데는 몇 년이 걸리지만, 무너뜨리는 데는 겨우 몇 초가 걸린다.

It takes years to _____ trust, and only seconds to destroy it.

▶▶▶ 정답

D **1.** here and there **2.** In sum **3.** to make matters worse **4.** to be sure E **1.** 마감에 맞출 수 있겠어요? **2.** 영어뿐만 아니라 일본어도 할 수 있다 **3.** 당연하게 여겼다 F **1.** 그녀의 생일이 곧 다가온다. / 예상치 못한 일이 생겼다. / 해가 산 위로 떠올랐다. **2.** 이 모든 쇼핑이 우리를 지치게 했다. / 내 구두가 닳기 시작하고 있다. **3.** 당신의 수화물표가 항공권에 붙어 있어요. / 고양이는 장소에 애착을 갖고, 개는 사람에게 애착을 갖는다. **4.** 요점에서 벗어나지 마세요. / 제한 속도를 지키세요. / 길을 계속 따라 가세요. G build up

DAY 25

동사 중심 표현

01 insist on[upon]
주장하다[우기다]
He insisted on his innocence. 그는 자신의 결백을 주장했다.

02 leave for
~을 향해 떠나다[출발하다]
He left for Seoul. 그는 서울로 떠났다.
⟨유⟩ depart for　⟨비교⟩ leave A for B A를 떠나 B로 향하다

03 come along
❶ 함께 가다[오다]　❷ 나아지다　❸ 생기다
Do you want to come along? 함께 가고 싶니?
Your English is coming along really well. 너의 영어 실력이 정말 많이 좋아지고 있어.
Take any job opportunity that comes along. 어떤 취업 기회라도 생기면 잡아라.

04 hold out
❶ 내밀다　❷ 견디다[버티다]　❸ 계속 남아 있다
He held out his hand to her. 그는 그녀에게 손을 내밀었다.
How long can the enemy hold out? 적군이 얼마나 오래 버틸 수 있을 것 같니?
Will the food hold out? 식량이 계속 남아 있겠니?

05 make up for
만회하다, 벌충하다, 보상하다(=compensate for)
We have to make up for lost time. 우리는 잃어버린 시간을 만회해야 해.
⟨비교⟩ make up 구성하다, 만들어내다, 화장하다　be made up of ~로 이루어지다

06 take measures
조치를 취하다
We should take measures before it is too late.
우리는 너무 늦기 전에 조치를 취해야 한다.
⟨유⟩ take action[steps]

07 set ~ free
풀어 주다(=release), 자유롭게 하다(=liberate)
He set the prisoner free. 그는 죄수를 풀어 주었다.

08 can afford ⓝ [to ⓥ]
~할 수 있는 여유가 있다 ◑ 주로 부정문·의문문에 쓰임.
I can't afford a new car. 나는 새 차를 살 형편이 안 된다.
I can't afford to buy a house. 나는 집을 살 형편이 안 된다.

09 turn A into B
A를 B로 바꾸다[되게 하다]
Hollywood turned her into a star. 할리우드는 그녀를 스타가 되게 했다.
⟨유⟩ change A into B　⟨비교⟩ turn into ~로 변하다[~이 되다]

10 range from A to B
(범위가) A에서 B까지 걸쳐 있다
Their ages range from 10 to 18. 그들의 나이는 10세에서 18세까지 걸쳐 있다.
⟨비교⟩ range between A and B (범위가) A와 B 사이에 걸쳐 있다

형용사 중심 표현

11 be concerned with ❶ ~와 관련되다 ❷ ~에 관심이 있다
The company is concerned with the defense industry.
그 회사는 방위 산업과 관련되어 있다.
They are concerned with making money. 그들은 돈 버는 데 관심이 있다.
[비교] be concerned about ~에 대해 염려[걱정]하다

12 be crowded with ~로 붐비다
The streets were crowded with tourists. 거리들은 관광객으로 붐볐다.

13 be short for ~의 줄임 말이다
Email is short for electronic mail. 이메일은 전자 메일의 줄임 말이다.

전치사 중심 표현 · 부사어

14 (all) on your own ❶ 혼자서(=alone) ❷ 자기 스스로[혼자의 힘으로]
She lives on her own. 그녀는 혼자 산다.
He did it on his own. 그는 그것을 혼자 힘으로 했다.
[유] by yourself   [비교] of your own 자기 자신의

15 among others [other things] 그 중에서도 (특히)
It was the most beautiful among others. 그것은 그 중에서도 가장 아름다웠다.

16 on the phone 전화로, 통화 중인
She's on the phone all day! 그녀는 하루 종일 통화 중이야!
[비교] by[over] the phone 전화로

17 or something ~인가 뭔가
Is he sick or something? 그는 아프거나 그런 거 아니야?

18 one by one 한 명씩[하나씩]
They entered the room one by one. 그들은 한 명씩 방에 들어갔다.

19 very few/little 극소수의/거의 없는
There are very few people who know this. 이것을 아는 사람은 극소수이다.
There is very little hope of his recovery. 그가 회복될 가망은 거의 없다.
[반] quite a few/little[bit] (수가)/(양 · 정도가) 꽤 많은

20 no more than 단지(=only), 겨우
I had no more than five dollars. 나는 겨우 5달러밖에 없었다.

Today's Expression

I'm flattered. 과찬이세요.
A: You're really gorgeous as I've heard. 듣던 대로 당신은 정말 멋지군요.
B: I'm flattered. 과찬이세요.

A 다음 표현을 우리말로!

1	insist on[upon]	11	be concerned with
2	leave for	12	be crowded with
3	come along	13	be short for
4	hold out	14	(all) on your own
5	make up for	15	among others[other things]
6	take measures	16	on the phone
7	set ~ free	17	or something
8	can afford ⑩[to ⓥ]	18	one by one
9	turn A into B	19	very few/little
10	range from A to B	20	no more than

B 빈칸에 들어갈 알맞은 전치사는?

1 He insisted _____ his innocence.
그는 자신의 결백을 주장했다.

2 The street is always crowded _____ people.
그 거리는 언제나 사람들로 붐빈다.

3 This train is going to leave _____ Busan at 6.
이 열차는 6시에 부산으로 떠날 예정이다.

4 "Camcorder" is short _____ "camera recorder."
'캠코더'는 '카메라 리코더'의 줄임 말이다.

C [보기] 표현들의 의미를 음미해 보고 알맞은 꼴을 빈칸 속에 풍덩!

보기	can afford to	come along	make up for	take measures

1 우리는 너무 늦기 전에 조치를 취해야 한다.
We should _____ before it is too late.

2 나는 잃어버린 시간을 만회하기 위해 열심히 공부해야 한다.
I had to study hard to _____ lost time.

3 그는 너무 가난해서 아들에게 자전거를 사 줄 여유가 없었다.
He was so poor that he _____ buy a bike for his son.

4 나는 지금 거기 가는데, 나와 함께 갈래?
I'm going there right now, why don't you _____ with me?

▶▶▶ 정답

A 앞면 참조 **B 1.** on[upon] **2.** with **3.** for **4.** for **C 1.** take measures **2.** make up for **3.** couldn't afford to **4.** come along

D [보기] 표현들의 의미를 음미해 보고 빈칸 속에 풍덩!

| 보기 | among other things   no more than   on the phone   one by one   or something

1 그녀는 하루 종일 통화 중이야!
She's _____ all day!

2 그들은 한 명씩 방에 들어갔다.
They entered the room _____.

3 그녀의 이름이 Jimi인가 Jina인가 그 비슷한 뭔가 그래.
Her name is Jimi, or Jina _____.

4 그들은 겨우 네다섯 살이다.
They are _____ four or five years old.

5 그들은 그 중에서도 특히 최근의 범죄 증가에 대해 논의했다.
They discussed, _____, the recent increase in crime.

E 표현을 외우니 문장이 해석되네!

1 Their ages range from 10 to 18.
그들의 나이는 _____.

2 The witch turned the prince into a frog.
마녀는 _____.

3 There are very few people who know this.
이것을 아는 사람은 _____.

4 I was glad I could do something on my own.
나는 _____ 기뻤다.

5 He commanded his men to set the prisoner free.
그는 부하들에게 죄수를 _____.

F 같은 모양, 다른 의미!

1 He held out his trembling hand to me.
They held out against hunger for a week.

2 Her latest study is concerned with youth unemployment.
All parents are concerned with their children's education.

G 명문을 완성하는 영광을!
더불어 어리석을 수 있는 여유가 있는 게 오랜 친구가 주는 축복 가운데 하나이다.
It is one of the blessings of old friends that you _____ be stupid with them.

105

DAY 26

동사 중심 표현

01 adapt to ⓝ

~에 적응하다
You will soon adapt to the way of life here. 너는 곧 이곳 생활 방식에 적응할 거야.
[비교] adapt A to B A를 B에 적응시키다   be adapted from ~에서 개작[각색]되다

02 graduate from

졸업하다
He graduated from Harvard last year. 그는 작년에 하버드 대학을 졸업했다.

03 run into

❶ 우연히 만나다   ❷ ~와 충돌하다
I ran into her at the library. 나는 도서관에서 그녀와 우연히 만났다.
A truck ran into a car. 트럭이 자동차와 부딪쳤다.
[유] run across, come across 우연히 만나다   collide with ~와 충돌하다

04 intend to ⓥ

~할 작정이다, 의도하다
We intend to go to Australia next year. 우리는 내년에 호주에 갈 작정이다.
[유] mean to ⓥ   [비교] be intended to ⓥ ~하려고 의도되다

05 strive to ⓥ

~하려고 노력하다[애쓰다](=try to ⓥ)
I will strive to achieve my dreams. 나는 내 꿈을 이루기 위해 노력할 것이다.

06 catch up with

~을 따라잡다[뒤따라가다]
Go on ahead. I'll catch up with you. 먼저 가. 너를 뒤따라갈게.
[비교] keep up with (~에 뒤떨어지지 않게) 따라가다

07 come out of

❶ ~에서 나오다   ❷ (병·곤경 등에서) 벗어나다
Come out of there now! 거기에서 당장 나와!
The country is coming out of recession.
그 나라는 경제 침체에서 벗어나는 중이다.
[유] get out of   [비교] come from ~의 출신이다, ~에서 생기다

08 make a difference

차이[영향]가 있다, 중요하다
A small change makes a big difference. 작은 변화가 큰 차이를 낳는다.
[반] make no[little] difference 차이[영향]가 없다, 중요하지 않다

09 keep a[your] promise

약속을 지키다
I have tried to keep my promise. 나는 약속을 지키려고 노력해 왔다.
[유] keep your word   [반] break a promise 약속을 깨다
[비교] make a promise 약속하다

10 blame A for B

B에 대해 A를 비난하다, B를 A의 탓으로 돌리다
He blamed me for the accident. 그는 그 사고를 내 탓으로 돌렸다.

형용사 중심 표현

11 be critical of

~에 대해 비판적이다
He is critical of the government. 그는 정부에 대해 비판적이다.

12 be fascinated by [with]

~에 매혹되다[홀리다]
I was fascinated by her voice. 나는 그녀의 목소리에 매혹되었다.

13 be opposed to ⓝ

~에 반대하다
They are opposed to the death penalty. 그들은 사형 제도에 반대한다.

전치사 중심 표현 · 부사어

14 contrary to ⓝ

~와 반대로
Contrary to my expectation, he won the game. 나의 예상과 달리 그가 우승했다.
This is contrary to what I expected. 이것은 내가 예상했던 것과 반대이다.
비교 on the contrary 이와 반대로

15 in a row

❶ 연달아[연속으로] ❷ 한 줄로
Our team won three games in a row. 우리 팀은 세 경기를 연달아 이겼다.
They stood in a row. 그들은 한 줄로 섰다.

16 in effect

❶ 사실상(=in fact) ❷ 시행[발효] 중인
In effect, the two systems are identical. 사실상 두 시스템은 동일하다.
A storm warning is in effect. 폭풍 경보가 발효 중이다.
비교 come[go] into effect 발효하다[시행되다]

17 in your shoes

~의 입장이 되어
Just put yourself in my shoes. 내 입장이 되어보렴.

18 under pressure

압박을[스트레스를] 받는
He's under a lot of pressure at work. 그는 직장에서 스트레스를 많이 받고 있다.

19 hand in hand

서로 손잡고
They walked hand in hand. 그들은 서로 손잡고 걸었다.
비교 on the other hand 한편[반면에]   at hand 가까이에 (있는)   hand in 제출하다

20 on a regular basis

정기적으로(=regularly)
I work out on a regular basis. 나는 정기적으로 운동을 한다.
비교 on a daily/weekly basis 매일[일 단위로]/매주[주 단위로]

➕ **Today's Expression**

What a small world! 세상 참 좁구나!
A: I ran into John on my trip to China. 중국 여행하다가 John을 우연히 만났어.
B: Really? What a small world! 정말? 세상 참 좁구나!

A 다음 표현을 우리말로!

1	adapt to ⋒	11	be critical of
2	graduate from	12	be fascinated by[with]
3	run into	13	be opposed to ⋒
4	intend to ⓥ	14	contrary to ⋒
5	strive to ⓥ	15	in a row
6	catch up with	16	in effect
7	come out of	17	in your shoes
8	make a difference	18	under pressure
9	keep a[your] promise	19	hand in hand
10	blame A for B	20	on a regular basis

B 빈칸에 들어갈 알맞은 전치사는?

1 그는 정부에 대해 비판적이다.

He is critical _____ the government.

2 그들은 사형 제도에 반대한다.

They are opposed _____ the death penalty.

3 그들은 적절한 조치를 취하지 않은 것에 대해 그를 비난했다.

They blamed him _____ not taking proper measures.

C [보기] 표현들의 의미를 음미해 보고 알맞은 꼴을 빈칸 속에 풍덩!

보기	come out of	graduate from	intend to	make a difference	strive to

1 그가 있고 없고는 내게 중요하다[차이가 있다].

With or without him, it _____ to me.

2 끝낼 작정이 아니라면 시작하지 마.

Do not begin unless you _____ finish.

3 우리는 같은 초등학교를 졸업했다.

We _____ the same elementary school.

4 우리는 자신의 분야에서 큰 성과를 이루려고 노력해야 한다.

We have to _____ achieve a greatness in our own field.

5 그들은 화재 경보를 듣자마자 잽싸게 건물에서 나왔다.

They _____ the building quickly as soon as they heard a fire alarm.

▸▸▸ 정답

A 앞면 참조 **B** 1. of 2. to 3. for **C** 1. makes a difference 2. intend to 3. graduated from 4. strive to 5. came out of

D 문장에 어울리는 표현 쌍, 빈칸 속에 알맞은 형태로 퐁퐁!

| 보기 | contrary to – adapt to   in your shoes – keep the promise
under pressure – catch up with

1 만약 내가 네 입장에 있다면 그 약속을 지킬 텐데.

If I were _____, I would _____.

2 우리 예상과는 반대로 그는 새로운 환경에 매우 쉽게 적응했다.

_____ our expectation, he _____ the new environment very easily.

3 대부분의 사람들이 경쟁 사회에서 다른 사람들을 따라잡아야 한다는 압박을 받고 있다.

Most of people are _____ to _____ others in the competitive society.

E 표현을 외우니 문장이 해석되네!

1 All equipment is checked on a regular basis.

모든 장비는 _____.

2 They entered the main stadium hand in hand.

그들은 _____ 주 경기장에 입장했다.

3 The tourists were fascinated by the beautiful scenery.

관광객들은 _____.

F 같은 모양, 다른 의미!

1 A truck ran into a car.

I ran into an old friend on the street.

2 They stood in a row.

Our team won three games in a row.

3 In effect, the two systems are identical.

A storm warning is in effect for the west coast.

G 재미있는 글을 완성하는 재미를!

작은 게 중요하지 않다고 생각한다면, 모기 한 마리가 있는 방에서 잠들려고 해 봐라.

If you think something small cannot _____, try going to sleep with a mosquito in the room.

▶▶▶ 정답

D **1.** in your shoes – keep the promise **2.** Contrary to – adapted to **3.** under pressure – catch up with E **1.** 정기적으로 점검된다 **2.** 서로 손잡고 **3.** 아름다운 경치에 매료되었다 F **1.** 트럭이 자동차와 부딪쳤다. / 나는 옛 친구를 길거리에서 우연히 만났다. **2.** 그들은 한 줄로 섰다. / 우리 팀은 세 경기를 연달아 이겼다. **3.** 사실상 두 시스템은 동일하다. / 폭풍 경보가 서해안에 발효 중이다. G make a difference

동사 중심 표현

01 apply for

(일자리 · 허가 등을) 지원[신청]하다
I'm going to apply for the job. 나는 그 일자리에 지원할 것이다.
비교 apply to ⓝ ~에 적용되다[적합하다], (대학 등에) 지원[신청]하다

02 protest against

~에 항의하다
They protested against the decision. 그들은 그 결정에 항의했다.

03 fix up

❶ 수리하다　❷ (약속 등을) 정하다　❸ 마련해 주다　❹ (만남을) 주선하다
We must fix up our house. 우리는 집을 수리해야 할 것이다.
We'll have to fix up a time to meet. 우리는 만날 시간을 정해야 할 거야.
I'll fix you up with a place to stay. 네가 머물 곳을 마련해 줄게.
I'll fix you up with one of my friends. 너를 내 친구 중 하나와 소개시켜 줄게.

04 stop by

잠시 들르다
I need to stop by the bank. 나는 은행에 들러야 해.
윤 drop by[in], come by

05 go on a picnic/trip

소풍/여행 가다
They will go on a picnic/trip tomorrow. 그들은 내일 소풍/여행 갈 것이다.

06 make a reservation

예약하다(=reserve, book)
Can I make a reservation for 2? 2명 예약할 수 있을까요?
비교 have a reservation 예약이 되어 있다
confirm a reservation 예약을 확인하다

07 make up your mind

결심[결정]하다(=decide)
I haven't made up my mind yet. 나는 아직 결정하지 못했다.
윤 make a decision

08 cannot help ⓥ-ing

~하지 않을 수 없다
I couldn't help laughing when I saw it.
나는 그것을 보았을 때 웃지 않을 수 없었다.
윤 cannot but ⓥ, be forced[compelled, obliged] to ⓥ

09 may[might] as well A (as B)

(B하느니) A하는 편이 낫다
We may[might] as well go home. 우리는 집에 가는 편이 낫겠어.
You might as well go to bed as watch TV.
너는 텔레비전을 보느니 잠자리에 드는 게 낫겠다.
윤 had better, would rather　비교 may well ~하는 것도 당연하다

10 forgive A for B

A가 B한 것을 용서하다
Please forgive me for what I've done. 제가 한 일을 용서해 주십시오.

형용사 중심 표현

11 be obsessed with[by]
~에 사로잡히다[집착하다]
Why are people obsessed with money? 왜 사람들은 돈에 집착하는가?

12 be open to ⓝ
~에 개방되어 있다
The library is open to the public. 그 도서관은 일반인들에게 개방되어 있다.
ⓨ be available[accessible] to ⓝ

13 be popular with [among]
~에게 인기가 있다
He is popular with[among] teenagers. 그는 십대들에게 인기가 있다.

전치사 중심 표현 · 부사어

14 by accident
우연히(=accidentally)
I met her quite by accident. 나는 그녀를 정말 우연히 만났다.
ⓨ by chance ⓑ on purpose 고의로[일부러]

15 for free
무료로
I got this for free. 나는 이것을 무료로 얻었다.
ⓨ for nothing, free of charge 비교 be free of[from] ~이 없다[면제되다]

16 out of your reach [out of the reach of]
(~의) 손이 닿지 않는
Keep out of the reach of children. 어린이의 손이 닿지 않는 곳에 보관해라.
ⓨ beyond your reach
ⓑ within reach (of) (~의) 손이 닿는 곳에. (쉽게) 갈 수 있는 거리에

17 most of all
무엇보다도
Most of all, I felt sad that it was over. 무엇보다도 나는 그것이 끝나서 슬펐다.
ⓨ above of all, first of all

18 (every) now and then [again]
때때로[이따금](=sometimes)
I see her (every) now and then[again]. 나는 이따금 그녀를 만난다.
ⓨ at times, from time to time, (every) once in a while

19 to tell the truth
사실대로 말하자면
To tell the truth, I really love you. 사실대로 말하자면 나는 너를 정말 사랑해.

20 once upon a time
옛날에
Once upon a time there was a beautiful princess.
옛날에 아름다운 공주가 있었다.
ⓨ once, at one time, a long time ago

Today's Expression

Sure thing 물론이지.
A: Are you coming? 올 거니?
B: Sure thing. 물론이지.

A 다음 표현을 우리말로!

1	apply for	11	be obsessed with[by]
2	protest against	12	be open to ⓝ
3	fix up	13	be popular with[among]
4	stop by	14	by accident
5	go on a picnic/trip	15	for free
6	make a reservation	16	out of your reach
7	make up your mind	17	most of all
8	cannot help ⓥ-ing	18	(every) now and then[again]
9	may[might] as well A (as B)	19	to tell the truth
10	forgive A for B	20	once upon a time

B 밑줄 친 표현과 같은 의미 연결하기

1 <u>Most of all</u>, I want to make her feel happy.
   무엇보다도 나는 그녀를 행복하게 해 주고 싶어.

   ❶ by chance

2 They go to the movies together <u>now and then</u>.
   그들은 때때로 함께 영화 보러 간다.

   ❷ first of all

3 Luck is something good that happens <u>by accident</u>.
   행운이란 우연히 일어나는 좋은 일이다.

   ❸ from time to time

C [보기] 표현들의 의미를 음미해 보고 알맞은 꼴을 빈칸 속에 풍덩!

|보기|	apply for	go on a picnic	make a reservation
	may[might] as well	protest against	stop by

1 우리는 집에 가는 편이 낫겠다.
   We _____ go home.

2 나는 다른 일자리에 지원할 것이다.
   I am going to _____ another job.

3 우리는 이번 금요일에 소풍을 갈 계획이다.
   We are planning to _____ this Friday.

4 서울행 비행기를 예약하고 싶습니다.
   I'd like to _____ for a flight to Seoul.

5 그녀는 집으로 가는 도중에 친구 집에 잠시 들렀다.
   She _____ her friend's on her way home.

6 마틴 루터 킹은 인종 차별에 항의했다.
   Martin Luther King _____ racial discrimination.

›››› 정답

A 앞면 참조 B 1. ❷ 2. ❸ 3. ❶ C 1. may[might] as well 2. apply for 3. go on a picnic 4. make a reservation
5. stopped by 6. protested against

112

D 빈칸에 들어갈 알맞은 전치사는?

1 The library is open _____ the public.
그 도서관은 일반인들에게 개방되어 있다.

2 The singer is popular _____ teenagers.
그 가수는 십대들에게 인기가 있다.

3 A lot of young girls are obsessed _____ their weight.
많은 젊은 여성들이 몸무게에 집착한다.

E [보기] 표현들의 뜻을 씹어 보고 들어갈 곳에 쏘옥!

| 보기 |　for free　　once upon a time　　out of the reach of　　to tell the truth

1 사실대로 말하자면 나는 너를 정말 사랑해.
_____, I really love you.

2 운 좋게도 나는 이 표를 무료로 얻었어.
Fortunately I got this ticket _____.

3 이 약을 어린이의 손이 닿지 않는 곳에 보관하세요.
Keep this medicine _____ children.

4 옛날에 한 노파가 고양이와 함께 살고 있었다.
_____ there lived an old woman with her cat.

F 표현을 외우니 문장이 해석되네!

1 He made up his mind to try it again.
그는 그것을 다시 _____.

2 Please forgive me for breaking my promise.
제가 약속을 _____.

3 They couldn't help laughing as he fell on his back.
그들은 그가 뒤로 넘어졌을 때 _____.

G 같은 모양, 다른 의미!

We must fix up our house.
I'll fix you up with a place to stay.
We'll have to fix up a time to meet.
I'll fix you up with one of my friends.

H 명문을 완성하는 영광을!

아무리 좋은 친구라도 이따금 네게 상처를 줄 것이니, 그들이 그러는 것을 용서해 주어야 한다.
No matter how good a friend is, they're going to hurt you now and then and you must _____ them _____ that.

▸▸▸ 정답

D **1.** to **2.** with[among] **3.** with[by]　E **1.** To tell the truth **2.** for free **3.** out of the reach of **4.** Once upon a time　F
1. 시도하기로 결심했다 **2.** 지키지 못한 것을 용서해 주세요 **3.** 웃지 않을 수 없었다　G 우리는 집을 수리해야 해. / 네가 머물 곳을 마련해 줄게. /
우리는 만날 시간을 정해야 할 것이다. / 너를 내 친구 중 하나와 소개시켜 줄게.　H forgive, for

113

동사 중심 표현

01 stand for

❶ 나타내다[의미하다](=represent)　❷ 지지하다(=support)
What do these initials stand for? 이 머리글자들은 뭘 나타내는 거죠?
This party stands for individual freedom. 이 당은 개인의 자유를 지지한다.
비교 stand out 눈에 띄다, 두드러지다　stand up for 옹호[지지]하다

02 hurry up

서두르다
Hurry up, or we'll be late. 서두르지 않으면 우리는 늦을 거예요.
비교 in a hurry 서둘러[급히]

03 show off

❶ 자랑하다[과시하다]　❷ 돋보이게 하다
He's always showing off to his classmates. 그는 늘 급우들에게 과시한다.
a dress that shows off her figure 그녀의 몸매를 돋보이게 하는 드레스
비교 show up 나타나다

04 have no idea

전혀 모르다
You have no idea how worried I was. 내가 얼마나 걱정했는지 너는 전혀 모를 거야.

05 devote yourself to ⓝ

~에 헌신하다, ~에 몰두[전념]하다
She devoted herself to her career. 그녀는 자신의 일에 몰두했다.
◎ 수동태 표현: be devoted to ⓥ ~에 헌신적이다
윤 give yourself to ⓝ

06 shake hands (with)

(~와) 악수하다
I shook hands with him. 나는 그와 악수를 했다.

07 keep/get in touch (with)

(~와) 계속 연락하고 지내다/(~와) 연락하다
Do you still keep in touch with him? 너는 지금도 그와 연락하고 지내니?
I'll get in touch with you soon. 너에게 곧 연락할게.

08 go to the movies

영화 보러 가다
How about going to the movies? 영화 보러 가는 게 어때?

09 tell A from B

A와 B를 구별하다
Can you tell him from his twin brother?
너는 그와 그의 쌍둥이 형을 구별할 수 있니?
윤 distinguish[know] A from B

10 force A to B(ⓥ)

A에게 강제로 B하게 하다
Don't force me to do it. 내게 그것을 하라고 강요하지 마세요.
◎ 수동태 표현: be forced to ⓥ ~하지 않을 수 없다
윤 oblige A to B(ⓥ)

형용사 중심 표현

11 be bored with

지루해하다
He was bored with the job. 그는 그 일을 지루해했다.

12 be dependent on [upon]

❶ ~에 의존[의지]하다 ❷ ~에 달려 있다
Our economy is dependent on exports. 우리 경제는 수출에 의존하고 있다.
Your success is dependent on how hard you work.
너의 성공은 네가 얼마나 열심히 일하는가에 달려 있다.
⑧ depend on, rely on[upon] ⑪ be independent of ~로부터 독립해 있다

13 be sold out

매진되다[다 팔리다]
The tickets are sold out. 표가 매진되었다.
비교 sell out 다 팔리다[팔다]

전치사 중심 표현·부사어

14 beside yourself

제정신이 아닌
She was almost beside herself. 그녀는 거의 제정신이 아니었다.

15 by far

(최상급·비교급 강조) 단연코, 훨씬
This is by far the best painting. 이것은 단연코 최고의 그림이다.

16 at all times

언제나[항상](=always)
Please keep your bags with you at all times. 항상 가방을 소지하세요.

17 on (an[the]) average

평균적으로
On (the) average, women live longer than men.
평균적으로 여성이 남성보다 더 오래 산다.
비교 above / below (the) average 평균 이상/이하

18 on purpose

고의로[일부러](=intentionally, deliberately)
I didn't do that on purpose. 나는 일부러 그런 것이 아니다.

19 little by little

조금씩, 점차로(=gradually)
He is getting better little by little. 그는 조금씩 건강이 나아지고 있다.
⑧ bit by bit
비교 one by one 한 명씩[하나씩] step by step 한 걸음씩[차근차근]

20 (just) around[round] the corner

❶ 아주 가까이에 ❷ 곧 다가오는
Her house is just around the corner. 그녀의 집은 아주 가까이에 있다.
Spring is just around the corner. 봄이 곧 온다[이제 곧 봄이다].

Today's Expression

Same here. 나도 마찬가지야[나도 그래].
A: I can't wait to see it. 나는 그것을 너무 보고 싶어.
B: Same here. 나도 마찬가지야.

A 다음 표현을 우리말로!

1	stand for	11	be bored with
2	hurry up	12	be dependent on[upon]
3	show off	13	be sold out
4	have no idea	14	beside yourself
5	devote yourself to ⋒	15	by far
6	shake hands (with)	16	at all times
7	keep/get in touch (with)	17	on (an[the]) average
8	go to the movies	18	on purpose
9	tell A from B	19	little by little
10	force A to B(ⓥ)	20	(just) around[round] the corner

B [보기] 표현들의 의미를 음미해 보고 알맞은 꼴을 빈칸 속에 풍덩!

| 보기 | hurry up | keep in touch with | shake hands | stand for |

1 서두르지 않으면 우리는 늦을 거예요.

_____, or we'll be late.

2 이 머리글자들은 뭘 나타내죠?

What do these initials_____?

3 나는 외국에 있는 친구들과 이메일로 계속 연락하며 지낸다.

I _____ my friends in foreign countries by e-mail.

4 사람들은 만났을 때 호의의 의사 표시로 악수를 한다.

People _____ upon meeting as a gesture of goodwill.

C [보기] 표현들의 뜻을 씹어 보고 들어갈 곳에 쏘옥!

| 보기 | at all times | by far | little by little | on (the) average |

1 평균적으로 여성이 남성보다 더 오래 산다.

_____, women live longer than men.

2 그는 매일 조금씩 건강이 나아지고 있다.

He is getting better _____ every day.

3 항상 가방을 소지하세요.

Please keep your bags with you _____.

4 그것은 역사상 단연코 가장 위대한 발견이었다.

It was _____ the greatest discovery in history.

D 빈칸에 들어갈 알맞은 전치사는?

1 He was bored _____ the job. 그는 그 일을 지루해했다.

2 I didn't do that _____ purpose. 나는 일부러 그런 것이 아니야.

3 He was _____ himself with joy. 그는 기뻐서 제정신이 아니었다.

4 I couldn't tell him _____ his twin brother. 나는 그와 그의 쌍둥이 형을 구별할 수 없었다.

E 표현을 외우니 문장이 해석되네!

1 Air tickets to Jeju are sold out.
제주행 비행기 표가 _____.

2 Can you go to the movies with me?

_____

3 You have no idea how worried I was.
내가 얼마나 걱정했는지 _____.

4 You can't force her to make a decision.
너는 그녀에게 _____.

5 Mother Teresa devoted herself to caring for the poor.
테레사 수녀는 가난한 사람들을 _____.

F 같은 모양, 다른 의미!

1 He lives just around the corner.
Christmas is just around the corner.

2 Our economy is dependent on exports.
Your success is dependent on how hard you work.

3 She likes showing off how well she speaks English.
She was wearing a tight-fitting dress that showed off her figure.

G 명문을 완성하는 영광을!
무엇보다도 절대 두려워하지 마라. 너에게 물러나라고 강요하는 적은 그 자신이 바로 그 순간에 너를 두려워하고 있다.

Above all things, never be afraid. The enemy who _____ you _____
retreat is himself afraid of you at that very moment.

▶▶▶ 정답

D 1. with 2. on 3. beside 4. from   E 1. 매진됐다 2. 나와 영화 보러 갈래? 3. 너는 전혀 모를 거야 4. 결정을 하라고 강요할 수 없다
5. 돌보는 데 헌신했다   F 1. 그는 아주 가까운 곳에 산다. / 이제 곧 크리스마스이다. 2. 우리 경제는 수출에 의존하고 있다. / 너의 성공은 네가 얼
마나 열심히 일하는가에 달려 있다. 3. 그녀는 자기가 얼마나 영어를 잘하는지 자랑하기를 좋아한다. / 그녀는 몸매를 돋보이게 하는 딱 붙는 드레스
를 입고 있었다. G forces, to

동사 중심 표현

01 call on[upon]

❶ 방문하다 ❷ 요구[부탁]하다
Let's call on him tomorrow. 내일 그를 방문하자.
They called on citizens to vote. 그들은 시민들에게 투표하라고 부탁했다.
비교 call on[upon] A for[to ⓥ] A에게 ~을 요구[부탁]하다

02 long for[to ⓥ]

갈망[열망]하다
We all long for peace. 우리 모두는 평화를 열망한다.
He longed to see her again. 그는 그녀를 다시 보기를 갈망했다.
유 yearn for[to ⓥ], be anxious[eager] for[to ⓥ]

03 object to ⓝ

~에 반대하다
They objected to his proposal. 그들은 그의 제안에 반대했다.

04 result from

~의 결과이다
His success results from his efforts. 그의 성공은 노력의 결과이다.
비교 result in ~의 결과를 가져오다
➡ 결과+result from+원인 / 원인+result in+결과

05 try on

(옷 등을) 입어 보다
May I try on this jacket? 이 재킷을 입어 봐도 될까요?

06 hang up

❶ 전화를 끊다 ❷ 걸어 두다
I'll hang up and call you back. 전화를 끊었다가 다시 걸게요.
She took her coat off and hung it up. 그녀는 코트를 벗어서 걸어 두었다.
반 pick up the phone 전화를 받다   answer the phone

07 may well

~하는 것도 당연하다
You may well think so. 네가 그렇게 생각하는 것도 당연하다.
비교 may[might] as well A (as B) (B하느니) A하는 편이 낫다

08 bear ~ in mind

명심[유념]하다
Please bear in mind what I have said. 내가 한 말을 명심해요.
유 keep ~ in mind   비교 have ~ in mind 고려하고 있다[염두에 두다]

09 have[take] a look at

보다
Can I have[take] a look at this? 제가 이것을 봐도 될까요?

10 take responsibility for

~에 대해 책임을 지다
I'll take responsibility for the results. 제가 그 결과에 대해 책임을 지겠습니다.
비교 be responsible for ~에 책임이 있다, ~의 원인이 되다

형용사 중심 표현

11 **be mad at + 사람**

~에게 화나다
Are **you** still mad at **me?** 너 아직도 내게 화나 있니?
[비교] be mad about + 사물 ~에 대해 화나다

12 **be sick (and tired) of**

~에 싫증나다[질리다]
I'm sick of **your excuses.** 나는 네 변명들에 질렸어.
[유] be tired of, be bored with, be fed up with

13 **be tied up**

매우 바쁘다(=be very busy)
I'm tied up **at the moment.** 나는 지금 매우 바쁘다.

전치사 중심 표현 · 부사어

14 **in progress**

진행 중인
The trial is in progress. 그 재판은 진행 중이다.

15 **out of the question**

불가능한(=impossible)
I'm afraid that's out of the question. 그것은 불가능할 것 같아요.
[비교] beyond question, without question 의심할 여지 없이

16 **in the heart of**

~의 한가운데에
a hotel in the heart of **the city** 도시 한가운데 있는 호텔
[유] in the middle of, at[in] the center of, in the midst of

17 **on the other side (of)**

(~의) 반대쪽[맞은편]에, (~의) 다른 곳에
The shop is on the other side of **the street.** 그 가게는 길 건너편에 있다.

18 **as a rule**

대체로[일반적으로]
I go to bed early as a rule. 나는 대체로 일찍 잠자리에 든다.
[비교] usually, generally, in general, on the whole

19 **other than**

❶ ~ 이외의[~를 제외하고](=except) ❷ ~와 다른[~이 아닌]
Will there be anyone else other than me? 저 말고 다른 사람들도 오나요?
The result was other than **they had expected.**
결과는 그들의 예상과는 달랐다.

20 **on the spot**

❶ 현장에 ❷ 즉각[즉석에서](=immediately)
An ambulance was on the spot **within minutes.** 구급차가 곧 현장에 왔다.
He answered the question on the spot. 그는 그 질문에 즉각 대답했다.

Today's Expression

It's no big deal. 별일 아니야.
A: Did she get mad at you? 그녀가 네게 화를 냈니?
B: Yes, she did, but it's no big deal. 응, 그랬어. 하지만 별일 아니야.

A 다음 표현을 우리말로!

1	call on[upon]	11	be mad at + 사람
2	long for[to ⓥ]	12	be sick (and tired) of
3	object to ⑩	13	be tied up
4	result from	14	in progress
5	try on	15	out of the question
6	hang up	16	in the heart of
7	may well	17	on the other side (of)
8	bear ~ in mind	18	as a rule
9	have[take] a look at	19	other than
10	take responsibility for	20	on the spot

B 밑줄 친 표현과 같은 의미 연결하기

1 He answered the question on the spot.
그는 그 질문에 즉각 대답했다.

❶ except

2 I'm tied up with appointments all week.
나는 일주일 내내 약속으로 매우 바쁘다.

❷ immediately

3 I don't know any French people other than you.
나는 당신 외에는 어떤 프랑스 사람들도 모른다.

❸ be very busy

4 A trip to New York is out of the question this year.
올해 뉴욕 여행은 불가능하다.

❹ impossible

C [보기] 표현들의 의미를 음미해 보고 알맞은 꼴을 빈칸 속에 풍덩!

보기	have a look at	long for	may well	object to	try on

1 네가 그렇게 생각하는 것도 당연하다.
You ＿＿＿＿＿＿＿＿＿ think so.

2 이 사진을 보고 그 안에서 나를 찾아 봐.
＿＿＿＿＿＿＿＿＿ this picture and find me in it.

3. 그들은 종교적 이유로 새 법에 반대했다.
They ＿＿＿＿＿＿＿＿＿ the new law on the religious ground.

4 우리는 남북통일을 갈망한다.
We ＿＿＿＿＿＿＿＿＿ the reunification of South and North Korea.

5 그는 여러 벌의 정장을 입어 보더니 마침내 이것을 골랐다.
He ＿＿＿＿＿＿＿＿＿ several suits and finally picked out this one.

▸▸▸ 정답

A 앞면 참조 B 1. ❷ 2. ❸ 3. ❶ 4. ❹ C 1. may well 2. Have a look at 3. objected to 4. long for 5. tried on

D 빈칸에 들어갈 알맞은 전치사는?

1 Are you still mad _____ me? 너 아직도 내게 화나 있니?

2 She is sick _____ her monotonous life. 그녀는 단조로운 생활에 싫증이 난다.

3 His success resulted _____ his diligence. 그의 성공은 근면의 결과이다.

4 His diligence resulted _____ his success. 그의 부지런함이 성공을 가져왔다.

E [보기] 표현들의 뜻을 씹어 보고 들어갈 곳에 쏘옥!

| |보기| as a rule   on the other side of   in progress   on the spot |

1 나는 대체로 일찍 잠자리에 든다.
I go to bed early _____.

2 캠페인이 현재 진행 중이다.
The campaign is now _____.

3 그 공원은 길 건너편에 있다.
The park is _____ the street.

4 구급차가 곧 현장에 왔다.
An ambulance was _____ within minutes.

F 표현을 외우니 문장이 해석되네!

1 You should bear my advice in mind.
너는 내 충고를 _____.

2 The hotel is located in the heart of Seoul.
그 호텔은 _____.

3 We must take responsibility for our own actions.
우리는 자신의 행동에 _____.

G 같은 모양, 다른 의미!

1 I'll hang up and call you back.
She took her coat off and hung it up.

2 She called on her aunt the other day.
She called on him to sing a song at her wedding.

H 명문을 완성하는 영광을!

나는 가장 절실히 필요한 게 진실하고 무조건적인 사랑 이외의 다른 어떤 것이었던 사람을 결코 만난 적이 없다.
I have never met a person whose greatest need was anything _____ real, unconditional love.

121

동사 중심 표현

01 come to ⓥ/ⓝ

❶ ~하게 되다/(상황이) ~에 이르다 ❷ (총계가) ~이 되다
I came to understand their culture. 나는 그들의 문화를 이해하게 되었다.
That comes to 30,000 won. 그것은 총 3만 원이에요.
㊙ get to ⓥ ~하게 되다 amount to ⓝ (합계가) ~에 이르다[달하다]
㊆ come to an end[a stop] 끝나다
come to an agreement/conclusion/decision 합의/결론/결정에 이르다
when it comes to ⓝ ~에 관해서는

02 look over

검토하다[살펴보다]
Could you look over my report? 제 보고서 좀 검토해 주시겠어요?

03 hang out (with)

(~와) 많은 시간을 보내다, (~와) 놀다
Today, I hung out with my friends. 오늘 나는 친구들과 놀았다.

04 get lost

길을 잃다
I got lost on the way here. 나는 이곳에 오는 도중에 길을 잃었다.

05 come into being

생겨나다[출현하다]
How did life first come into being? 생명체는 처음에 어떻게 생겨났을까?
㊙ come into existence ㊆ come into effect 시행되다[발효하다]

06 make an effort

노력하다
Let's try to make an effort. 노력해 보도록 하자.

07 have access to ⓝ

~에 접근[출입, 이용, 입수]할 수 있다
Do you have access to the Internet? 인터넷에 접속할 수 있나요?
㊆ gain[get] access to ⓝ ~에 접근할 수 있게 되다

08 change A into B

A를 B로 바꾸다
Can I change won into dollars here? 여기서 원화를 달러로 바꿀 수 있습니까?
㊙ turn A into B

09 define A as B

A를 B로 정의하다
He defined love as "true friendship." 그는 사랑을 '진정한 우정'이라고 정의했다.

10 stop A from B (ⓥ-ing)

A가 B하는 것을 막다[못하게 하다]
Nothing could stop the baby from crying.
어떤 것도 아기의 울음을 그칠 수 없었다.
㊙ keep[prevent] A from B(ⓥ-ing)

형용사 중심 표현

11 be adapted from
~에서 개작[각색]되다
The movie is adapted from a novel. 그 영화는 소설을 각색한 것이다.

12 be crazy about
~에 홀딱 빠지다, ~광이다
He's crazy about soccer. 그는 축구에 빠져 있다[축구광이다].

13 be influenced by
~에 의해 영향을 받다
Children are influenced by their parents. 아이들은 부모의 영향을 받는다.
[비교] have an effect[impact] on ~에 영향을 미치다

전치사 중심 표현 · 부사어

14 ahead of
~보다 앞에
Two boys were ahead of us. 우리 앞에 두 명의 소년들이 있었다.
[비교] ahead of time 예정 시간보다 빨리   ahead of schedule 예정보다 앞서

15 in the future
미래에[앞으로]
What do you want to be in the future? 너는 장래에 뭐가 되고 싶니?
[비교] at present 현재[지금]

16 in the past
과거에
I used to go there often in the past. 나는 과거에 그곳에 자주 가곤 했다.

17 just like
~와 꼭 같이
She looks just like her mother. 그녀는 그녀의 어머니와 꼭 같이 생겼다.

18 of your own
자기 자신의
I need a room of my own. 나는 내 자신의 방이 필요하다.
[비교] of your own ⓥ-ing 스스로 ~한
(all) on your own 혼자서, 자기 스스로[혼자의 힘으로]

19 together with
~와 함께, ~에 더하여
Bring it back to the store, together with your receipt.
그것을 영수증과 함께 다시 가게로 가져오세요.

20 only a few/little
불과 얼마 안 되는[극소수의/극소량의]
Only a few people came here. 극히 소수의 사람만이 여기에 왔다.
I have only a little money left. 이제 돈이 조금밖에 안 남았다.
[유] very few[little]   [비교] quite a few/little[bit] (수가)/(양·정도가) 꽤 많은

Today's Expression

Keep the change. 거스름돈은 가지세요.
A: The total fare comes to $10.90. 총 요금[운임]이 10달러 90센트예요.
B: Here you go. Keep the change. 자 여기요. 거스름돈은 가지세요.

A 다음 표현을 우리말로!

1	come to ⓥ/ⓝ	11	be adapted from
2	look over	12	be crazy about
3	hang out (with)	13	be influenced by
4	get lost	14	ahead of
5	come into being	15	in the future
6	make an effort	16	in the past
7	have access to ⓝ	17	just like
8	change A into B	18	of your own
9	define A as B	19	together with
10	stop A from B(ⓥ-ing)	20	only a few/little

B 빈칸에 들어갈 알맞은 전치사는?

1 He's crazy _____ soccer.
그는 축구에 빠져 있다[축구광이다].

2 A witch changed him _____ a mouse.
마녀가 그를 쥐로 바꾸었다.

3 The story was adapted _____ Gandhi's autobiography.
이 이야기는 간디 자서전에서 개작되었다.

4 The dictionary defines "reality" _____ "the state of things as they are."
그 사전은 '현실'을 '있는 그대로의 상태'라고 정의한다.

C [보기] 표현들의 의미를 음미해 보고 알맞은 꼴을 빈칸 속에 풍덩!

| 보기 | come into being | get lost | have access to | hang out with | look over |

1 오늘 나는 친구들과 놀았다.
Today, I _____ my friends.

2 인터넷에 접속할 수 있나요?
Do you _____ the Internet?

3 제 보고서 좀 검토해 주시겠어요?
Could you _____ my report?

4 길을 잃을 경우에 대비해서 지도를 가져가라.
Bring a map in case you _____.

5 새 단어들은 새로운 생각과 생활 양식 때문에 생겨난다.
New words _____ because of new ideas and lifestyles.

▸▸ 정답

A 앞면 참조 **B 1.** about **2.** into **3.** from **4.** as **C 1.** hung out with **2.** have access to **3.** look over **4.** get lost **5.** come into being

D [보기] 표현들의 뜻을 씹어 보고 들어갈 곳에 쏘옥!

| 보기 | ahead of | just like | of his own | only a few | together with |

1 그들 중 불과 몇 명만이 시험에 합격했다.

_____ of them passed the examination.

2 그것을 영수증과 함께 다시 가게로 가져오세요.

Bring it back to the store, _____ your receipt.

3 그는 회사를 그만두고 자기 자신의 사업을 시작했다.

He left the company to start a business _____.

4 모든 사람과 꼭 같이 너도 하나밖에 없는 존재라는 사실을 항상 기억해라.

Always remember you're unique, _____ everyone else.

5 경주가 시작되자 두 소년이 다른 선수들보다 훨씬 앞섰다.

After the race started, two boys were far _____ the others.

E 표현을 외우니 문장이 해석되네!

1 I want to stop the time from passing by.

나는 시간이 _____.

2 We influence the others, and we are influenced by the others.

우리는 타인에게 영향을 주고 _____.

3 We will have far greater opportunities in the future than in the past.

우리는 _____ 훨씬 더 큰 기회를 갖게 될 것이다.

4 Why didn't I make an effort when my parents were alive to make their life easier?

왜 나는 부모님이 살아계실 때 더 편히 사실 수 있도록 _____?

F 같은 모양, 다른 의미!

That <u>comes to</u> 30,000 won.
I <u>came to</u> understand their culture.

G 명문을 완성하는 영광을!

1 촛불은 주위 세상을 밝게 하지만, 자기 자신의 그림자를 생기게 한다.

A candle brightens the world around it, but creates a shadow _____.

2 삶에서 네 눈을 사로잡는 것은 많겠지만, 네 마음을 사로잡는 것은 불과 얼마 안 될 거야. 그것을 추구해!

There are many things in life that will catch your eye, but _____ will catch your heart. Pursue those!

동사 중심 표현

01 account for

❶ 설명하다(=explain) ❷ (비율 등을) 차지하다 ❸ ~의 원인이다
How do you account for your success? 당신의 성공을 어떻게 설명하시겠어요?
Attendance accounts for 10% of your grade. 출석은 성적의 10%를 차지한다.
His carelessness accounts for his failure. 그의 부주의함이 그의 실패의 원인이다.

02 carry on

계속[속행]하다
Just carry on with what you were doing. 하고 있던 일을 계속해.

03 live on

(사람이) (주식으로) ~을 먹고 살다, ~로 생계를 유지하다
We Koreans live on rice. 우리 한국인은 쌀을 주식으로 한다.

04 break up

❶ 부서지다[부수다] ❷ 해산하다[모임이 끝나다] ❸ (with) (~와) 헤어지다
The ship broke up on the rocks. 그 배는 암초에 걸려 부서졌다.
Police broke up the demonstration. 경찰이 시위를 해산시켰다.
He broke up with his girlfriend. 그는 여자 친구와 헤어졌다.

05 end up (ⓥ-ing)

결국 ~(하게) 되다, 끝나다
They ended up getting married. 그들은 결국 결혼하게 되었다.

06 light up

❶ 밝아지다[밝게 하다] ❷ (담뱃불을) 붙이다
The fireworks lit up the night sky. 불꽃놀이가 밤하늘을 밝혔다.

07 step out

(잠시) 나가다[자리를 비우다]
She has just stepped out for a few minutes. 그녀는 잠시 자리를 비웠는데요.

08 keep up with

(~에 뒤떨어지지 않게) 따라가다
I can't keep up with all the changes. 나는 모든 변화를 따라갈 수가 없다.

09 look down on[upon]

깔보다[얕보다](=despise)
Don't look down on poor people. 가난한 사람들을 깔보지 마세요.
📗 look up to ⋒ ~를 존경하다[우러러보다] 📘 look back on 뒤돌아보다[회상하다]

10 make your way

❶ (나아)가다 ❷ 성공[출세]하다(=succeed)
We should make our way home soon. 우리는 곧 집에 가야 한다.
He made his way in life. 그는 출세했다.

11 ask ~ a favor [ask a favor of]

~에게 부탁을 하다
Can I ask you a favor?[= Can I ask a favor of you?] 부탁 좀 드려도 될까요?
📗 do ~ a favor ~의 부탁을 들어 주다, ~에게 호의를 베풀다

형용사 중심 표현

12 be accused of

~로 고소[고발, 기소]되다, ~로 비난받다

He was accused of murder. 그는 살인 혐의로 기소되었다.

The government was accused of incompetence.
정부는 무능력하다고 비난받았다.

비교 accuse A of B A를 B로 고소[고발]하다, A를 B로 비난하다

13 be content with

~에 만족하다

He is content with his life. 그는 자신의 생활에 만족하고 있다.

유 be satisfied with

14 be faced with

~에 직면하다

I was faced with a new problem. 나는 새로운 문제에 직면했다.

비교 face to face 마주 보고, (~에) 직면한

전치사 중심 표현 · 부사어

15 with the help of

~의 도움으로

He stopped smoking with the help of his family.
그는 가족의 도움으로 담배를 끊었다.

16 at hand

(시간 · 거리상) 가까이에 (있는)

Don't worry, help is at hand! 걱정하지 마, 도움의 손길이 가까이에 있어!

17 at (the) most

기껏해야[많아야]

I think she is twenty at most. 그녀는 기껏해야 스무 살일 것이다.

유 not more than   반 at (the) least 적어도

18 in public

공개적으로, 사람들이 있는 데서

They never argue in public. 그들은 사람들이 있는 데서 절대로 다투지 않는다.

반 in private 사적으로[은밀히]

19 less than

❶ ~보다 적은[~ 미만]   ❷ 결코 ~ 아닌

a distance of less than 100 meters 100미터 미만의 거리

He was less than helpful. 그는 결코 도움이 되지 않았다.

반 more than ~보다 많은[~ 이상]   비교 no less than ~만큼이나 (많은), 자그마치

20 upside down

거꾸로, (위가 아래가 되게) 뒤집혀

That picture is hanging upside down. 저 그림이 거꾸로 걸려 있다.

비교 inside out (안이 밖이 되게) 뒤집어

Today's Expression

You name it. 무엇이든지 말해 보세요.

A: What should we eat? 우리 무엇을 먹을까?

B: We can eat Italian food or Chinese food. You name it.
이탈리아 요리도 좋고 중국 요리도 좋아. 무엇이든지 말해 봐.

A 다음 표현을 우리말로!

1	account for	11	ask ~ a favor[ask a favor of]
2	carry on	12	be accused of
3	live on	13	be content with
4	break up	14	be faced with
5	end up (⊚-ing)	15	with the help of
6	light up	16	at hand
7	step out	17	at (the) most
8	keep up with	18	in public
9	look down on[upon]	19	less than
10	make your way	20	upside down

B 빈칸에 들어갈 알맞은 전치사는?

1 The suspect is accused _____ murder.
그 용의자는 살인 혐의로 기소되었다.

2 I can't be content _____ yesterday's glory.
나는 어제의 영광에 만족할 수 없다.

3 Don't give up your hope even though you are faced _____ a crisis.
네가 위기에 직면하게 될 지라도 희망을 포기하지 마.

C [보기] 표현들의 의미를 음미해 보고 알맞은 꼴을 빈칸 속에 풍덩!

| 보기 | keep up with　　light up　　live on　　look down on　　make your way　　step out |

1 우리 한국인은 쌀을 주식으로 한다.
We Koreans _____ rice.

2 죄송하지만, 그녀는 방금 나갔어요.
Sorry, but she just _____.

3 그는 눈보라를 뚫고 나아갔다.
He _____ through the snowstorm.

4 불꽃놀이가 밤하늘을 밝혔다.
The fireworks _____ the night sky.

5 우리는 시대에 뒤떨어지지 않게 따라가도록 모든 노력을 해야 한다.
We should make every effort to _____ the times.

6 단지 가난하다는 이유만으로 사람을 깔봐서는 안 돼.
You should not _____ a man merely because he is poor.

▸▸▸ 정답

A 앞면 참조　B 1. of　2. with　3. with　C 1. live on　2. stepped out　3. made his way　4. lit up　5. keep up with　6. look down on

128

D [보기] 표현들의 뜻을 씹어 보고 들어갈 곳에 쏘옥!

| 보기 | at hand at most in public upside down with the help of

1 그녀는 기껏해야 20살이야.

She is 20 years old, _____.

2 걱정하지 마, 도움의 손길이 가까이에 있어!

Don't worry, help is _____.

3 저 그림이 거꾸로 걸려 있다.

That picture is hanging _____.

4 선생님 도움으로 나는 공부를 계속할 수 있었다.

_____ my teacher, I could continue my studies.

5 사적으로는 나무라고 공개적으로는 칭찬하는 것은 좋은 방침이다.

It is a good rule to blame in private, and praise _____.

E 표현을 외우니 문장이 해석되네!

1 Can I ask you a favor?

_____

2 Today I love you more than yesterday and less than tomorrow.

오늘 나는 너를 어제보다 더 사랑하고 내일보다 _____.

3 If you carry on spending money like that, you'll end up in debt.

_____

F 같은 모양, 다른 의미!

1 He broke up with his girlfriend.
The ship broke up on the rocks.
Police broke up the demonstration.

2 How do you account for your success?
His carelessness accounts for his failure.
Afro-Americans account for 12% of the U.S. population.

G 재미있는 글을 완성하는 재미를!

1 웃음은 단지 거꾸로 된 찡그림일 뿐이다.

Laughter is but a frown turned _____.

2 나는 돼지를 좋아한다. 개는 우리를 우러러본다. 고양이는 우리를 깔본다. 돼지는 우리를 똑같이 대한다.

I like pigs. Dogs look up to us. Cats _____ us. Pigs treat us as equals.

▸▸▸ 정답

D **1.** at most **2.** at hand **3.** upside down **4.** With the help of **5.** in public   E **1.** 부탁 좀 드려도 될까요? **2.** 덜 사랑해 **3.** 그렇게 계속해서 돈을 쓰면 결국 빚지게 될 거야.   F **1.** 그는 여자 친구와 헤어졌다. / 배가 암초에 걸려 부서졌다. / 경찰이 시위를 해산시켰다. **2.** 너의 성공을 어떻게 설명하겠니? / 그의 부주의함이 그의 실패의 원인이다. / 아프리카계 미국인이 미국 인구의 12%를 차지한다.   G **1.** upside down **2.** look down on

DAY 32

동사 중심 표현

01 do[go] without
~ 없이 지내다[견디다]
I can't do without **my cellphone.** 나는 내 휴대폰 없이 못 지내.
We can't go without **water for even a day.** 우리는 단 하루도 물 없이 지낼 수 없다.

02 stick to ⓝ
❶ ~에 달라붙다 ❷ 고수하다[지키다]
His wet clothes were sticking to **his body.**
그의 젖은 옷이 몸에 달라붙어 있었다.
We stuck to **our original plan.** 우리는 원안을 고수했다.

03 breathe in/out
숨을 들이쉬다/내쉬다
Breathe in **deeply and** breathe out **slowly.**
숨을 깊이 들이쉬고 나서 천천히 내쉬어 봐.

04 come by
❶ 들르다 ❷ 손에 넣다[얻다](=obtain)
I'll come by **this afternoon.** 오늘 오후에 들를게요.
Good jobs are hard to come by. 좋은 일자리는 얻기 힘들다.
ⓤ drop by[in], stop by 들르다

05 draw up
❶ (문서를) 작성하다 ❷ (차량이) 다가와서 서다
The contract was drawn up **last year.** 계약서는 작년에 작성되었다.
A taxi drew up **outside the hotel.** 택시가 호텔 밖에 와서 섰다.

06 eat out
외식하다
Shall we eat out **this evening?** 오늘 저녁에 외식할까?

07 hold back
❶ (감정 등을) 억누르다[참다] ❷ 저지하다 ❸ 말하지 않다[숨기다]
He held back **his anger.** 그는 화를 참았다.
The police were unable to hold back **the crowd.** 경찰이 군중을 저지하지 못했다.
Tell me all about it – don't hold **anything** back!
그것에 대해 다 내게 말해봐. 아무것도 숨기지 마.

08 make a[your] choice
선택하다(=choose)
You made a **good** choice. 선택 잘 하셨어요.
ⓑ have no choice 선택의 여지가 없다[대안이 없다]

09 make a suggestion
제안하다(=suggest)
Can I make a suggestion? 제가 제안 하나 해도 될까요?

10 take[have] a walk
산책하다
I take a walk **after lunch.** 나는 점심 식사 후에 산책을 한다.

11 translate A into B
A를 B로 번역하다[옮기다]
He translated **the book** into English. 그는 그 책을 영어로 번역했다.

형용사 중심 표현

12 be armed with
❶ ~로 무장하고 있다   ❷ 갖추고 있다
He is armed with a pistol. 그는 권총으로 무장하고 있다.
He was armed with information. 그는 정보를 갖추고 있었다.

13 be marked by
~로 특징지어지다, ~이 두드러지다
His writing is marked by clarity and wit. 그의 글은 명료함과 위트가 특징이다.
⊛ be characterized by

14 be poor at
~에 서툴다, 잘하지 못하다
She is poor at mathematics. 그녀는 수학을 잘 못한다.
⊠ be good at ~에 능숙하다, 잘하다

전치사 중심 표현·부사어

15 by way of
❶ ~을 지나서[경유하여](=via)   ❷ ~로서[~을 위해]
We went by way of London. 우리는 런던을 경유해서 갔다.
He sent me some flowers by way of an apology.
그는 사과의 의미로 내게 꽃을 보냈다.
⟦비교⟧ by means of ~로써(수단·방법)   by the way 그런데

16 (just) in case
(혹시) ~할 경우에 대비해서
Take an umbrella, in case it rains. 비가 올 경우에 대비해서 우산을 가져가렴.
⟦비교⟧ in case of ~ 발생 시에는

17 in accordance with
(규칙·지시 등)에 따라, ~에 부합하게
It will be dealt with in accordance with law. 그것은 법에 따라 처리될 것이다.

18 in the midst of
❶ ~의 한가운데   ❷ ~(하는) 중에
The hotel is in the midst of the city. 그 호텔은 도시 한가운데 있다.
a country in the midst of civil war 내전 중인 나라
⊛ in[at] the center of, in the middle of, in the heart of

19 face to face
❶ 얼굴을 맞대고[대면한]   ❷ (with) (~에) 직면한
I've never met him face to face. 나는 그를 대면한 적이 없다.
We come face to face with a crisis right now. 현재 우리는 위기에 직면해 있다.

20 out of breath
숨이 찬
He was out of breath from climbing the stairs.
그는 계단을 올라오느라 숨이 찼다.

Today's Expression

Why not? (제안이나 요청에 대한 동의) 왜 아니겠어?[그거 좋지.]
A: Let's eat out. 우리 외식하자.
B: Why not? 그거 좋지.

A 다음 표현을 우리말로!

1	do[go] without	11	translate A into B
2	stick to ⓝ	12	be armed with
3	breathe in/out	13	be marked by
4	come by	14	be poor at
5	draw up	15	by way of
6	eat out	16	(just) in case
7	hold back	17	in accordance with
8	make a[your] choice	18	in the midst of
9	make a suggestion	19	face to face
10	take[have] a walk	20	out of breath

B 빈칸에 들어갈 알맞은 전치사는?

1 She is poor _____ mathematics. 그녀는 수학을 잘 못한다.

2 His writing is marked _____ clarity and wit. 그의 글은 명료함과 위트가 특징이다.

3 She translated many English books _____ Korean.
그녀는 많은 영어 책을 한국어로 번역했다.

4 The salesman was armed _____ the knowledge of various goods.
그 세일즈맨은 다양한 상품에 대한 지식을 갖추고 있었다.

5 When you feel nervous, breathe _____ deeply and breathe _____ slowly.
초조할 때는 숨을 깊이 들이쉬고 나서 천천히 내쉬어 봐.

C [보기] 표현들의 의미를 음미해 보고 알맞은 꼴을 빈칸 속에 풍덩!

보기	eat out　　go without　　hold back　　make a suggestion　　take a walk

1 우리 가족은 한 달에 한 번 외식한다.
My family _____ once a month.

2 그는 눈물을 참으려고 애썼다.
He struggled to _____ his tears.

3 우리는 단 하루도 물 없이 지낼 수 없다.
We can't _____ water for even a day.

4 그들은 기분 전환을 위해 해변을 따라 산책했다.
They _____ along the beach for a change.

5 그녀는 그 문제를 해결하는 방법에 대해서 한 가지 제안을 했다.
She _____ about how to solve the problem.

▸▸▸ 정답

A 앞면 참조　B 1. at 2. by 3. into 4. with 5. in, out　C 1. eat out 2. hold back 3. go without 4. took a walk 5. made a suggestion

D [보기] 표현들의 뜻을 씹어 보고 들어갈 곳에 쏘옥!

| 보기 |　face to face　in accordance with　in case　in the midst of　out of breath

1 비가 올 경우에 대비해서 우산을 가져가렴.
Take an umbrella, ＿＿＿＿＿＿＿＿＿ it rains.

2 그 나라는 경제 위기를 겪는 중이다.
The country is ＿＿＿＿＿＿＿＿＿ an economic crisis.

3 모든 것은 자연의 법칙에 따라 일어난다.
Everything takes place ＿＿＿＿＿＿＿＿＿ the law of nature.

4 나는 전화로 이야기하는 대신 네 얼굴을 마주보며 이야기하고 싶어요.
I would like to talk to you ＿＿＿＿＿＿＿＿＿ instead of on the phone.

5 그는 버스 정류장에서 학교까지 뛰고 나자 숨이 찼다.
He was ＿＿＿＿＿＿＿＿＿ after running from the bus stop to the school.

E 표현을 외우니 문장이 해석되네!

1 It's time you began to make choices of your own about your life.
네 삶에 대해서 스스로 ＿＿＿＿＿＿＿＿＿＿＿＿＿＿＿＿.

2 We'll have to do without a car for the time being because our car broke down.
차가 고장 나서 우리는 당분간 ＿＿＿＿＿＿＿＿＿＿＿＿＿＿.

F 같은 모양, 다른 의미!

1 They drew up a list of questions.
A taxi drew up outside the hotel.

2 We decided to stick to our original plan.
His wet clothes were sticking to his body.

3 When I have time, I will come by.
Jobs are hard to come by these days.

4 I flew to Athens by way of Paris.
He sent me some flowers by way of an apology.

G 재미있는 문장을 완성하는 재미를!

오늘날의 십대가 나중에 자식들에게 자신이 어렸을 때는 무엇 없이 지내야 했다고 말하는 것을 들으면 재미있을 것이다.
It will be interesting to hear the teenagers of today tell their children what they had to ＿＿＿＿＿＿＿＿＿ when they were young.

▸▸▸ 정답

D **1.** in case　**2.** in the midst of　**3.** in accordance with　**4.** face to face　**5.** out of breath　E **1.** 선택하기 시작해야 할 때이다 **2.** 차 없이 지내야 할 것이다　F **1.** 그들은 질문 목록을 작성했다. / 택시가 호텔 밖에 와서 섰다.　**2.** 우리는 원안을 고수하기로 결정했다. / 그의 젖은 옷이 몸에 달라붙어 있었다.　**3.** 시간 있을 때 들를게요. / 요즘 일자리를 얻기 힘들다.　**4.** 나는 파리를 경유해서 아테네로 비행기를 타고 갔다. / 그는 사과의 의미로 내게 꽃을 보냈다.　G do[go] without

133

동사 중심 표현

01	**call for**	❶ 요구하다(=demand) ❷ 필요로 하다(=need) ❸ (날씨를) 예측하다 Members called for his resignation. 회원들은 그의 사임을 요구했다. The situation calls for prompt action. 상황이 즉각적인 조치를 필요로 한다. The weather forecast calls for more rain. 일기 예보는 더 많은 비를 예측하고 있다.
02	**hang on**	❶ 꽉 붙잡다 ❷ 기다리다 ❸ ~에 달려 있다 Hang on tight! 꽉 붙잡아! Hang on! I'll be back in a minute. 기다려. 금방 돌아올게. A lot hangs on this decision. 많은 것이 이 결정에 달려 있다.
03	**let ~ down**	실망[낙심]시키다 I won't let you down. 나는 너를 실망시키지 않을 거야.
04	**sign up (for)**	(~에) 서명하여 등록[신청]하다 I signed up for a squash class. 나는 스쿼시 반에 등록했다.
05	**stay away (from)**	(~에서) 떨어져 있다, (~을) 멀리하다 Stay away from her! 그녀에게서 떨어져 있어! Stay away from junk food. 정크 푸드를 멀리해라.
06	**have/make contact with**	~와 연락하며 지내다/~와 연락이 닿다 I don't have any contact with him. 나는 그와 전혀 연락하지 않는다. I finally made contact with him. 나는 마침내 그와 연락이 닿았다. [비교] lose contact with ~와 연락이 끊기다 be in contact with ~와 접촉하고 있다
07	**set foot on[in]**	~에 발을 들여놓다, ~에 들어서다 the first man to set foot on the moon 달에 최초로 발을 내디딘 사람
08	**make yourself at home**	편하게 있다 Sit down and make yourself at home. 앉아서 편하게 있으세요.
09	**see (to it) that**	반드시 ~하도록 (조치)하다 Please see (to it) that no one touches this. 아무도 이것을 만지지 못하도록 하세요. [유] make sure [비교] see to ⓝ 맡아 처리하다
10	**urge A to B(ⓥ)**	A가 B하도록 촉구하다 I urge you to reconsider this decision. 이 결정을 재고해 줄 것을 촉구합니다.

형용사 중심 표현

11 be determined to ⓥ
~하기로 결심하다, ~할 작정이다
I'm determined to succeed. 나는 성공하겠다고 결심했다.

12 be grateful (to A) for B
(A에게) B에 대하여 감사하다
I'm so grateful (to you) for all your help. 당신의 모든 도움에 정말 감사드립니다.
㊌ be thankful (to A) for B, thank A for B

13 be subject to ⓝ
❶ ~될 수 있다　❷ ~에 지배[종속]되다　❸ ~을 받아야 하다
All flights are subject to delay. 모든 항공기는 지연될 수 있다.
I'm afraid we are subject to foreign capital.
나는 우리가 외국 자본에 종속될까봐 두렵다.
The plan is subject to your approval. 그 계획은 당신의 승인을 받아야 합니다.
㊖ be subjected to ⓝ ~을 받다[당하다]

전치사 중심 표현 · 부사어

14 at a loss
당황하여[어쩔 줄 몰라](=embarrassed, puzzled, bewildered)
I was at a loss for words. 나는 당황해서 할 말을 잊었다.

15 in brief
요컨대[간단히 말해서]
In brief, he is right. 간단히 말해서 그가 옳다.
㊌ in short, in a word, in sum

16 in particular
특히[특별히](=particularly, especially)
He loves science fiction in particular. 그는 특히 공상 과학 소설을 좋아한다.

17 on the market
시장[시중]에 나와 있는
The product is not yet on the market.
그 제품은 아직 시중에 나오지 않았다[출시되지 않았다].

18 on the rise
상승[증가]하고 있는
Youth crime is on the rise again. 청소년 범죄가 다시 증가하고 있다.
㊌ on the increase　㊖ on the decrease 감소하고 있는

19 within reach (of)
❶ (~의) 손이 닿는 곳에　❷ (~에) 갈 수 있는 거리에
Keep pencils and paper within reach. 연필과 종이를 손 닿는 곳에 두십시오.
The beach is within easy reach of the hotel.
그 해변은 호텔에서 쉽게 갈 수 있는 거리에 있다.

20 strictly speaking
엄밀히 말하자면
Strictly speaking, that's not correct. 엄밀히 말하자면, 그것은 정확하지 않다.
㊖ generally/roughly speaking 일반적으로/대충 말하자면

Today's Expression
(I'll) Catch you later. (헤어질 때) 나중에 봐요.
A: Catch you later, OK? 나중에 보자, 알았지?
B: Yeah, see you around. 그래, 또 봐.

A 다음 표현을 우리말로!

1	call for	11	be determined to ⓥ
2	hang on	12	be grateful (to A) for B
3	let ~ down	13	be subject to ⓝ
4	sign up (for)	14	at a loss
5	stay away (from)	15	in brief
6	have/make contact with	16	in particular
7	set foot on[in]	17	on the market
8	make yourself at home	18	on the rise
9	see (to it) that	19	within reach (of)
10	urge A to B(ⓥ)	20	strictly speaking

B 밑줄 친 표현과 바꿔 쓸 수 있는 것은?

| 보기 | especially   in short   on the increase

1 Cybercrime is <u>on the rise</u> every year.
  사이버 범죄가 해마다 증가하고 있다.

2 <u>In brief</u>, what I would like to say is that life is but an empty dream.
  요컨대, 내가 말하고 싶은 것은 인생이란 단지 일장춘몽에 불과하다는 것이다.

3 Her songs in this album are good, but this song <u>in particular</u> is excellent.
  이 앨범에 수록된 그녀의 노래들이 좋은데, 특히 이 곡이 빼어나다.

C [보기] 표현들의 의미를 음미해 보고 알맞은 꼴을 빈칸 속에 풍덩!

| 보기 | make yourself at home   see to it that   set your foot on
        sign up for   stay away from

1 앉아서 편하게 있으세요.
  Sit down and _____.

2 나는 스쿼시 반에 등록했다.
  I _____ a squash class.

3 그는 달에 발을 내디딘 최초의 사람이다.
  He is the first man to _____ the moon.

4 가능한 한 많은 병원균으로부터 떨어져 있는 것이 이롭다.
  It helps to _____ as many germs as possible.

5 신원 확인 없이는 아무도 출입하지 못하도록 해 주세요.
  Please _____ nobody comes in without identification.

▶▶ 정답

A 앞면 참조 B 1. on the increase 2. In short 3. especially C 1. make yourself at home 2. signed up for 3. set his foot on 4. stay away from 5. see to it that

D [보기] 표현들의 뜻을 씹어 보고 들어갈 곳에 쏘옥!

| 보기 | at a loss   on the market   strictly speaking   within reach |

1 나는 당황해서 할 말을 잊었다.

I was _____ for words.

2 연필과 종이를 손이 닿는 곳에 두십시오.

Keep pencils and paper _____.

3 엄밀히 말하자면, 아무도 완벽할 수 없다.

_____, nobody can be perfect.

4 카탈로그에 있는 새 모델은 아직 출시되지 않았다.

Our new model in the catalog is not yet _____.

E 표현을 외우니 문장이 해석되네!

1 I won't let you down.

나는 너를 _____.

2 They urged him to make the decision quickly.

그들은 그에게 _____.

3 They had little contact with each other for ages.

그들은 오랫동안 _____.

4 I am really grateful to you for all that you've done.

당신이 해 주신 모든 일에 대해 _____.

5 Once he is determined to do something, there is no stopping him.

일단 그가 _____, 그를 말릴 수 없다.

F 같은 모양, 다른 의미!

1 Hang on tight!

Hang on! I'll be back in a minute.

2 Members called for his resignation.

The situation calls for prompt action.

The weather forecast calls for more rain.

3 Smokers are subject to heart attacks.

I'm afraid we are subject to foreign capital.

G 명문을 완성하는 영광을!

일부는 성공할 운명이기 때문에 성공한다. 그러나 대부분은 성공하겠다고 결심하기 때문에 성공한다.

Some succeed because they are destined to. But most succeed because they

_____.

▶▶▶ 정답

D 1. at a loss **2.** within reach **3.** Strictly speaking **4.** on the market **E 1.** 실망시키지 않을 거야 **2.** 빨리 결정하라고 촉구했다 **3.** 서로 거의 연락을 하지 않았다 **4.** 정말 감사해요 **5.** 뭔가를 하기로 결심하면 **F 1.** 꽉 붙잡아! / 기다려, 금방 돌아올게. **2.** 회원들은 그의 사임을 요구했다. / 상황이 즉각적인 조치를 필요로 한다. / 일기 예보는 더 많은 비를 예측하고 있다. **3.** 흡연자는 심장마비에 걸릴 수 있다. / 나는 우리가 외국 자본에 종속될까봐 두렵다. **G** are determined to

| 동사 중심 표현 |

01 approve of

찬성[승인]하다
They did not approve of her marriage. 그들은 그녀의 결혼을 찬성하지 않았다.
🔁 disapprove of 반대하다

02 fail in

~에 실패하다
He failed in his business. 그는 사업에 실패했다.
🔁 succeed in ~에 성공하다
🔲 fail to ⓥ ~하지 못하다   never fail to ⓥ 꼭[반드시] ~하다

03 cheer up

기운을 내다, 격려하다
Cheer up! 기운 내!

04 run over

❶ (차로) ~을 치다   ❷ 재빨리 훑어보다   ❸ 넘치다
He was run over by a car. 그는 차에 치였다.
He ran over his notes. 그는 메모 내용을 재빨리 훑어보았다.
The water is running over. 물이 넘치고 있다.

05 stick out

❶ 내밀다   ❷ 튀어나오다   ❸ 두드러지다[눈에 띄다]   ❹ 끝까지 견디다
Don't stick out your tongue. 혀를 내밀지 마라.
His ears stick out. 그의 귀는 툭 튀어나왔다.
She certainly sticks out in a crowd. 그녀는 군중 속에서도 확실히 눈에 띈다.
She stuck it out through the hard time. 그녀는 힘든 시간 내내 견뎌 냈다.

06 turn around

❶ (주위를) 돌다   ❷ 돌아서다, 돌리다
The moon turns around the earth. 달은 지구 주위를 돈다.
Turn around and face me. 돌아서 제 쪽으로 향하세요.

07 blow your nose

코를 풀다
He blew his nose loudly. 그는 크게 코를 풀었다.
🔲 have a runny nose 콧물이 나다

08 have a headache

머리가 아프다
I have a headache and a fever. 나는 머리가 아프고 열이 난다.
🔲 have a toothache/stomachache/backache 이/배/허리가 아프다

09 make a call

전화하다
I'd like to make a call to Seoul, Korea. 한국의 서울로 전화하고 싶어요.
🈯 give ~ a call ~에게 전화하다
🔁 get[receive] a call (from) (~에게서) 전화를 받다

10 make money

돈을 벌다
He worked hard to make money. 그는 돈을 벌기 위해서 열심히 일했다.

형용사 중심 표현

11 be jealous of

시샘[질투]하다
She's jealous of my success. 그녀는 나의 성공을 시샘했다.
㊙ be envious of

12 be suspicious of

의심하다
He was suspicious of my intentions. 그는 나의 의도를 의심했다.

13 be to blame for

～에 대해 책임져야 마땅하다
He is to blame for the accident. 그는 그 사고에 책임이 있다.

전치사 중심 표현 · 부사어

14 at the sight of

～을 보자[보고는]
She fainted at the sight of blood. 그녀는 피를 보고는 기절했다.
㊏ out of sight 안 보이는 (곳에)   in sight 보이는 (곳에)
   at first sight 첫눈에[한눈에], 언뜻 보기에

15 in search of

～을 찾아서
He went to Seoul in search of a job. 그는 일자리를 찾아 서울로 갔다.
㊏ search for 찾다, 수색[검색]하다

16 in all

전부[모두 합해서]
In all, there were 50 candidates. 모두 합해서 50명의 후보자들이 있었다.
㊙ all together   ㊏ after all 결국, 어쨌든   for[with] all ～에도 불구하고

17 in secret

비밀로[몰래]
The meeting was held in secret. 회의는 비밀리에 열렸다.

18 at[from] a distance

멀리서
I've only ever seen him from a distance. 나는 단지 그를 멀리서 본 적이 있다.
㊏ in the distance 저 멀리[먼 곳에]

19 for the time being

당분간[일시적으로]
You'll have to stay here for the time being. 너는 당분간 여기에 머물러야 할 거야.

20 needless to say

말할 필요도 없이[물론]
Needless to say, it is our duty to do so.
말할 필요도 없이 그렇게 하는 것은 우리의 의무이다.

Today's Expression

Why the long face? 왜 울상[시무룩한 얼굴]이니?
A: Why the long face? 왜 시무룩한 얼굴이니?
B: My dog was run over by a car. 나의 개가 차에 치였어.

A 다음 표현을 우리말로!

1	approve of	11	be jealous of
2	fail in	12	be suspicious of
3	cheer up	13	be to blame for
4	run over	14	at the sight of
5	stick out	15	in search of
6	turn around	16	in all
7	blow your nose	17	in secret
8	have a headache	18	at[from] a distance
9	make a call	19	for the time being
10	make money	20	needless to say

B 빈칸에 들어갈 알맞은 전치사는?

1 She's jealous _____ my success.
그녀는 나의 성공을 시샘했다.

2 He was suspicious _____ my intentions.
그는 나의 의도를 의심했다.

3 The experiment had to be done _____ secret.
그 실험은 비밀리에 행해져야만 했다.

4 My parents won't approve _____ coloring the hair.
우리 부모님은 머리 염색하는 것을 찬성하지 않을 것이다.

5 It is a pity that he should have failed _____ his business.
그가 사업에 실패했다니 애석한 일이다.

C [보기] 표현들의 의미를 음미해 보고 알맞은 꼴을 빈칸 속에 풍덩!

보기	have a headache	make a call	make money	turn around

1 머리가 아프고 기침이 나요.
I _____ and a cough.

2 달은 지구 주위를 돈다.
The moon _____ the earth.

3 그는 가족을 부양하기 위해서 돈을 벌어야 한다.
He has to _____ to support his family.

4 휴대전화 덕분에 우리는 언제 어디서든지 전화를 할 수 있다.
Thanks to cellular phones, we can _____ anytime, anywhere.

D [보기] 표현들의 뜻을 씹어 보고 들어갈 곳에 쏘옥!

| 보기 | at the sight of　　for the time being　　in all　　in search of |

1 그들은 일자리를 찾아 시골을 떠났다.
They left the countryside _____ jobs.

2 수리비는 모두 합해서 합쳐서 3만 원이었다.
The cost of repairs came to 30,000 won _____.

3 당분간 너는 이 방을 그와 함께 써야 할 거야.
_____, you'll have to share this room with him.

4 그 아름다운 숙녀를 보자 그의 얼굴이 빨개졌다.
_____ the beautiful lady, his face changed to a reddish color.

E 표현을 외우니 문장이 해석되네!

1 He turned around to blow his nose.
그는 _____.

2 I've only ever seen him from a distance.
나는 단지 그를 _____.

3 Let's cheer up and not look on the dark side.
_____ 어두운 면은 보지 않도록 하자.

4 The inefficient government is to blame for the problem.
무능한 정부가 그 문제에 대해 _____.

5 Needless to say, smoking does great harm to the health.
_____ 흡연은 건강에 엄청난 해를 끼친다.

F 같은 모양, 다른 의미!

1 Don't stick out your tongue.
She certainly sticks out in a crowd.

2 He was run over by a car.
He ran over his notes before giving the lecture.

G 명문을 완성하는 영광을!

1 모방해서 성공하는 것보다 독창적으로 해서 실패하는 게 더 낫다.
It is better to _____ originality than to succeed in imitation.

2 나는 네가 하는 말에 찬성하지 않는다. 그러나 네가 그걸 말할 권리는 끝까지 지켜 주겠다.
I don't _____ what you say, but I will defend to the death your right to say it.

▸▸▸ 정답

D 1. in search of　2. in all　3. For the time being　4. At the sight of　E 1. 코를 풀려고 몸을 돌렸다　2. 멀리서 본 적이 있다　3. 기운을 내고　4. 책임을 저야 한다　5. 말할 필요도 없이　F 1. 혀를 내밀지 마라. / 그녀는 군중 속에서도 확실히 눈에 띈다.　2. 그는 차에 치였다. / 그는 강연을 하기 전에 메모 내용을 재빨리 훑어보았다.　G 1. fail in　2. approve of

동사 중심 표현		

01 agree on[about]

~에 대해 동의하다
They agreed on the need for change. 그들은 변화의 필요성에 대해 동의했다.
비교 agree with ~에(게) 동의하다　agree to ⓝ (제안·조건)에 동의하다

02 propose to ⓝ

~에게 청혼하다
I heard John proposed to Ann. 나는 John이 Ann에게 청혼했다고 들었다.

03 set aside

❶ (돈·시간을) 떼어 두다　❷ 한쪽으로 치워 놓다　❸ 제쳐 놓다
He sets aside a bit of money every month. 그는 매달 약간의 돈을 떼어 둔다.
Remove the mushrooms and set them aside. 버섯을 빼내서 한쪽에 치워 놓아라.
Both sides agreed to set aside the problem. 양측은 그 문제를 제쳐 두기로 했다.

04 throw out

❶ 내던지다[버리다]　❷ 쫓아내다
I threw out my old shoes. 나는 낡은 구두를 버렸다.
She threw him out on the street. 그녀가 그를 길거리로 쫓아냈다.

05 turn down

❶ 거절하다(=refuse, reject)　❷ (소리 등을) 줄이다
He turned down their offers. 그는 그들의 제안을 거절했다.
Could you turn the TV down, please? 텔레비전 소리 좀 줄여 주시겠어요?

06 take over

이어받다[인수하다]
He took over the business from his father. 그는 자기 아버지 사업을 이어받았다.

07 go wrong (with)

❶ 망가지다[고장 나다]　❷ (일이) 잘못되다　❸ 잘못하다[실수하다]
Something has gone wrong with my watch. 내 시계가 고장 났다.
I don't know when it started to go wrong.
언제부터 그것이 잘못되기 시작했는지 모르겠다.
Follow these instructions and you can't go wrong.
지시대로 하면 실수하지 않을 거야.

08 change your mind

생각을 바꾸다
At last, he changed his mind. 마침내 그는 생각을 바꿨다.

09 slip your mind [memory]

깜빡 잊히다
It completely slipped my mind. 그것을 완전히 잊어버리고 있었다.

10 take a bath/shower

목욕/샤워하다
How often do you take a bath/shower? 얼마나 자주 목욕/샤워를 하니?

11 devote A to B(ⓝ)

A를 B에 바치다[쏟다]
He devoted his energies to writing books. 그는 책 쓰는 데 힘을 쏟았다.
비교 devote yourself to ⓝ ~에 헌신하다, ~에 몰두[전념]하다

형용사 중심 표현

12 be acquainted with ❶ ~와 아는 사이이다 ❷ 잘 알다[~에 정통하다]
I am **well** acquainted with **her family.** 나는 그녀의 가족과 잘 아는 사이이다.
He was **well** acquainted with **classical literature.** 그는 고전 문학을 잘 알았다.

13 be dressed in ~을 입고 있다(=wear)
She was dressed in **a black suit.** 그녀는 검정색 정장을 입고 있었다.
[비교] **get dressed** 옷을 입다 **dress up** 잘 차려 입다, 변장하다[시키다]

14 be exposed to ⓝ ~에 노출되다
Children are exposed to **the danger.** 아이들이 위험에 노출되어 있다.

전치사 중심 표현 · 부사어

15 apart from ❶ ~을 제외하고 ❷ ~ 이외에도[~뿐만 아니라]
I've finished apart from **the last question.** 나는 마지막 문제만 빼고 다 끝냈다.
Apart from **his house in Seoul, he also has a villa in Jeju.**
그는 서울에 있는 집 이외에도 제주에 빌라가 있다.
[유] **except for** ~을 제외하고 **in addition to ⓝ** ~ 이외에도

16 in pairs 둘씩 짝을 지어
Students worked in pairs **on the project.**
학생들은 둘씩 짝을 지어 그 프로젝트를 작업했다.

17 on foot 걸어서[도보로]
It takes about **10 minutes** on foot. 걸어서 약 10분 걸린다.

18 by no means 결코 ~ 아닌
Such an opportunity is by no means **common.** 그런 기회는 결코 흔치 않다.
[유] **never, not ~ at all, anything but, far from**
[비교] **by all means** (승낙의 대답) 물론[좋고 말고], 반드시
by means of ~로써(수단 · 방법)

19 in case of (안내문에) ~이 발생할 시에는, ~의 경우에
In case of **fire, ring the alarm bell.** 화재 발생 시에는 비상벨을 울리세요.
[비교] **in the case of** ~의 경우에는, ~에 관해서는

20 out of your mind 제정신이 아닌, 미쳐서
Are you out of your mind? 너 제정신이 아니지?
[유] **beside yourself**

Today's Expression

After you. 먼저 하세요[가세요, 타세요].
A: After you. 먼저 가세요.
B: Thank you. 고마워요.

A 다음 표현을 우리말로!

1	agree on[about]	11	devote A to B(ⓝ)
2	propose to ⓝ	12	be acquainted with
3	set aside	13	be dressed in
4	throw out	14	be exposed to ⓝ
5	turn down	15	apart from
6	take over	16	in pairs
7	go wrong (with)	17	on foot
8	change your mind	18	by no means
9	slip your mind[memory]	19	in case of
10	take a bath/shower	20	out of your mind

B 빈칸에 들어갈 알맞은 전치사는?

1 Let's practice _____ pairs.
둘씩 짝지어 연습해 보자.

2 It takes about fifteen minutes _____ foot.
걸어서 약 15분 걸린다.

3 The bride was dressed _____ traditional costume.
그 신부는 전통 복장을 입고 있었다.

4 In fact, they have been exposed _____ radioactive rays.
사실 그들은 방사선에 노출되어 왔다.

C [보기] 표현들의 의미를 음미해 보고 알맞은 꼴을 빈칸 속에 풍덩!

보기	agree on	change your mind	propose to	set aside	take over

1 무엇 때문에 생각을 바꾸었니?
What made you _____?

2 그들은 변화의 필요성에 대해 동의했다.
They _____ the need for change.

3 그는 자기 아버지 사업을 이어받았다.
He _____ the business from his father.

4 그는 만난 지 겨우 일주일 만에 그녀에게 청혼했다.
He _____ her only a week after they met.

5 우리는 만일의 경우에 대비해서 약간의 돈을 떼어 두어야 한다.
We must _____ some money for a rainy day.

▸▸▸ 정답

A 앞면 참조 B 1. in 2. on 3. in 4. to C 1. change your mind 2. agreed on 3. took over 4. proposed to 5. set aside

144

D [보기] 표현들의 뜻을 씹어 보고 들어갈 곳에 쏘옥!

| 보기 | in case of   by no means   apart from   out of his mind

1 비용 이외에도 그것은 많은 시간이 걸릴 것이다.

_____ the cost, it will take a lot of time.

2 삶의 의미에 대한 그의 탐구는 결코 끝난 것이 아니다.

His search for the meaning of life is _____ over.

3 화재 발생 시에 무엇을 해야 하는지 미리 알아 두는 것이 매우 중요하다.

It is critical to know in advance what to do _____ fire.

4 단 하루 만에 그렇게 많은 돈을 썼다니 그는 제정신이 아님에 틀림없어.

He must be _____ to have spent that much money only a day.

E 표현을 외우니 문장이 해석되네!

1 Taking a bath in warm water helps relax you.

_____ 너의 피로를 풀어주는 데 도움이 될 것이다.

2 She devoted her time and energies to helping others.

그녀는 다른 사람들을 돕는 데 _____.

3 I meant to buy some milk, but it completely slipped my mind.

나는 우유를 사려고 했는데 _____.

F 같은 모양, 다른 의미!

1 He turned down their offers.
Will you turn down the radio?

2 I am well acquainted with her family.
She is well acquainted with Korean history.

3 It is time to throw out that worn-out clothes.
He threw them out, learning that they were under age.

4 Something went wrong with the engine.
I don't know when it started to go wrong.

G 명문을 완성하는 영광을!

우리는 종종 거절당할 것을 너무 두려워한 나머지, 다른 사람이 거절하기 전에 스스로 먼저 거절한다.

We often fear being _____ so much that we _____
ourselves first before anyone else has the chance.

▶▶▶ 정답

D 1. Apart from **2.** by no means **3.** in case of **4.** out of his mind **E 1.** 따뜻한 물로 목욕하는 것이 **2.** 시간과 정력을 바쳤다
3. 완전히 잊어버렸다 **F 1.** 그는 그들의 제의를 거절했다. / 라디오 소리 좀 줄여 줄래? **2.** 나는 그녀의 가족과 잘 아는 사이이다. / 그녀는 한국사
를 잘 안다[정통하다]. **3.** 저 낡은 옷을 버릴 때가 되었다. / 그는 그들이 미성년자인 것을 알고는 쫓아냈다. **4.** 엔진이 고장 났다. / 언제부터 그것이
잘못되기 시작했는지 모르겠다. **G** turned down, turn down

동사 중심 표현

01 argue with

~와 말다툼[언쟁]하다, ~와 논쟁하다
I don't want to argue with you. 나는 너와 말다툼하고 싶지 않아.
비교 argue about[over] ~에 대해 말다툼[언쟁]하다

02 burst into

❶ 갑자기 ~하다 ❷ 불쑥 뛰어들다
She burst into tears/laughter. 그녀는 갑자기 울음/웃음을 터뜨렸다.
He burst into the room. 그는 불쑥 방 안으로 뛰어 들어왔다.

03 come upon

❶ 우연히 마주치다[발견하다] ❷ (느낌·생각 등이) ~에게 갑자기 밀려오다
I came upon this book in the attic. 나는 다락에서 이 책을 우연히 발견했다.
A wave of tiredness came upon her. 그녀에게 피곤함이 갑자기 밀려왔다.

04 fall behind

(~에) 뒤처지다[뒤떨어지다]
He fell behind with his schoolwork. 그는 학업이 뒤처졌다.

05 fit in

❶ 적응하다, 어울리다[맞다] ❷ 시간을 내어 만나다 ❸ 들어갈 공간을 만들다
He didn't fit in at school. 그는 학교에 적응하지 못했다.
I'll try and fit you in after lunch. 점심 식사 후에 당신과 만날 시간을 내도록 할게요.
We can't fit in any more chairs. 의자를 더 놓을 공간이 없다.

06 put away

❶ (보관 장소에) 치우다 ❷ 저축하다
Put your toys away now. 지금 네 장난감을 치워라.
Try and put away a little each month. 매달 조금씩 저축하려고 노력해라.

07 spread out

❶ 펼치다[뻗다] ❷ 퍼지다[흩어지다]
He spread the map out on the desk. 그는 책상에 지도를 펼쳤다.
They spread out to search the whole area.
그들은 전 지역을 수색하기 위해서 흩어졌다.

08 do ~ a favor

~의 부탁을 들어주다, ~에게 호의를 베풀다
Could you do me a favor? 제 부탁 좀 들어주실 수 있으세요?
비교 ask a favor of ~ [ask ~ a favor] ~에게 부탁하다

09 donate A to B(ⓝ)

A를 B에 기부[기증]하다
He donated thousands of dollars to charity.
그는 자선 단체에 수천 달러를 기부했다.

10 would rather A (than B)

(B하기보다는) A하는 게 낫겠다[(B하느니) 차라리 A하고 싶다]
I'd rather stay home than go out. 나는 외출하기보다는 집에 있는 게 낫겠다.

11 give[send] your (best) regards[wishes] to ⓝ

~에게 안부를 전하다
Please give my best regards to your parents. 네 부모님께 안부 전해 주렴.

형용사 중심 표현

12 be charged with

❶ ~로 기소되다[고발당하다] ❷ (책임이) 맡겨지다 ❸ ~로 가득 차다

He was charged with murder. 그는 살인죄로 기소되었다.

He was charged with an important mission. 그에게 중요한 임무가 맡겨졌다.

The room was charged with tension. 그 방은 긴장감이 감돌았다[가득 차 있었다].

비교 charge A with B A를 B로 고발[비난]하다, A에게 B를 맡기다, A를 B로 채우다

13 be friends with

~와 친하다[친구이다]

I've been friends with him for years. 나는 수년 동안 그와 친구로 지내 왔다.

비교 make friends with ~와 친구가 되다[사귀다]

keep friends with ~와 친하게 지내다

14 be worthy of

~할 만하다

a teacher who is worthy of respect 존경할 만한 선생님

유 be worth ⓥ-ing, be worthwhile to ⓥ

전치사 중심 표현 · 부사어

15 a huge[large, great] amount of

많은 양의[다량의]

a huge amount of money/time/information 많은 돈/시간/정보

유 a great deal of, plenty of   반 a small[tiny] amount of 소량의

16 by means of

~로써(수단 · 방법)(=by way of)

Thoughts are expressed by means of words. 생각은 말로 표현된다.

17 by land/sea/air

육로로/배로/비행기로

The goods can be transported by land, sea or air.

그 제품은 육로나 배나 비행기로 수송될 수 있다.

18 in conclusion

결론적으로, 끝으로

In conclusion, I'd like to thank all of you.

끝으로, 여러분 모두에게 감사드리고 싶습니다.

19 in detail

상세히[자세히]

Could you explain that in detail? 그것을 상세히 설명해 주시겠어요?

20 anything but

❶ 결코 ~ 아닌 ❷ ~ 이외에는 무엇이든

She is anything but stupid! 그녀는 결코 어리석지 않아!

I will do anything but that. 나는 그것 외에는 무엇이든지 할 것이다.

비교 nothing but 다만 ~만, ~ 이외에는 아무것도 아닌

Today's Expression

Are you with me? 제 말 이해되세요?

A: Are you with me so far? 지금까지 이해되세요?

B: Yes, go on. 네, 계속하세요.

A 다음 표현을 우리말로!

1	argue with	11	give your (best) regards[wishes] to ⑩
2	burst into	12	be charged with
3	come upon	13	be friends with
4	fall behind	14	be worthy of
5	fit in	15	a huge[large, great] amount of
6	put away	16	by means of
7	spread out	17	by land/sea/air
8	do ~ a favor	18	in conclusion
9	donate A to B(⑩)	19	in detail
10	would rather A (than B)	20	anything but

B 빈칸에 들어갈 알맞은 전치사는?

1 I've been friends _____ him for years.
나는 그와 수년 동안 친구로 지내 왔다.

2 Her achievements are worthy _____ the highest praise.
그녀의 업적은 최고의 찬사를 받을 만하다.

3 I am very tired, and I don't have energy to argue _____ you now.
나는 너무 피곤해서 지금 당신과 말다툼할 기력이 없어요.

4 The Olympic flame was brought _____ land, sea and air to the stadium.
올림픽 성화가 육로와 배와 비행기로 경기장까지 운반되었다.

C [보기] 표현들의 의미를 음미해 보고 알맞은 꼴을 빈칸 속에 풍덩!

| 보기 | come upon | fall behind | fit in | put away | spread out |

1 그는 접힌 지도를 바닥에 펼쳤다.
He _____ the folded map on the floor.

2 그녀는 다른 학생들과 어울리지 못하는 것 같다.
She doesn't seem to _____ with the other students.

3 그는 한 달 동안 아파서 학교 공부가 뒤처졌다.
He was ill for a month and _____ with schoolwork.

4 나는 거리를 행진하는 수백 명이 시위대와 마주쳤다.
I _____ hundreds of demonstrators marching on the street.

5 아이들은 놀이를 끝내자 장난감을 상자에 치웠다.
The kids _____ their toys in the box when they finished playing.

▸▸▸ 정답

A 앞면 참조 **B** 1. with 2. of 3. with 4. by **C** 1. spread out 2. fit in 3. fell behind 4. came upon 5. put away

D [보기] 표현들의 뜻을 씹어 보고 들어갈 곳에 쏘옥!

> | 보기 |　a huge amount of　　　by means of　　　in conclusion　　　in detail

1 그것을 상세히 설명해 주시겠어요?

Could you explain that ＿＿＿＿＿＿＿＿＿?

2 생각은 말로 표현된다.

Thoughts are expressed ＿＿＿＿＿＿＿＿ words.

3 기업들은 제품을 광고하기 위해 많은 돈을 쓴다.

Industries spend ＿＿＿＿＿＿＿＿ money to advertise their products.

4 결론적으로, 여러분은 잠재력을 계발하기 위해 최선을 다해야 합니다.

＿＿＿＿＿＿＿＿＿, you should do your best in developing your potentials.

E 표현을 외우니 문장이 해석되네!

1 Will you do me a favor?

＿＿＿＿＿＿＿＿＿＿＿＿＿＿＿＿

2 I would rather die than live in shame.

＿＿＿＿＿＿＿＿＿＿＿＿＿＿＿＿

3 Please give my best regards to your parents.

네 부모님께 ＿＿＿＿＿＿＿＿＿＿＿＿＿＿.

4 He decided to donate his organs to unknown patients.

그는 알지 못하는 환자들에게 ＿＿＿＿＿＿＿＿＿＿＿.

F 같은 모양, 다른 의미!

1 I will do anything but that.
These data are anything but accurate.

2 Don't burst into the bathroom without knocking.
Kneeling down in front of his mother's grave, he burst into tears.

3 He was charged with murder.
He was charged with an important mission.
The room was charged with tension.

G 명문을 완성하는 영광을!

나는 감상할 수 없는 것들을 소유하기보다는 차라리 소유할 수 없는 것들을 감상할 수 있는 게 낫겠다.

I ＿＿＿＿＿＿＿ be able to appreciate things I cannot have ＿＿＿＿＿＿＿＿
to have things I am not able to appreciate.

▸▸▸ 정답

D 1. in detail **2.** by means of **3.** a huge amount of **4.** In conclusion **E 1.** 내 부탁 좀 들어 줄래? **2.** 수치스럽게 사느니 차라리 죽는 게 낫겠다. **3.** 안부를 전해 주렴 **4.** 자신의 장기를 기증하기로 결심했다 **F 1.** 나는 그것 이외에는 무엇이든지 할 것이다. / 이 데이터들은 결코 정확하지 않다 **2.** 노크 없이 욕실에 불쑥 들어오지 마. / 그는 어머니 무덤 앞에 무릎을 꿇더니 갑자기 울음을 터뜨렸다. **3.** 그는 살인죄로 기소되었다. / 그에게 중요한 임무가 맡겨졌다. / 그 방은 긴장감이 감돌았다[가득 차 있었다]. **G** would rather, than

동사 중심 표현

01 break into

❶ ~에 침입하다　❷ 갑자기 ~하다
A burglar broke into our house. 도둑이 우리 집에 침입했다.
He broke into song. 그는 갑자기 노래를 했다.

02 get in

(승용차처럼 작은 것을) 타다
I got in the taxi. 나는 택시를 탔다.
㊌ get on (배 · 비행기 · 열차 · 버스 등 큰 것을) 타다　㊐ get off (탈것에서) 내리다

03 interfere with

방해하다(=interrupt, hinder)
The noise interferes with my work. 그 소음이 내 일을 방해한다.

04 wait on

(특히 식사) 시중들다
Are you being waited on? (식당에서) 시중드는 사람이 있나요[주문하셨습니까]?
㊙ wait for 기다리다

05 hand down

❶ 물려주다[전하다]　❷ (결정 등을 공식적으로) 내리다[공표하다]
stories handed down by word of mouth 입으로 전해진 이야기들
The judge has handed down his verdict. 판사가 판결을 내렸다.
㊌ pass down 물려주다[전해주다]　㊙ hand in 제출하다

06 line up

한 줄로 서다[세우다]
He lined us all up in the corridor. 그는 복도에서 우리 모두를 한 줄로 세웠다.

07 do[wash] the dishes

설거지하다
Have you done[washed] the dishes? 설거지했니?

08 give ~ a try

시도하다
I'll give it a try. 제가 그것을 한번 시도해 볼게요.
㊌ give ~ a shot[go]

09 cure A of B

A에게서 B를 낫게 하다[고치다]
This medicine will cure you of your disease.
이 약이 당신의 병을 낫게 해 줄 거예요.

10 replace A with B

A를 B로 대신[대체]하다(=substitute B for A)
Don't replace meals with snacks. 식사를 간식으로 대신하지 마세요.

11 have a hard time (in) ⓥ-ing

~하는 데 어려움을 겪다
I had a hard time finding this place. 이곳을 찾아오느라 힘들었어요.
㊌ have trouble[difficulty] (in) ⓥ-ing

형용사 중심 표현

12 be envious of

부러워하다(=be jealous of)

They were envious of his success. 그들은 그의 성공을 부러워했다.

13 be ignorant of[about]

모르다[무지하다]

They are ignorant of[about] politics. 그들은 정치에 무지하다.

14 be tired from

~로 피곤하다

I'm tired from lack of sleep. 나는 수면 부족으로 피곤하다.

비교 be tired of ~에 싫증나다

전치사 중심 표현·부사어

15 a set of

일련의, 한 세트의

a set of guidelines/rules 일련의 지침들/규칙들   a set of tools 공구 한 벌

윤 a series of

16 on/off duty

당번인[근무 중인]/비번인[근무 중이 아닌]

Who's on duty today? 오늘 누가 근무하죠[당번이죠]?

What time do you go off duty? 당신은 언제 근무를 쉬나요?

17 out of order

❶ 고장 난   ❷ 순서가 뒤바뀐, 정리가 안 된

The phone is out of order again. 전화기가 또 고장 났다.

The files are all out of order. 파일들이 모두 순서가 뒤바뀌었다[정리가 안 되어 있다].

비교 in order 순서대로, 정리[정돈]된, 적법한[유효한]

18 without question

❶ 의심할 여지없이[확실히]   ❷ 의심[이의] 없이

He is without question the best student.

그는 의심할 여지없이 가장 우수한 학생이다.

Do as I tell you without question. 이의 없이 내가 말한 대로 해라.

윤 beyond question, beyond[without, no] doubt

비교 out of the question 불가능한

19 every other day

이틀마다[격일로]

He exercises every other day. 그는 이틀마다 운동을 한다.

20 to begin[start] with

❶ 우선[첫째로]   ❷ 처음에

To begin[start] with, we have no time. 우선 우리는 시간이 없다.

How did you get involved to begin[start] with?

처음에 어떻게 관여하게 되었나요?

윤 in the first place 첫째로[우선], 맨 먼저[애초]   at first 처음에

Today's Expression

Hang in there. 참고 견뎌 봐.

A: I can't stand anymore! 도저히 더는 못 참겠어!

B: Hang in there. Things will work out. 참고 견뎌 봐. 일이 잘 풀리게 될 거야.

A 다음 표현을 우리말로!

1	break into	**11**	have a hard time (in) ⓥ-ing
2	get in	**12**	be envious of
3	interfere with	**13**	be ignorant of[about]
4	wait on	**14**	be tired from
5	hand down	**15**	a set of
6	line up	**16**	on/off duty
7	do[wash] the dishes	**17**	out of order
8	give ~ a try	**18**	without question
9	cure A of B	**19**	every other day
10	replace A with B	**20**	to begin[start] with

B 빈칸에 들어갈 알맞은 전치사는?

1 I'm tired _____ walking all day.
나는 하루 종일 걸어서 피곤해.

2 They were envious _____ his success.
그들은 그의 성공을 부러워했다.

3 This medicine cured me _____ my cold.
이 약이 나의 감기를 낫게 해 주었다.

4 Many teenagers are ignorant _____ current politics.
많은 십대들이 현행 정치에 무지하다.

5 The factory replaced most of its workers _____ robots.
그 공장은 대부분의 노동자들을 로봇으로 교체했다.

C [보기] 표현들의 의미를 음미해 보고 알맞은 꼴을 빈칸 속에 퐁덩!

| 보기 | do the dishes | get in | interfere with | wait on |

1 그는 차에 탄 후 차를 몰고 떠났다.
He _____ the car and drove away.

2 그는 언제나 어머니가 설거지하는 것을 돕는다.
He always helps his mother _____.

3 그 여종업원이 식당에서 나의 식사 시중을 들었다.
The waitress _____ me in the restaurant.

4 파리와 모기가 그 스님의 명상을 방해했다.
Flies and mosquitoes _____ the monk's meditation.

정답
A 앞면 참조 **B 1.** from **2.** of **3.** of **4.** of[about] **5.** with **C 1.** got in **2.** do the dishes **3.** waited on **4.** interfered with

152

D [보기] 표현들의 뜻을 씹어 보고 들어갈 곳에 쏘옥!

| 보기 | a set of   every other day   to begin with   without question

1 그들은 일련의 계약서에 서명했다.
They signed _____ contracts.

2 그 의사가 그에게 그 약을 이틀마다 복용하라고 말했다.
The doctor told him to take the medicine _____.

3 그 호텔은 끔찍했다. 우선 샤워기가 작동하지 않았다.
The hotel was awful. _____, the shower didn't work.

4 그들은 틀림없이 공공장소에서의 흡연을 찬성하지 않을 것이다.
They will not approve of smoking in public areas _____.

E 표현을 외우니 문장이 해석되네!

1 Who's on duty today?
오늘 누가 _____?

2 My teacher lined us all up in the corridor.
나의 선생님은 _____.

3 I had a hard time concentrating on my work.
나는 일에 집중하는 데 _____.

4 I am not sure I can do it but I'll give it a try.
내가 그것을 할 수 있을지 확신할 수는 없지만 _____.

5 This custom has been handed down from generation to generation.
이 관습은 대대로 _____.

F 같은 모양, 다른 의미!

1 All at once, they broke into laughter.
A burglar broke into our apartment last night.

2 The files are all out of order.
Our refrigerator is out of order again.

G 명문을 완성하는 영광을!
교육의 목적은 텅빈 마음을 열린 마음으로 대체하는 것이다.
The purpose of education is to _____ an empty mind _____ an open one.

153

동사 중심 표현

01 cling to ⓝ
❶ ~에 달라붙다 ❷ ~에 매달리다[고수하다]
The wet shirt clung to his body. 젖은 셔츠가 그의 몸에 달라붙었다.
He clung to the hope that she would be cured.
그는 그녀가 치료될 거라는 희망에 매달렸다.

02 derive[be derived] from
~에서 나오다[파생되다], 유래하다
This word is derived from Latin. 이 단어는 라틴어에서 유래한다.
patterns of behavior that derive from basic beliefs
기본 신념에서 나오는 행동 패턴들

03 dispose of
처분[처리]하다
the difficulties of disposing of nuclear waste 핵폐기물을 처리하는 어려움

04 major in
전공하다
He majored in philosophy at Harvard. 그는 하버드 대학에서 철학을 전공했다.

05 run after
뒤쫓다(=chase)
The dog ran after the cat. 개가 고양이를 뒤쫓았다.
비교 run away 도망가다[달아나다] run across 우연히 만나다[발견하다], 뛰어 건너다

06 help out
도와주다
He's always willing to help out. 그는 항상 기꺼이 도와준다.

07 sum up
요약하다(=summarize)
In your final paragraph, sum up your argument.
마지막 문단에서 네 주장을 요약해라.
비교 to sum up 요약하면 in sum 요컨대

08 hold your breath
숨을 멈추다[죽이다]
Hold your breath and count to ten. 숨을 멈추고 열까지 세어라.
비교 take your breath away (너무 놀랍거나 아름다워서) 숨이 멎을 정도이다

09 make room for
~을 위해 공간을 비우다[~에게 자리를 내주다]
We had to make room for a desk. 우리는 책상을 놓을 자리를 만들어야 했다.

10 accuse A of B
❶ A를 B로 고소[고발, 기소]하다 ❷ A를 B로 비난하다
He accused her of theft. 그는 그녀를 절도죄로 기소했다.
She accused him of lying. 그녀는 그를 거짓말한다고 비난했다.

11 discourage A from B(ⓥ-ing)
A가 B하지 못하게 단념시키다[막다, 말리다]
I discouraged him from quitting his job. 나는 그가 직장을 그만두는 것을 말렸다.
윤 stop[keep, prevent, hinder] A from B(ⓥ-ing)

형용사 중심 표현

12 be fit for[to ⓥ]

~에 적합하다[어울리다]
She is fit for the job. 그녀가 그 일에 적임이다.
He is not fit to be a leader. 그는 지도자로는 적합하지 않다.
⑨ be suitable for　⑪ be unfit for ~에 부적당하다, ~에 어울리지 않다

13 be short of

~이 부족하다
They're short of money. 그들은 돈이 부족하다.
⑪ fall short of ~에 미치지 못하다　be short for ~의 줄임말이다

14 be well/badly off

부유하다/가난하다
He is well off. 그는 부유하다.

전치사 중심 표현 · 부사어

15 a crowd of[crowds of]

많은[다수의]
a crowd of people 많은 사람들

16 in itself

본래, 그것 자체가
The act of giving is a reward in itself. 준다는 행위는 그 자체가 보상이다.
⑪ of itself 저절로, 자연히　(all) by itself 그것만으로, 홀로, 저절로

17 by all means

❶ (승낙의 대답) 물론[좋고말고]　❷ 반드시
"Can I borrow this book?" "By all means."
"이 책 빌릴 수 있을까요?" "물론이죠."
I'll finish it by all means. 나는 반드시 그것을 끝낼 것이다.
⑪ by no means 결코 ~ 아닌

18 but for

❶ ~이 없(었)다면[~이 아니라면(아니었다면)](=without)　❷ ~을 제외하고
But for your help, I couldn't have succeeded.
네 도움이 없었다면, 나는 성공하지 못했을 거야.
The room was empty but for a desk. 책상 하나를 제외하고 방은 비어 있었다.
⑨ if it were not for[if it had not been for] ~이 없(었)다면, ~이 아니라면(아니었다면)

19 in the mood for[to ⓥ]

~하고 싶은 기분인
I'm not in the mood for jokes. 나는 농담할 기분이 아니야.

20 at[in, on] the back of

~의 뒤에
Go and sit at the back of the class. 가서 교실 뒤에 앉으세요.
Get in the back of the car. 차 뒤에 타렴.
I wrote the date on the back of the photo. 나는 사진 뒷면에 날짜를 썼다.

Today's Expression

The sooner the better. 빠르면 빠를수록 좋아요.
A: When do you want this done? 이 일을 언제까지 끝내야 하지요?
B: The sooner the better. 빠르면 빠를수록 좋아요.

A 다음 표현을 우리말로!

1	cling to ⓝ	11	discourage A from B(ⓥ-ing)
2	derive[be derived] from	12	be fit for[to ⓥ]
3	dispose of	13	be short of
4	major in	14	be well/badly off
5	run after	15	a crowd of[crowds of]
6	help out	16	in itself
7	sum up	17	by all means
8	hold your breath	18	but for
9	make room for	19	in the mood for[to ⓥ]
10	accuse A of B	20	at[in, on] the back of

B 빈칸에 들어갈 알맞은 전치사는?

1 She is fit _____ the job as a teacher.
그녀는 교직에 적임이다.

2 This word derives[is derived] _____ Latin.
이 단어는 라틴어에서 유래한다.

3 He majored _____ philosophy at Harvard.
그는 하버드 대학에서 철학을 전공했다.

4 They are studying how to dispose _____ nuclear waste.
그들은 핵폐기물을 처리하는 방법을 연구 중이다.

C [보기] 표현들의 의미를 음미해 보고 알맞은 꼴을 빈칸 속에 풍덩!

| 보기 | help out | hold your breath | make room for | run after | sum up |

1 그는 항상 기꺼이 도와준다.
He's always willing to _____.

2 넌 물속에서 얼마 동안 숨을 참을 수 있니?
How long can you _____ under water?

3 마지막 문단에서 당신의 주장을 요약해라.
In your final paragraph, _____ your argument.

4 그는 내가 떨어뜨린 서류를 건네주기 위해 나를 쫓아왔다.
He _____ me to hand me some papers I'd dropped.

5 농부들이 작물 재배 공간을 확보하기 위해 열대 우림 나무들을 베어 냈다.
Farmers cut down rain forest trees to _____ their crops.

D [보기] 표현들의 뜻을 씹어 보고 들어갈 곳에 쏘옥!

| 보기 | a crowd of   at the back of   but for   in itself

1 가서 교실 뒤에 앉으세요.

Go and sit _____ the class.

2 준다는 행위는 그 자체가 보상이다.

The act of giving is a reward _____.

3 극장에 많은 사람들이 있었다.

There were _____ people at the theater.

4 안전벨트가 없었다면 나는 오늘 살아 있지 못했을 거야.

_____ the safety belt, I wouldn't be alive today.

E 표현을 외우니 문장이 해석되네!

1 He was short of money.

그는 _____.

2 I'm not in the mood for jokes.

나는 _____.

3 While his parents are well off, he is badly off.

그의 부모는 _____ 반면 그는 _____.

4 They accused him of having neglected his work.

그들은 그가 일을 _____.

5 He discouraged them from investing in the stock.

그는 그들이 _____.

F 같은 모양, 다른 의미!

1 Don't cling to the past.

The wet clothes clung to his body.

2 We should by all means do our duty.

A: May I make a suggestion? B: By all means.

G 명문을 완성하는 영광을!

1 인간의 모든 불행은 방에 혼자 조용히 앉아 있을 수 없는 데서 유래한다.

All man's miseries _____ not being able to sit quietly in a room alone.

2 세 단어로 내가 삶에 대해서 배운 모든 것을 요약할 수 있다. 삶은 계속 진행된다.

In three words I can _____ everything I've learned about life; it goes on.

| 동사 중심 표현 |

01 **engage[be engaged] in**
~에 참여[관여]하다
They engaged in volunteer activities. 그들은 자원봉사 활동에 참여했다.
비교 be engaged to ⑪ ~와 약혼한 사이다

02 **talk over**
❶ ~에 대해 논의하다(=discuss) ❷ ~하면서 이야기하다
We talked over the matter. 우리는 그 문제에 대해서 논의했다.
They talked over a cup of coffee. 그들은 커피를 한 잔 마시면서 이야기했다.

03 **give away**
거저 주다[기부하다]
He gave away all his money to the poor.
그는 자신의 모든 돈을 가난한 사람들에게 거저 주었다.

04 **get away**
❶ 떠나다(=leave), 휴가를 가다 ❷ 도망가다(=escape), 벗어나다
I'd like to get away from Seoul at the weekend.
나는 주말에 서울을 떠나고 싶다.
I want to get away from the busy city life.
나는 바쁜 도시 생활에서 벗어나고 싶다.

05 **keep up**
계속하다[계속되다], 유지하다
Keep up the good work. 계속해서 일을 잘 해라.
비교 keep up with (~에 뒤떨어지지 않게) 따라가다

06 **turn up**
❶ (소리·온도 등을) 높이다[올리다] ❷ 나타나다(=appear)
Will you turn up the radio? 라디오 소리를 높여 줄래요?
Do you think many people will turn up? 많은 사람들이 나타날 것 같니?

07 **keep track of**
놓치지 않고 따라가다, (정보 등을) 계속 알고 있다[파악하다]
It's hard to keep track of all the information.
모든 정보를 계속 파악하는 것은 힘들다.
유 keep up with   반 lose track of 놓치다[잊어버리다]

08 **place an order (for)**
(상품을) 주문하다(=order)
I'd like to place an order for a book. 책 한 권을 주문하고 싶어요.
비교 take your order (음식) 주문을 받다

09 **take a deep breath**
심호흡하다
Take a deep breath and try to calm down. 심호흡하고 진정해라.

10 **take ~ into consideration [account]**
~을 고려[참작]하다(=consider)
I'll take that into consideration[account]. 그것을 고려해 볼게요.
유 take account of

11 **introduce A to B(⑪)**
A를 B에(게) 소개하다
Let me introduce you to John. 너를 John에게 소개시켜 줄게.

형용사 중심 표현

12 be inclined to ⓥ

❶ ~하는 경향이 있다　❷ ~하고 싶어지다
He's inclined to be lazy. 그는 게으른 경향이 있다.
I'm inclined to go for a walk. 나는 산책하고 싶어졌다.
㊌ be apt to ⓥ, tend to ⓥ ~하는 경향이 있다　feel like ~하고 싶다

13 be obliged to ⓥ

~하지 않을 수 없다
We were obliged to obey him. 우리는 그에게 복종하지 않을 수 없었다.
㊌ be forced to ⓥ, be compelled to ⓥ

14 be touched by

~에 감동을 받다
He was touched by her letter. 그는 그녀의 편지에 감동받았다.
㊌ be impressed by[with], be moved by

전치사 중심 표현 · 부사어

15 with all

~에도 불구하고(=despite)
With all his faults, I still like him.
그의 결점에도 불구하고, 나는 여전히 그를 좋아한다.
㊌ for all, in spite of

16 ahead of time

예정보다 빨리
We finished 15 minutes ahead of time. 우리는 예정보다 15분 일찍 끝냈다.
㊌ ahead of schedule　㊀ ahead of ~보다 앞에

17 as follows

다음과 같이
The letter reads as follows. 그 편지에는 다음과 같이 쓰여 있다.

18 day and night

밤낮으로[항상], 끊임없이
I want to be with you day and night. 나는 항상 너와 함께 있고 싶다.
㊀ all the time

19 in some[several] respects

몇 가지 점에서
In some respects, they are different. 몇 가지 점에서 그(것)들은 다르다.
㊀ in all/many respects 모든/많은 점에서　in this respect 이 점에서
with respect to ⓝ ~에 관하여

20 to the full(est)

충분히[최대한]
Enjoy life to the full(est). 인생을 충분히 즐겨라.
㊀ in full 전부

Today's Expression

I couldn't help it. 어쩔 수 없었어요.
A: You promised you wouldn't be late. 늦지 않겠다고 약속했잖아.
B: I couldn't help it. There was an accident on the highway.
어쩔 수 없었어. 고속도로에서 사고가 났어.

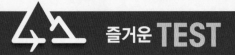

A 다음 표현을 우리말로!

1	engage[be engaged] in	11	introduce A to B(ⓝ)
2	talk over	12	be inclined to ⓥ
3	give away	13	be obliged to ⓥ
4	get away	14	be touched by
5	keep up	15	with all
6	turn up	16	ahead of time
7	keep track of	17	as follows
8	place an order (for)	18	day and night
9	take a deep breath	19	in some[several] respects
10	take ~ into consideration[account]	20	to the full(est)

B 밑줄 친 표현과 같은 의미 연결하기

1 We <u>were obliged to</u> obey him.　　　　　　❶ all the time
　우리는 그에게 복종하지 않을 수 없었다.

2 He <u>was touched by</u> her kind letter.　　　　❷ be forced to
　그는 그녀의 친절한 편지에 감동받았다.

3 <u>With all</u> his wealth, he is not happy.　　　　❸ be impressed by
　갖고 있는 재산에도 불구하고 그는 행복하지 않다.

4 I want to be with you <u>day and night</u>.　　　　❹ despite
　나는 항상 너와 함께 있고 싶다.

5 I want to <u>get away</u> from the crowded city.　　❺ escape
　나는 혼잡한 도시에서 벗어나고 싶다.

C [보기] 표현들의 의미를 음미해 보고 알맞은 꼴을 빈칸 속에 풍덩!

보기	engage in　　　give away　　　place an order　　　take a deep breath

1 심호흡하고 진정해라.

　_____ and try to calm down.

2 그들은 자원봉사 활동에 참여했다.

　They _____ volunteer activities.

3 그녀는 자신의 모든 돈을 가난한 사람들에게 거저 주었다.

　She _____ her all money to the poor.

4 외국 도서를 주문하고 싶어요.

　I would like to _____ for foreign books.

▶▶▶ 정답

A 앞면 참조　B 1. ❷　2. ❸　3. ❹　4. ❶　5. ❺　C 1. Take a deep breath　2. engaged in　3. gave away　4. place an order

D [보기] 표현들의 뜻을 씹어 보고 들어갈 곳에 쏘옥!

| 보기 | ahead of time   as follows   in some respects   to the full(est)

1 우리는 예정보다 15분 일찍 끝냈다.

We finished 15 minutes _____.

2 결국 인생은 한 번뿐이잖아. 그러니 네 인생을 충분히 즐기렴.

After all, you only live once. So enjoy your life _____.

3 그는 몇 가지 점에서 전자가 후자보다 못하다는 것을 지적했다.

He pointed out that the former was inferior to the latter _____.

4 다음과 같이 쓰여 있다: "적게 바라고 많이 베풀어라. 자신을 잊고 남을 생각하라."

It reads _____: "Expect little, give much. Forget self, think of others."

E 표현을 외우니 문장이 해석되네!

1 Keep up the good work.

_____

2 They introduced our country to the world.

그들은 _____.

3 We have to take other people's opinions into consideration.

우리는 다른 사람들의 의견을 _____.

4 The best way to keep track of the current events is to read newspaper.

_____ 신문을 읽는 것이다.

F 같은 모양, 다른 의미!

1 Let's talk over lunch.

Let's talk over the matter and try to come to an agreement.

2 Could you turn up the TV, please?

They turned up when the party was almost over.

3 He isn't much inclined to study.

She is inclined to get tired easily.

G 명문을 완성하는 영광을!

1 거저 주는 사랑이 유일하게 유지할 수 있는 사랑이다.

The love we _____ is the only love we keep.

2 우리는 과거에 더 좋은 어떤 것을 더함으로써만이 거기서 벗어날 수 있다.

We can _____ from the past only by adding something better to it.

▶▶▶ 정답

D 1. ahead of time **2.** to the full(est) **3.** in some respects **4.** as follows **E 1.** 계속해서 일을 잘 해라. **2.** 우리나라를 세계에 소개했다 **3.** 고려해야 한다 **4.** 시사 문제를 계속 알 수 있는 가장 좋은 방법은 **F 1.** 점심을 먹으면서 이야기하자. / 그 문제에 대해 논의해서 합의를 보도록 하자. **2.** TV 소리 좀 높여 주시겠어요? / 그들은 파티가 거의 끝났을 때 나타났다. **3.** 그는 별로 공부하고 싶어하지 않는다. / 그녀는 쉽게 지치는 경향이 있다. **G 1.** give away **2.** get away

동사 중심 표현

01 back up
❶ 백업[복사]하다 ❷ 지지[후원]하다 ❸ 후진시키다 ❹ (교통이) 정체되다
You'd better back up your files. 너는 파일을 백업하는 게 좋겠다.
Thanks for backing me up at the meeting. 회의 때 나를 지지해 줘서 고마워.
I backed the car up a little. 나는 차를 조금 후진시켰다.
Traffic was backed up because of the accident. 사고 때문에 교통이 정체되었다.

02 fight off
싸워서 물리치다[격퇴하다]
A healthy body can fight off germs. 건강한 몸은 세균들을 물리칠 수 있다.

03 pull up
❶ (차를) 멈추다, (차가) 서다 ❷ 잡아 올리다
He pulled up at the traffic lights. 그는 신호등 있는 곳에서 차를 멈췄다.
Please pull up your shirt. 셔츠를 올려 주세요.

04 stay up
자지 않고 일어나 있다
Why did you stay up late? 너는 왜 늦게까지 자지 않았니?

05 leave ~ behind
두고 오다[가다], 둔 채 잊고 오다[가다]
I left my umbrella behind in the restaurant. 나는 식당에 우산을 두고 왔다.
[비교] leave ~ alone 혼자 놔두다   leave out 빼다[배제하다]

06 look back on
뒤돌아보다, 회상[회고]하다(=recollect, recall)
She looked back on her childhood. 그녀는 자신의 어린 시절을 회상했다.

07 put up with
참다(=endure, bear, stand, tolerate)
I can't put up with his rudeness. 나는 그의 무례함을 참을 수 없다.

08 have no choice
선택의 여지가 없다[대안이 없다]
I guess you have no choice. 너는 선택의 여지가 없는 것 같다.
[비교] have no choice but to ⓥ ~할 수밖에 없다

09 take steps
조치를 취하다(=take measures[action])
We should take steps to protect children.
우리는 어린이들을 보호하기 위해 조치를 취해야 한다.

10 take the place of [take your place]
대신하다(=replace)
He took the place of his father. 그가 그의 아버지를 대신했다.
[비교] in place of ~ 대신에   take place (사건 등이) 일어나다, (행사 등이) 열리다

11 rob A of B
A에게서 B를 도둑질하다[훔치다](=steal B from A)
He robbed me of my purse. 그는 내게서 지갑을 훔쳐갔다.
○ rob a bank 은행을 털다   [비교] deprive A of B A에게서 B를 빼앗다[박탈하다]

형용사 중심 표현

12 be amazed at[by]

~에 깜짝 놀라다
I was amazed at your English skills. 너의 영어 실력에 깜짝 놀랐다.
⊕ be surprised[startled, astonished] at

13 be finished with

끝내다
Are you finished with your report? 보고서 다 끝냈니?
⊕ be done[through] with

14 be superior to ⓝ

~보다 우월하다[낫다]
Organic food is superior to junk food. 유기농 식품이 정크 푸드보다 낫다.
⊞ be inferior to ⓝ ~보다 열등하다[못하다]

전치사 중심 표현·부사어

15 a bit of[bits of]

조금의[약간의, 소량의]
I know a bit of German. 나는 독일어를 조금 안다.
⊕ a small amount of   비교 a bit 조금[약간]   quite a bit (of) 꽤 많은

16 on behalf of
[on your behalf]

❶ ~을 대신[대표]하여   ❷ ~을 위하여[~ 때문에]
I'm here on behalf of my company. 나는 우리 회사를 대표해서 여기에 왔다.
We collected money on behalf of the homeless.
우리는 노숙자들을 위해 돈을 모금했다.
⊕ instead of ~ 대신에   as the representative of ~을 대표하여

17 the rest of

~의 나머지[나머지의 ~]
for the rest of his life 그의 여생 동안

18 in full

전부
The debt must be paid in full. 빚을 전부 갚아야 한다.
⊕ in all, in total   비교 to the full(est) 충분히[최대한]

19 over time

시간이 지나면
Everything will change over time. 모든 것은 시간이 지나면 변하기 마련이다.
비교 over the years 해를 거듭할수록

20 in essence

본질적으로(=essentially, basically, fundamentally)
In essence, your situation isn't so different from mine.
본질적으로, 너의 상황은 나의 상황과 그리 다르지 않다.

Today's
Expression

Here you go[are]. (무언가를 건네줄 때) 자 여기 있어요.
A: Can you pass me the salt? 소금 좀 건네줄래?
B: Here you go. 자 여기 있어.

A 다음 표현을 우리말로!

1	back up	11	rob A of B
2	fight off	12	be amazed at[by]
3	pull up	13	be finished with
4	stay up	14	be superior to ⓝ
5	leave ~ behind	15	a bit of[bits of]
6	look back on	16	on behalf of[on your behalf]
7	put up with	17	the rest of
8	have no choice	18	in full
9	take steps	19	over time
10	take the place of[take your place]	20	in essence

B 빈칸에 들어갈 알맞은 전치사는?

1 Are you finished _____ your meal?
식사 끝내셨어요?

2 A pickpocket robbed me _____ my purse.
소매치기가 내게서 지갑을 훔쳐갔다.

3 I left my umbrella _____ in the restaurant.
나는 식당에 우산을 두고 왔다.

4 For all babies, breast-feeding is far superior _____ bottle-feeding.
모든 아기들에게 모유 수유가 분유 수유보다 월등히 낫다.

C [보기] 표현들의 의미를 음미해 보고 알맞은 꼴을 빈칸 속에 퐁당!

보기	be amazed at	fight off	have no choice	look back on	stay up

1 밤을 새면 그것을 끝낼 수 있을 거야.
I'll finish it if I _____ all night.

2 너는 이 문제에 대해서 선택의 여지가 없어.
You _____ in regard to this matter.

3 그들은 그 새로운 과학적 발견에 놀랐다.
They _____ the new scientific discovery.

4 건강한 면역 체계는 세균을 물리칠 수 있다.
A healthy immune system can _____ germs.

5 우리 어머니는 행복했던 어린 시절을 회상하는 것을 좋아하신다.
My mother likes to _____ her happy childhood.

▸▸▸ 정답

A 앞면 참조 **B 1.** with **2.** of **3.** behind **4.** to **C 1.** stay up **2.** have no choice **3.** were amazed at **4.** fight off **5.** look back on

D 밑줄 친 표현과 바꿔 쓸 수 있는 것은?

| 보기 | replace   stand   take measures

1 I can't put up with the noise any longer.
나는 더 이상 소음을 참을 수 없다.

2 People should take steps to conserve the environment.
사람들은 환경을 보존하기 위해 조치를 취해야 한다.

3 Machines can take the place of humans in dangerous situations.
기계가 위험한 환경에서 인간을 대체할 수 있다.

E [보기] 표현들의 뜻을 씹어 보고 들어갈 곳에 쏘옥!

| 보기 | a bit of   in essence   in full   over time   the rest of

1 모든 것은 시간이 지나면 변하기 마련이다.
Everything will change _____.

2 그러고 나서 나머지 재료들을 넣으세요.
Then add _____ the ingredients.

3 그녀는 시험에서 약간 운이 좋았다.
She had _____ luck at the exam.

4 내일까지 빚을 전부 갚아야 한다.
The debt must be paid _____ by tomorrow.

5 본질적으로, 너의 상황은 나의 상황과 그리 다르지 않다.
_____, your situation isn't so different from mine.

F 같은 모양, 다른 의미!

1 Please, pull up your zipper.
The car pulled up at the traffic lights.

2 I backed the car up a little.
You'd better back up your files.
Thanks for backing me up at the meeting.

3 We collected money on behalf of the homeless.
On behalf of everyone here, I'd like to thank you for your speech.

G 명문을 완성하는 영광을!

위대한 것들은 자신 속에 있는 어떤 것이 주위 상황보다 더 우월하다는 것을 감히 믿은 사람들에 의해 이루어져 왔다.

Great things have been achieved by those who dared to believe that something
inside of them _____ circumstance.

▸▸▸ 정답

D 1. stand **2.** take measures **3.** replace **E 1.** over time **2.** the rest of **3.** a bit of **4.** in full **5.** in essence **F 1.** 지퍼 좀 올려라. / 차가 신호등에서 멈춰 섰다. **2.** 나는 차를 조금 후진시켰다. / 너는 파일을 백업하는 게 좋겠다. / 회의 때 나를 지지해 줘서 고마워. **3.** 우리는 노숙자들을 위해 돈을 모금했다. / 여기 계신 모든 분들을 대신하여 당신의 연설에 감사드리고 싶습니다. **G** was superior to

동사 중심 표현

01 get through
❶ 끝마치다 ❷ 이겨내다[극복하다] ❸ 도착하다 ❹ 통화하다
I have a lot of work to get through. 나는 끝마쳐야 할 일이 많다.
He got through hard times. 그는 어려운 시간들을 이겨냈다[극복했다].
The supplies got through to the refugees. 보급품들이 피난민들에게 도착했다.
I couldn't get through – the line was busy. 통화할 수 없었어. 통화 중이었거든.

02 pass on
❶ 넘겨주다[전하다] ❷ (병 등을) 옮기다[전염하다]
Could you pass on my message to her? 그녀에게 제 메시지 좀 전해 주실래요?
HIV can be passed on from mother to child.
에이즈는 엄마에게서 아이로 전염될 수 있다.

03 relate to ⓝ
❶ ~에 관계[관련]되다 ❷ 이해[공감]하다
Chapter six relates to the situation in Korean. 6장은 한국의 상황과 관련된 것이다.
Many adults can't relate to children. 많은 어른들이 아이들을 이해하지 못한다.

04 step on (your foot)
(발을) 밟다
You're stepping on my foot. 당신이 제 발을 밟고 있어요.

05 take in
❶ 흡수[섭취]하다 ❷ 포함하다 ❸ 속이다 ❹ 이해[기억]하다 ❺ 받아들이다
Fish take in oxygen through their gills. 물고기는 아가미를 통해 산소를 흡입한다.
The tour takes in six European capitals.
그 순회공연에는 유럽의 6개 수도를 포함한다.
Don't be taken in by their promises. 그들의 약속에 속지 마.

06 turn over
❶ 뒤집다 ❷ (to) (~에게) 넘기다
You may turn over your exam papers now. 이제 시험지를 뒤집어도 됩니다.
He turned the shop over to his son. 그는 아들에게 가게를 넘겼다.

07 wipe out
완전히 파괴하다[없애다]
a campaign to wipe out malaria 말라리아 퇴치 운동

08 get in the way of
~의 방해가 되다
Don't let it get in the way of your work. 그것이 네 일의 방해가 되지 않게 해라.

09 can't wait to ⓥ
~하는 것을 기다릴 수 없다[몹시 ~하고 싶다]
I can't wait to go there. 나는 몹시 그곳에 가고 싶다.

10 lose your temper
화를 내다(=get angry)
I'm sorry for losing my temper. 화내서 미안해요.

11 give[lend] ~ a hand
도와주다
Can you give[lend] me a hand with this? 이것 좀 도와주시겠어요?

형용사 중심 표현

12 be required to ⓥ

~해야 하다[~하도록 요구되다]
You are required to **wear a seat belt.** 안전벨트를 착용해야 한다.

13 be scheduled to ⓥ

~할 예정이다
He is scheduled to **give a speech today.** 그는 오늘 연설할 예정이다.
윗 be supposed to ⓥ, be going to ⓥ, be due to ⓥ

14 be typical of

~의 특색을 잘 나타내다, ~을 대표[상징]하다
This painting is typical of **his work.** 이 그림이 그의 작품의 특색을 잘 나타낸다.
윗 be characteristic of, stand for, symbolize

전치사 중심 표현·부사어

15 at the speed of

~의 속도로
It travels at the speed of **about 120 mph.**
그것은 대략 시속 120마일의 속도로 이동한다.

16 ahead of schedule

예정보다 앞서
We finished the project ahead of schedule.
우리는 예정보다 앞서 그 프로젝트를 끝냈다.
윗 ahead of time   비교 ahead of ~보다 앞에   on schedule 예정대로

17 by mistake

실수로
I deleted the file by mistake. 나는 실수로 그 파일을 삭제해 버렸다.
비교 make a mistake 실수하다

18 for pleasure

재미로[오락으로]
Are you here on business or for pleasure? 너 여기 일하러 온 거니 놀러 온 거니?
윗 for fun   비교 with pleasure 기꺼이

19 in fashion

유행인
Mini skirts are in fashion this year. 올해는 미니스커트가 유행이다.
윗 in style   반 out of fashion, out of style, old-fashioned 유행이 지난

20 in[with] surprise

놀라서
He looked at her in[with] surprise. 그는 놀라서 그녀를 쳐다봤다.
비교 (much) to your surprise (매우) 놀랍게도

Today's Expression

What a shame! 그거 안됐구나!
A: He failed his test again. 그가 또 시험에 떨어졌어.
B: What a shame! 그거 안됐구나!

A 다음 표현을 우리말로!

1	get through	**11**	give[lend] ~ a hand
2	pass on	**12**	be required to ⓥ
3	relate to ⓝ	**13**	be scheduled to ⓥ
4	step on (your foot)	**14**	be typical of
5	take in	**15**	at the speed of
6	turn over	**16**	ahead of schedule
7	wipe out	**17**	by mistake
8	get in the way of	**18**	for pleasure
9	can't wait to ⓥ	**19**	in fashion
10	lose your temper	**20**	in[with] surprise

B 빈칸에 들어갈 알맞은 전치사는?

1 This painting is typical _____ his work.
이 그림이 그의 작품의 특색을 잘 나타낸다.

2 Are you here on business or _____ pleasure?
너 여기 일하러 온 거니, 놀러 온 거니?

3 Make sure every paragraph relates _____ your thesis.
반드시 모든 단락이 너의 논제에 관련되도록 해라.

4 Sound travels _____ the speed of about 340 meters per second at 15°C.
소리는 섭씨 15도에서 1초에 약 340미터의 속도로 이동한다.

C [보기] 표현들의 의미를 음미해 보고 알맞은 꼴을 빈칸 속에 퐁당!

보기	can't wait to	get in the way of	lose your temper	step on	wipe out

1 나는 몹시 그곳에 가고 싶다.
I _____ go there.

2 대규모 지진이 그 도시를 완전히 파괴했다.
A massive earthquake _____ the city.

3 그녀는 참을성이 매우 많아서 결코 화를 내지 않는다.
She is so patient that she never _____.

4 죄송합니다. 고의로 발을 밟은 것은 아니었습니다.
I'm sorry, I didn't mean to _____ your foot.

5 너의 사교 생활이 결코 공부를 방해해서는 안 된다.
Your social life must never _____ your studies.

▶▶▶ 정답

A 앞면 참조 B 1. of 2. for 3. to 4. at C 1. can't wait to 2. wiped out 3. loses her temper 4. step on 5. get in the way of

D [보기] 표현들의 뜻을 씹어 보고 들어갈 곳에 쏘옥!

| 보기 | ahead of schedule   by mistake   in fashion   in surprise

1 그는 놀라서 그녀를 쳐다봤다.
He looked at her _____.

2 우리는 예정보다 앞서 그 프로젝트를 끝냈다.
We finished the project _____.

3 올해에는 무릎까지 오는 부츠가 유행이다.
Knee-high boots are _____ this year.

4 그녀는 실수로 그의 커피에 소금을 넣었다.
She put salt into his cup of coffee _____.

E 표현을 외우니 문장이 해석되네!

1 Can you give me a hand with this?
_____

2 I don't want to pass my cold on to anyone.
나는 내 감기를 누구에게도 _____.

3 All passengers are required to wear their seat belt.
모든 승객들은 안전벨트를 _____.

4 A grand opening ceremony is scheduled to take place on Sunday.
성대한 개회식이 일요일에 _____.

F 같은 모양, 다른 의미!

1 I have a lot of work to get through.
The supplies got through to the refugees.

2 You may turn over your exam paper now.
He turned over his company to his son last year.

3 Fish take in oxygen through their gills.
The United Kingdom takes in England, Wales, Scotland and Northern Ireland.

G 명문을 완성하는 영광을!

새가 재미로 날고 있으면 바람 부는 방향으로 난다. 그러나 위험을 만나면 더 높이 날기 위해 방향을 바꾸어 바람을 맞으며 난다.
If a bird is flying _____, it flies with the wind, but if it meets danger it turns and faces the wind, in order that it may rise higher.

▸▸▸ 정답

D **1.** in surprise **2.** ahead of schedule **3.** in fashion **4.** by mistake   E **1.** 이것 좀 도와주시겠어요? **2.** 옮기고 싶지 않다 **3.** 착용해야 한다 **4.** 열릴 예정이다   F **1.** 나는 끝마쳐야 할 일이 많다. / 보급품들이 피난민들에게 도착했다. **2.** 이제 시험지를 뒤집어도 됩니다. / 그는 작년에 회사를 아들에게 넘겼다. **3.** 물고기는 아가미를 통해 산소를 흡입한다. / 영국은 잉글랜드, 웨일스, 스코틀랜드 그리고 북 아일랜드를 포함한다.   G for pleasure

동사 중심 표현

01 cut out

❶ 잘라[오려] 내다 ❷ 빼다 ❸ 그만두다[끊다]
I cut this article out of the newspaper. 나는 신문에서 이 기사를 잘라 냈다.
They cut out some scenes. 그들은 몇 장면을 뺐다.
His doctor told him to cut out alcohol. 의사가 그에게 술을 끊으라고 말했다.

02 fill out

(서류에) 써넣다[기입하다], 작성하다
Please fill out the form. 서식을 작성해 주세요.
비교 fill A with B A를 B로 채우다 **fill in** 기입하다, 메우다[채우다]

03 keep out

들어가지 않게 하다[들어가지 않다]
Shut the window to keep out the dust. 먼지가 들어오지 않도록 창문을 닫아라.
a sign saying "Danger: Keep out" '위험: 들어오지 마시오.'라고 쓰인 표지판

04 see ~ off

배웅[전송]하다
Thanks for coming to see me off. 나를 배웅하러 나와 줘서 고마워.

05 speed up

속도를 높이다
The train started to speed up. 열차는 속도를 높이기 시작했다.

06 wrap up

❶ 싸다[포장하다] ❷ 마무리하다[끝내다]
Can you wrap up the leftovers? 남은 음식을 포장해 주시겠어요?
Let's wrap up the meeting. 회의를 마무리합시다.

07 look up to ⓝ

존경하다[우러러보다](=respect, esteem)
We looked up to him as a leader. 우리는 지도자로서 그를 존경했다.
반 **look down on[upon]** 깔보다[얕보다]

08 go too far

정도가 지나치다
I think I went too far. 내가 너무 지나쳤다고 생각한다.

09 give ~ a ride[lift]

차를 태워 주다
Can I give you a ride[lift] home? 제가 집에 태워다 드릴까요?

10 read between the lines

행간[속뜻]을 읽다
Try to read between the lines. 행간의 의미를 파악하려고 노력해라.

11 make it a rule to ⓥ

~하는 것을 규칙[습관]으로 하다, 언제나 ~하기로 하고 있다
I make it a rule to get up early. 나는 일찍 일어나는 것을 규칙으로 한다.
유 **make it a point[practice] to ⓥ**

170

▌형용사 중심 표현

12 be affected by

❶ ~에 영향을 받다　❷ ~에 충격[감동]을 받다
The area was affected by the hurricane. 그 지역은 허리케인의 영향을 받았다.
We were deeply affected by his death. 우리는 그의 죽음에 깊은 충격을 받았다.
⟨유⟩ be influenced by ~에 영향을 받다
⟨비교⟩ have an effect[impact] on ~에 영향을 미치다

13 be appropriate for

~에 어울리다[적합하다]
Is this film appropriate for children? 이 영화는 어린이들에게 적합한가요?
⟨유⟩ be suitable for, be fit for

14 be fond of

좋아하다(=like)
He's fond of rock climbing. 그는 암벽 등반을 좋아한다.

▌전치사 중심 표현·부사어

15 in comparison with[to ⓝ]

~와 비교하면
In comparison to other products, it is easy to operate.
다른 제품들과 비교하면, 그것은 조작이 용이하다.
⟨유⟩ by comparison with, (as) compared with[to]

16 at first sight

첫눈에[한눈에], 언뜻 보아서는
It was love at first sight. 그것은 첫눈에 반한 사랑이었다.
⟨비교⟩ at first 처음에

17 in a word

한 마디로 말해서, 요컨대
In a word, life is short. 한 마디로 말해서, 인생은 짧다.
⟨유⟩ in short[brief], in sum, to sum up

18 on (the) air

방송 중인[방송되는]
The program is on (the) air every Friday. 그 프로그램은 매주 금요일에 방송된다.
⟨반⟩ off the air 방송되지 않는　⟨비교⟩ by air 비행기로　in the air 공중에서

19 out of fashion

유행이 지난(=out of style, old-fashioned)
Fur coats have gone out of fashion. 모피 코트는 유행이 지났다.
⟨반⟩ in fashion 유행인

20 more or less

❶ 약[대략](=approximately)　❷ 거의(=almost, mostly)
It's 500kg, more or less. 그것은 대략 500킬로그램이다.
The project was more or less a success. 그 프로젝트는 거의 성공이었다.

Today's Expression

Let bygones be bygones. 지난 일은 잊어버려요.
A: I'm still upset about what happened at that time. 그때 있었던 일로 아직 속상해.
B: Let bygones be bygones. 지난 일은 잊어버려.

A 다음 표현을 우리말로!

1	cut out	11	make it a rule to ⓥ
2	fill out	12	be affected by
3	keep out	13	be appropriate for
4	see ~ off	14	be fond of
5	speed up	15	in comparison with[to ⓝ]
6	wrap up	16	at first sight
7	look up to ⓝ	17	in a word
8	go too far	18	on (the) air
9	give ~ a ride[lift]	19	out of fashion
10	read between the lines	20	more or less

B 밑줄 친 표현과 같은 의미 연결하기

1 He's fond of rock climbing.
그는 암벽 등반을 좋아한다.

❶ be influenced by

2 We look up to him as a leader.
우리는 지도자로서 그를 존경한다.

❷ be suitable for

3 Is this film appropriate for children?
이 영화는 어린이들에게 적합한가요?

❸ like

4 The area was affected by the hurricane.
그 지역은 허리케인의 영향을 받았다.

❹ respect

C [보기] 표현들의 의미를 음미해 보고 알맞은 꼴을 빈칸 속에 풍덩!

|보기|	cut out	fill out	go too far	keep out	speed up

1 이 신청서에 기입해 주세요.
Please _____ this application form.

2 창문을 닫아 찬 공기가 들어오지 못하도록 해.
Shut the windows and _____ the cold.

3 그녀는 잡지에서 그의 사진을 오려 냈다.
She _____ his picture from the magazine.

4 새로운 시스템이 등록 절차 속도를 빠르게 할 것이다.
The new system will _____ the registration process.

5 나는 그가 자기 동생을 바보라고 부를 때 너무 지나치다고 생각했다.
I thought he _____ when he called his brother an idiot.

▶▶▶ 정답

A 앞면 참조 B 1. ❸ 2. ❹ 3. ❷ 4. ❶ C 1. fill out 2. keep out 3. cut out 4. speed up 5. went too far

D [보기] 표현들의 뜻을 씹어 보고 들어갈 곳에 쏘옥!

| 보기 | at first sight　　　in a word　　　in comparison with
　　　on (the) air　　　out of fashion

1 이 스타일은 유행이 지났다.

This style is _____.

2 나는 첫눈에 네게 반했어.

I fell in love with you _____.

3 그 프로그램은 매주 금요일에 방송된다.

The program is _____ every Friday.

4 한마디로, 삶이란 경주가 아니라 여행이다.

_____, life is not a race, but a journey.

5 지구의 역사와 비교하면 인간의 역사는 너무나 짧다.

Human history is so short _____ the earth's.

E 표현을 외우니 문장이 해석되네!

1 He went to the airport to see her off.

그는 그녀를 _____.

2 Can you give me a ride to the subway station?

전철역까지 _____?

3 She makes it a rule to study English every day.

그녀는 매일 영어 공부하는 것을 _____.

4 In reading the poem, it is important to read between the lines.

시를 읽을 때는 _____.

F 같은 모양, 다른 의미!

1 They wrapped up their meeting.

I wrapped up the present and tied it with ribbon.

2 I've more or less finished the book.

The trip will take ten days more or less.

G 명문을 완성하는 영광을!

작품의 아름다움을 보고 이해하는 것만으로는 충분하지 않다. 그 작품의 아름다움을 느끼면서 감동을 받아야 한다.

It is not sufficient to see and to know the beauty of a work. We must feel and

_____ it.

▶▶▶ 정답

D 1. out of fashion **2.** at first sight **3.** on (the) air **4.** In a word **5.** in comparison with　**E 1.** 배웅하러 공항에 갔다 **2.** 차를 태워 줄 수 있겠니 **3.** 규칙으로 삼고 있다 **4.** 행간의 의미를 파악하는 것이 중요하다　**F 1.** 그들은 회의를 마무리했다. / 나는 선물을 포장하고 나서 리본으로 묶었다. **2.** 나는 그 책을 거의 다 읽었다. / 그 여행은 약 열흘이 걸릴 것이다.　**G** be affected by

동사 중심 표현

01 drop by

들르다[방문하다]
I'll drop by after lunch. 점심 식사 후에 들를게요.
⊕ drop in, stop by[in], come by

02 fall on

(특정일이) ~날이다
My birthday falls on a Friday this year. 올해 내 생일은 금요일이다.

03 root for

응원하다
Which team are you rooting for? 너는 어느 팀을 응원하고 있니?

04 lay off

해고하다
He was laid off last week. 그는 지난주에 해고당했다.

05 pass out

❶ 기절하다[의식을 잃다] ❷ 나눠 주다[배포하다](=hand out)
He passed out after the accident. 그는 사고 후에 의식을 잃었다.
The teacher passed out report cards. 선생님이 성적표를 나눠 주었다.

06 settle down

❶ 정착하다 ❷ 진정되다 ❸ 편안히 앉다[눕다]
He got married and settled down in Busan. 그는 결혼해서 부산에 정착했다.
Stop chatting and settle down please! 잡담 그만하고 진정하세요!
I settled down with a book. 나는 책 한 권을 들고 편안히 앉았다.

07 use up

다 쓰다[써버리다]
I used up all my allowance. 나는 용돈을 다 써버렸다.

08 do away with

없애다[제거하다](=abolish, remove, get rid of)
We must do away with the evil practice. 우리는 악습을 없애야 한다.

09 give rise to ⓝ

일으키다[생기게 하다](=cause, provoke)
His speech gave rise to a bitter argument. 그의 연설이 격렬한 논쟁을 일으켰다.
⊕ bring about, lead to ⓝ, result in   비교 give birth to ⓝ 낳다, 생겨나게 하다

10 take notice of

~에 주목하다[주의를 기울이다]
Nobody took notice of what I said. 아무도 내가 하는 말에 주의를 기울이지 않았다.
⊕ pay attention to ⓝ

11 have no choice but to ⓥ

~할 수밖에 없다
He had no choice but to leave. 그는 떠날 수밖에 없었다.
비교 have no choice 선택의 여지가 없다[대안이 없다]

형용사 중심 표현

12 be aimed at

❶ 겨냥하다[대상으로 하다]   ❷ 목표로 하다
The program is aimed at teenagers. 그 프로그램은 십대를 겨냥한 것이다.
The law is aimed at the prevention of accidents.
그 법은 사고 예방을 목표로 한다.

13 be designed for [to ⓥ]

~ 위해 계획[고안]되다
The course is designed for beginners. 이 강좌는 초보자들을 위해 계획되었다.
The law was designed to protect children.
그 법은 어린이들을 보호하기 위해 계획되었다.

14 be restricted to ⓝ

~로 제한[한정]되다
Access is restricted to members only. 회원들로만 접근이 한정된다.

전치사 중심 표현 · 부사어

15 at length

❶ 상세히[장황하게]   ❷ 마침내[결국]
He explained it at length. 그는 그것을 상세히[장황하게] 설명했다.
At length he agreed to my opinion. 마침내 그는 내 의견에 동의했다.

16 in haste

급히[서둘러]
They left in haste to catch a train. 그들은 열차를 타기 위해서 급히 떠났다.
🔓 in a hurry   비교 make haste 서두르다

17 for nothing

❶ 공짜로(=for free) ❷ 헛되이(=in vain) ❸ 이유 없이(=without reason)
I got the ticket for nothing. 나는 표를 공짜로 얻었다.
All that preparation was for nothing. 모든 준비는 헛수고였다.

18 beyond description [expression]

말로 표현할 수 없을 정도로
You are beautiful beyond description.
너는 말로 표현할 수 없을 정도로 아름다워.
비교 beyond recognition/belief/imagination 알아볼/믿을/상상할 수 없을 정도로

19 to be frank (with you)

솔직히 말해서
To be frank (with you), I don't know. 솔직히 말해서, 나는 모르겠어.
🔓 frankly speaking, to be honest (with you)

20 what is worse/better

설상가상으로[더 나쁜 것은]/금상첨화로[더 좋은 것은]
He is lazy, and what is worse, arrogant. 그는 게으르고, 설상가상으로 오만하다.
He is handsome, and what is better, is kind.
그는 잘생기고, 금상첨화로 친절하다.

Today's Expression

(It's[That's]) None of your business. 네가 상관할 일이 아니야.
A: Why did you break up with your girlfriend? 왜 여자 친구와 헤어졌니?
B: Sorry to say this but it's none of your business.
이런 말을 해서 미안하지만 네가 상관할 일이 아니야.

A 다음 표현을 우리말로!

1	drop by	**11**	have no choice but to ⓥ
2	fall on	**12**	be aimed at
3	root for	**13**	be designed for[to ⓥ]
4	lay off	**14**	be restricted to ⓝ
5	pass out	**15**	at length
6	settle down	**16**	in haste
7	use up	**17**	for nothing
8	do away with	**18**	beyond description[expression]
9	give rise to ⓝ	**19**	to be frank (with you)
10	take notice of	**20**	what is worse/better

B 밑줄 친 표현과 바꿔 쓸 수 있는 것은?

| 보기 | bring about | get rid of | pay attention to | stop by |

1 Nobody <u>took notice of</u> what I said.
아무도 내가 하는 말에 주의를 기울이지 않았다.

2 We must <u>do away with</u> the evil practice.
우리는 악습을 없애야 한다.

3 He <u>dropped by</u> the bank to draw money.
그는 돈을 찾기 위해 은행에 들렀다.

4 His speech <u>gave rise to</u> a bitter argument.
그의 연설은 격렬한 논쟁을 일으켰다.

C [보기] 표현들의 의미를 음미해 보고 알맞은 꼴을 빈칸 속에 풍덩!

| 보기 | fall on | have no choice but to | root for | settle down |

1 카우보이들이 서부에 정착했다.
The cowboys _____ in the West.

2 어느 팀을 응원할 계획이니?
Which team do you plan to _____?

3 우리는 다수의 결정을 받아들일 수밖에 없었다.
We _____ accept the majority decision.

4 미국의 아버지날은 6월 세 번째 일요일이다.
Father's Day in America _____ the 3rd Sunday in June.

▶▶▶ 정답

A 앞면 참조 B 1. pay attention to 2. get rid of 3. stop by 4. bring about C 1. settled down 2. root for 3. had no choice but to 4. falls on

D **[보기] 표현들의 뜻을 씹어 보고 들어갈 곳에 쏘옥!**

| 보기 | beyond description   in haste   to be frank with you   what is worse

1 경치가 말로 표현할 수 없을 정도로 아름다웠다.

The scenery was beautiful _____.

2 솔직히 말해서, 그의 제안은 엉뚱하다고 생각해.

_____, I think his suggestion is ridiculous.

3 그들은 작별 인사조차 하지 않고 급히 떠났다.

They left _____, without even saying goodbye.

4 비가 내리기 시작했고, 설상가상으로 어둠 속에서 우리는 길까지 잃었다.

It began to rain, and _____, we lost our way in the dark.

E **표현을 외우니 문장이 해석되네!**

1 He was laid off from his job last week.

그는 지난주에 직장에서 _____.

2 Speed is restricted to 40 mph in this area.

이 지역에서는 속도가 _____.

3 Don't use up your energies in fruitless efforts.

헛수고를 하면서 _____.

4 These measures are designed to reduce pollution.

이 조치들은 오염을 줄이기 위해 _____.

5 These measures are aimed at preventing violent crime.

이 조치들은 폭력 범죄 예방을 _____.

F **같은 모양, 다른 의미!**

1 He explained it at length.

At length, he agreed to my opinion.

2 I got the ticket for nothing.

All that preparation was for nothing.

3 The teacher passed out report cards.

She passed out when she heard the news.

G **명문을 완성하는 영광을!**

종종 서두르는 사람들은 자신이 정력적이라고 생각한다. 하지만 대부분의 경우 그들은 단지 비능률적일 뿐이다.

People who are often _____ imagine they are energetic, when in most cases they are simply inefficient.

▶▶▶ 정답

D 1. beyond description 2. To be frank with you 3. in haste 4. what is worse   E 1. 해고당했다 2. 시속 40마일로 제한된다 3. 에너지를 다 써버리지 마라 3. 계획된 것이다 4. 목표로 한 것이다   F 1. 그는 그것을 상세히[장황하게] 설명했다. / 마침내 그는 내 의견에 동의했다. 2. 나는 표를 공짜로 얻었다. / 그 모든 준비가 헛수고였다. 3. 선생님이 성적표를 나눠 주셨다. / 그녀는 그 소식을 듣고 기절했다.   G in haste

| **동사 중심 표현** |

01 amount to ⓝ

❶ (합계가) ~에 이르다[달하다] ❷ ~와 마찬가지다[~에 해당하다]
The cost will amount to thousand dollars. 비용은 천 달러에 달할 것이다.
This answer amounts to a refusal. 이 대답은 거절이나 마찬가지다.
㊌ come to ⓝ (총계가) ~이 되다

02 depart from

~에서 출발하다[떠나다]
The train will depart from platform 7. 기차는 7번 플랫폼에서 출발할 것이다.
비교 depart[leave] for ~을 향해 출발하다

03 reach for

~로 손을 뻗다
He reached for the phone. 그는 전화기로 손을 뻗었다.

04 vote for/against

~에 찬성/반대 투표하다
Did you vote for or against the bill?
너는 그 법안에 찬성표를 던졌니, 반대표를 던졌니?
비교 vote on[about] ~에 대해서 투표하다

05 drop off

❶ (차에서) 내려 주다 ❷ 줄다 ❸ 떨어지다 ❹ 졸다
Just drop me off over there. 저기쯤에 내려 주세요.
The number of customers dropped off. 손님 수가 줄었다.

06 hand in

제출하다[내다](=submit)
Did you hand in the report? 보고서를 제출했나요?
㊌ turn in   비교 hand in hand 서로 손잡고

07 read through[over]

통독하다[처음부터 끝까지 읽다]
Read the contract through[over] carefully.
계약서를 처음부터 끝까지 자세히 읽어 봐라.

08 watch out (for)

(~을) 조심[주의]하다(=look out for)
Watch out for the stairs. 계단을 조심하세요.

09 take action

조치를 취하다(=take measures[steps])
We must take action immediately. 우리는 즉시 조치를 취해야 한다.

10 play a trick on [upon]

~에게 장난하다, 속이다
They played a trick on their teacher. 그들은 선생님에게 장난을 쳤다.
비교 make a fool of, make fun of 놀리다

11 decorate A with B

A를 B로 장식하다
She decorated the room with flowers. 그녀는 방을 꽃으로 장식했다.
비교 be decorated with ~로 장식되다

형용사 중심 표현

12 be characterized by
~라는 특징을 갖다
His writing style is characterized by simplicity.
그의 문체는 간결한 것이 특징이다.

13 be eager for[to ⓥ]
갈망[열망]하다
He's eager for her approval. 그는 그녀의 승낙을 간절히 바라고 있다.
I'm eager to meet him. 나는 몹시 그를 만나고 싶다.
⑨ be anxious for[to ⓥ], long for[to ⓥ], yearn for[to ⓥ]

14 be inferior to ⓝ
~보다 열등하다[못하다]
This is inferior to that in quality. 이것은 저것보다 질적으로 못하다.
⑪ be superior to ⓝ ~보다 우월하다[낫다]

전치사 중심 표현 · 부사어

15 in response to ⓝ
~에 응답[반응]하여
This is in response to customer demand. 이것은 소비자의 요구에 응한 것이다.
⑪ respond to ⓝ ~에 대답[응답]하다, ~에 반응하다

16 with respect to ⓝ
~에 관해서(=concerning)
his opinion with respect to this matter 이 문제에 관한 그의 의견

17 at any rate
어쨌든[아무튼]
At any rate, I'll be back by Friday. 어쨌든 금요일까지는 돌아올게.
⑨ in any case, whatever may happen

18 for the present
당분간[현재로서는]
That will do for the present. 당분간은 그것으로 족할 것이다.
⑪ at present 현재[지금]

19 of itself
저절로, 자연히
The door opened of itself. 문이 저절로 열렸다.
⑪ (all) by itself 그것만으로, 홀로, 저절로   in itself 본래, 그것 자체가

20 to some[a certain] extent
어느 정도까지, 다소
I agree with you to some extent. 어느 정도는 네 의견에 동의해.
To a certain extent, I was relieved. 나는 다소 안심이 되었다.
⑪ to a great[large] extent 대부분은, 크게

Today's Expression

Don't get me wrong. 오해하지 마세요.
A: You must like her. 너는 그녀를 좋아하는 게 틀림없어.
B: Don't get me wrong. We are just friends.
오해하지 마. 우리는 그냥 친구일 뿐이야.

A 다음 표현을 우리말로!

1	amount to ⓝ	11	decorate A with B
2	depart from	12	be characterized by
3	reach for	13	be eager for[to ⓥ]
4	vote for/against	14	be inferior to ⓝ
5	drop off	15	in response to ⓝ
6	hand in	16	with respect to ⓝ
7	read through[over]	17	at any rate
8	watch out (for)	18	for the present
9	take action	19	of itself
10	play a trick on[upon]	20	to some[a certain] extent

B 빈칸에 들어갈 알맞은 전치사는?

1 The door opened _____ itself. 문이 저절로 열렸다.

2 This is inferior _____ that in quality. 이것은 저것보다 질적으로 못하다.

3 His writing style is characterized _____ simplicity. 그의 문체는 간결한 것이 특징이다.

4. Did you vote _____ or _____ the new bill?
   너는 새 법안에 찬성표를 던졌니, 반대표를 던졌니?

5 They decorated the wedding car _____ ribbons and flowers.
   그들은 결혼식 차를 리본과 꽃으로 장식했다.

C [보기] 표현들의 의미를 음미해 보고 알맞은 꼴을 빈칸에 쏘옥!

보기	amount to	depart from	play tricks on	reach for	watch out for

1 그는 전화기로 손을 뻗었다.
   He _____ the phone.

2 당신의 비행기는 13번 탑승구에서 출발할 거예요.
   Your flight will _____ Gate 13.

3 길을 건널 때 차를 조심해야 한다.
   You must _____ cars when you cross the road.

4 연간 순익금이 1,000만 달러에 달한다.
   The annual net profit _____ ten million dollars.

5 만우절 날 사람들을 장난으로 속이는 것이 전통이다.
   It's traditional to _____ people on April Fool's Day.

▶▶ 정답

A 앞면 참조 B 1. of 2. to 3. by 4. for, against 5. with C 1. reached for 2. depart from 3. watch out for 4. amounts to 5. play tricks on

D 밑줄 친 표현과 같은 의미 연결하기

1 I'm eager to meet him.
나는 몹시 그를 만나고 싶다.

❶ be anxious to

2 Did you hand in the report?
보고서를 제출했나요?

❷ take measures

3 We must take action immediately.
즉시 조치를 취해야 합니다.

❸ submit

E [보기] 표현들의 뜻을 씹어 보고 들어갈 곳에 쏘옥!

| |보기| at any rate   for the present   in response to   with respect to |

1 어쨌든 금요일까지는 돌아올게.
_____, I'll be back by Friday.

2 당분간 그것들은 있는 그대로 두자.
Let's leave things as they are _____.

3 그 법이 국민의 압력에 응하여 통과되었다.
The law was passed _____ public pressure.

4 그가 이 문제에 관해 자신의 의견을 표명했다.
He expressed his opinion _____ this matter.

F 표현을 외우니 문장이 해석되네!

1 What he said is true to some extent.
그가 한 말은 _____.

2 Read the contract through carefully before you sign.
서명하기 전에 계약서를 _____.

G 같은 모양, 다른 의미!

Just drop me off over there.
The book dropped off the shelf.
She kept dropping off at her desk.
The number of customers dropped off.

H 명문을 완성하는 영광을!

한 사람이 누군가에게 열등감을 느껴 주저하고 있는 동안, 다른 사람은 바쁘게 실수를 연발하면서 누구보다도 우월하게 되어간다.

While one person hesitates because he feels _____ someone, the other is busy making mistakes and becoming superior to anyone.

▶▶▶ 정답

D 1. ❶ **2.** ❸ **3.** ❷   **E 1.** At any rate **2.** for the present **3.** in response to **4.** with respect to   **F 1.** 어느 정도 사실이다
2. 처음부터 끝까지 자세히 읽어 봐라   **G** 저기쯤에 내려 주세요. / 책이 선반에서 떨어졌다. / 그녀는 책상에서 계속해서 졸았다. / 손님 수가 줄었다.   **H** inferior to

181

동사 중심 표현

01 hope for

바라다[희망하다]
We hope for your support. 우리는 여러분의 지지를 바랍니다.

02 react to ⓝ

~에 반응하다
How did he react to your idea? 그는 네 생각에 어떻게 반응했니?
⊞ respond to ⓝ 　ㅣ비교ㅣ react against ~에 대해 반발하다

03 take after

닮다(=resemble)
She takes after her father. 그녀는 그녀의 아버지를 닮았다.
ㅣ비교ㅣ look after 돌보다[보살피다]

04 fall off

❶ 떨어지다 　❷ (수량이) 줄다
A button fell off her jacket. 단추가 그녀의 재킷에서 떨어졌다.
Sales have been falling off recently. 판매가 최근에 줄고 있다.

05 throw up

토하다(=vomit)
I think I'm going to throw up. 토할 것 같아요.

06 catch your eye

~의 주의[눈길]를 끌다
The advertisement caught my eye. 그 광고가 나의 눈길을 끌었다.
⊞ draw[catch, attract, get, call] your attention

07 make an appointment (with)

(~와) 만날 약속을 정하다
I'd like to make an appointment with Dr. Kim.
김 선생님과 만날 약속을 하고 싶어요[김 선생님과 진료 예약을 하고 싶어요].
ㅣ비교ㅣ make a promise (앞으로 무엇을 하겠다는) 약속을 하다

08 take your order

(음식) 주문을 받다
May I take your order, sir? 주문을 받아도 될까요[주문하시겠어요]?
ㅣ반ㅣ place an order (for) (상품을) 주문하다

09 take[have] a break

잠깐 쉬다[휴식을 취하다]
Let's take a break. 잠깐 쉬자.

10 learn/know ~ by heart

외우다(=memorize)/외우고 있다
Actors have to learn their lines by heart. 배우들은 대사를 외워야 한다.
He knows her number by heart. 그는 그녀의 전화번호를 외우고 있다.

11 confuse A with B

A와 B를 혼동하다
I always confuse you with your sister. 나는 항상 너와 네 여동생을 혼동한다.

형용사 중심 표현

12 be bound to ⓥ

❶ 꼭 ~할 것이다　❷ 반드시 ~해야 하다
She is bound to pass the exam. 그녀는 꼭 시험에 합격할 것이다.
They are legally bound to appear in court. 그들은 법적으로 법정에 출두해야 한다.
비교 be bound for ~행(行)이다

13 be equal to ⓝ

❶ ~와 같다[대등하다]　❷ 감당할 능력이 있다
Eight bits is equal to one byte. 8비트는 1바이트와 같다.
He is not equal to the task. 그는 그 일을 감당할 수 없다.

14 be indifferent to ⓝ

~에 무관심하다
She is indifferent to politics. 그녀는 정치에 무관심하다.
비교 be different from ~와 다르다

전치사 중심 표현 · 부사어

15 at the expense of

~을 희생하여
He did it at the expense of his health. 그는 건강을 희생하여 그것을 했다.
유 at the cost[price, sacrifice] of　비교 at your expense ~의 비용으로

16 in return (for)

(~에 대한) 보답으로[대가로]
I sent him a gift in return for his help.
나는 그의 도움에 대한 보답으로 선물을 보냈다.

17 by nature

본래, 날 때부터
She is very sensitive by nature. 그녀는 본래 매우 민감하다.

18 on business

사업상[볼일이 있어]
He went to London on business. 그는 사업차 런던에 갔다.
비교 for pleasure 재미로

19 (much) to your surprise

(매우) 놀랍게도
Much to my surprise, I passed the exam. 매우 놀랍게도 나는 시험에 합격했다.
○ to+소유격+추상명사 = ~하게도
ex. to your delight[joy]/disappointment/regret
기쁘게도/실망스럽게도/후회스럽게도

20 below/above (the) average

평균 이하[미만]/이상
My grades are below/above (the) average. 내 성적은 평균 이하/이상이다.
비교 on (an[the]) average 평균적으로

Today's Expression

What a coincidence! 정말 우연의 일치군요!
A: My name is Julie. 제 이름은 Julie입니다.
B: What a coincidence! So is mine. 정말 우연의 일치군요! 제 이름도 그래요.

A 다음 표현을 우리말로!

1	hope for	11	confuse A with B
2	react to ⓝ	12	be bound to ⓥ
3	take after	13	be equal to ⓝ
4	fall off	14	be indifferent to ⓝ
5	throw up	15	at the expense of
6	catch your eye	16	in return (for)
7	make an appointment (with)	17	by nature
8	take your order	18	on business
9	take[have] a break	19	(much) to your surprise
10	learn/know ~ by heart	20	below/above (the) average

B 빈칸에 들어갈 알맞은 전치사는?

1 I'm an optimist _____ nature.
나는 천성적으로 낙천주의자이다.

2 She is indifferent _____ politics.
그녀는 정치에 무관심하다.

3 I always confuse you _____ your sister.
나는 항상 너와 네 여동생을 혼동한다.

4 She was a little _____ average in mathematics.
그녀는 수학에서 약간 평균 이하이다.

C [보기] 표현들의 의미를 음미해 보고 알맞은 꼴을 빈칸 속에 풍덩!

보기	catch your eye hope for make an appointment with react to take a break

1 우리는 여러분의 지지를 바랍니다.
We _____ your support.

2 김 선생님과 만날 약속을 하고 싶습니다.
I'd like to _____ Dr. Kim.

3 그 광고가 나의 눈길을 끌었다.
The advertisement _____.

4 우리 잠시 쉴까?
Shall we _____ for a while?

5 그는 네 생각에 어떻게 반응했니?
How did he _____ your idea?

▶▶ 정답

A 앞면 참조 B 1. by 2. to 3. with 4. below C 1. hope for 2. make an appointment with 3. caught my eye 4. take a break 5. react to

D 밑줄 친 표현과 같은 의미 연결하기

1 She takes after her father.
그녀는 아버지를 닮았다.

❶ memorize

2 I think I'm going to throw up.
토할 것 같아요.

❷ resemble

3 She learned the poem by heart.
그녀는 그 시를 외웠다.

❸ vomit

E [보기] 표현들의 뜻을 씹어 보고 들어갈 곳에 쏘옥!

| ▌보기 ▏ | at the expense of | in return for | on business |

1 그는 사업차 한국을 방문했다.
He visited Korea ＿＿＿＿＿＿＿＿＿.

2 나는 그녀의 도움에 대한 보답으로 선물을 보냈다.
I sent her a gift ＿＿＿＿＿＿＿＿＿ her help.

3 그는 건강을 희생해 가며 그 일을 끝마쳤다.
He finished the job ＿＿＿＿＿＿＿＿＿ his health.

F 표현을 외우니 문장이 해석되네!

1 The waiter took our orders.
종업원이 ＿＿＿＿＿＿＿＿＿＿＿＿＿＿＿.

2 To my surprise, she asked for nothing in return.
＿＿＿＿＿＿＿＿＿ 그녀는 ＿＿＿＿＿＿＿＿＿ 아무것도 요구하지 않았다.

G 같은 모양, 다른 의미!

1 A button fell off her jacket.
Sales have been falling off recently.

2 Eight bits is equal to one byte.
I'm not sure he's equal to the task.

3 They are legally bound to appear in court.
You've done so much work that you are bound to pass the exam.

H 명문을 완성하는 영광을!

결국 우리가 받는 사랑은 우리가 하는 사랑과 같다.
In the end, the love we take ＿＿＿＿＿＿＿＿＿ the love we make.

▶▶ 정답

D **1.** ❷ **2.** ❸ **3.** ❶ E **1.** on business **2.** in return for **3.** at the expense of F **1.** 우리의 주문을 받았다 **2.** 놀랍게도, 대가로
G **1.** 단추가 그녀의 재킷에서 떨어졌다. / 판매가 최근에 줄고 있다. **2.** 8비트는 1바이트와 같다. / 그가 그 일을 감당할 능력이 있을지 모르겠어.
3. 그들은 법적으로 법정에 출두해야 한다. / 너는 그렇게 열심히 공부했으니 꼭 시험에 합격할 거야. H is equal to

동사 중심 표현

01 agree to (n)

(제안·조건)에 동의하다
They agreed to my proposal. 그들은 나의 제안에 동의했다.
비교 agree with ~(의 의견)에 동의하다 agree on[about] ~에 대해 의견을 같이하다

02 cope with

~에 대처[처리]하다(=deal with)
How do you cope with stress? 너는 스트레스에 어떻게 대처하니?

03 cut in

끼어들다
She kept cutting in on our conversation. 그녀가 계속 우리 대화에 끼어들었다.
비교 cut in line 새치기하다

04 run for

~에 입후보하다[출마하다]
He's going to run for President. 그는 대통령 선거에 출마할 것이다.

05 call up

❶ 전화하다 ❷ 소집하다 ❸ 상기시키다
I called him up and told him. 나는 그에게 전화해서 말했다.
He was called up when the war began. 전쟁이 시작되었을 때 그는 (군에) 소집되었다.
It called up memories of her childhood.
그것이 그녀의 어린 시절의 추억을 상기시켰다.

06 pass down

물려주다[전해주다](=hand down)
The custom was passed down from their ancestors.
그 관습은 그들의 조상들로부터 전해 내려온 것이었다.

07 go/be on a diet

다이어트하다/다이어트 중이다
I decided to go on a diet. 나는 다이어트하기로 결심했다.
I'm on a diet. 나는 다이어트 중이야.

08 take sides (with)

(~의) 편을 들다
I don't want to take sides with anyone. 나는 어느 누구의 편도 들고 싶지 않다.

09 keep your fingers crossed

행운을 빌다
I'll keep my fingers crossed for you. 내가 너의 행운을 빌어 줄게.

10 make yourself understood

자신을 남에게 이해시키다
I couldn't make myself understood in English.
나는 영어로 사람들을 이해시킬 수 없었다.

11 prefer A to B((n))

B보다 A를 더 좋아하다
I prefer tea to coffee. 나는 커피보다 차를 더 좋아한다.
비교 prefer to A((v)) (rather than B((v))) (B하기보다) A하기를 더 좋아하다

형용사 중심 표현

12 **be associated with**
~와 관련되다
The cycle of the tides is associated with the moon.
조수의 주기는 달과 관련이 있다.
㈜ be related to, be connected with[to]

13 **be composed of**
~로 구성되다[이루어지다]
Water is composed of hydrogen and oxygen. 물은 수소와 산소로 이루어져 있다.
㈜ consist of, be made up of

14 **be harmful to** ⓝ
~에 해롭다
Smoking is harmful to your health. 흡연은 건강에 해롭다.
㈜ do harm to ⓝ　㈘ be beneficial to ⓝ, do good to ⓝ ~에 이롭다

전치사 중심 표현·부사어

15 **prior to** ⓝ
~에 앞서(=before)
I called on him prior to my departure. 나는 출발에 앞서 그를 방문했다.
㈜ in advance of, ahead of

16 **at all costs**
어떤 희생을 치르더라도, 무슨 수를 써서라도
We must avoid war at all costs. 우리는 어떤 희생을 치르더라도 전쟁을 피해야 한다.
㈜ at any cost, by all means

17 **behind the times**
시대에 뒤떨어진(=out-of-date)
That way of thinking is behind the times. 그런 사고방식은 시대에 뒤떨어진 것이다.
㈘ up-to-date 최신식의　㈙ behind time 시간에 늦게

18 **of (great) use/**
of no use
(매우) 쓸모 있는(=useful)/쓸모없는(=useless)
This information will be of use to you. 이 정보는 네게 쓸모 있을 거야.
It's of no use to me any more. 그것은 더 이상 내게 쓸모가 없다.
◑ of+추상명사=형용사　*ex.* of importance 중요한(= important)

19 **a large/small sum**
of (money)
거액/소액의 (돈)
He has a large/small sum of money. 그는 거액/소액의 돈을 갖고 있다.

20 **what we[you, they]**
call
소위[이른바]
That's what we call a win-win situation. 그것이 소위 윈-윈 상황이라는 것이다.
㈜ what is called, as is called, so-called

Today's Expression

Don't beat around the bush. 돌려서 말하지 마.
A: Don't beat around the bush. Why don't you just get to the point?
돌려서 말하지 마. 그냥 핵심을 얘기하지 그래?
B: OK. Can you lend me some money? 좋아. 돈 좀 빌려 줄래?

A 다음 표현을 우리말로!

1	agree to ⓝ	11	prefer A to B(ⓝ)
2	cope with	12	be associated with
3	cut in	13	be composed of
4	run for	14	be harmful to ⓝ
5	call up	15	prior to ⓝ
6	pass down	16	at all costs
7	go/be on a diet	17	behind the times
8	take sides (with)	18	of (great) use/of no use
9	keep your fingers crossed	19	a large/small sum of (money)
10	make yourself understood	20	what we[you, they] call

B 밑줄 친 표현과 바꿔 쓸 수 있는 것은?

|보기| be connected with   consist of   hand down

1 An orchestra is composed of many musicians.
오케스트라는 많은 음악가들로 이루어진다.

2 The cycle of the tides is associated with the moon.
조수의 주기는 달과 관련이 있다.

3 The custom was passed down from their ancestors.
그 관습은 그들의 조상들로부터 전해 내려온 것이었다.

C [보기] 표현들의 의미를 음미해 보고 알맞은 꼴을 빈칸 속에 풍덩!

|보기| agree to   cope with   cut in   go on a diet   run for   take sides with

1 그는 대통령 선거에 출마할 것이다.
He is going to _____ President.

2 그녀가 계속 우리 대화에 끼어들었다.
She kept _____ on our conversation.

3 매우 놀랍게도 그들은 나의 제안에 동의했다.
To my great surprise, they _____ my proposal.

4 그는 그들 중 어떤 이의 편도 들지 않는 게 최상이라고 생각했다.
He thought it best not to _____ any one of them.

5 우리는 어려움을 피하기보다는 그에 대처하려고 노력해야 한다.
We should try to _____ the difficulties rather than avoid them.

▶▶ 정답

A 앞면 참조 B 1. consist of 2. be connected with 3. hand down C 1. run for 2. cutting in 3. agreed to 4. take sides with 5. cope with

D 빈칸에 들어갈 알맞은 전치사는?

1 Fruit juice can be harmful _____ children's teeth.
과일주스가 어린이의 치아에 해로울 수 있다.

2 You will find this book _____ use to you. 너는 이 책이 네게 유용하다는 걸 알게 될 거야.

3 She made up her mind to go _____ a diet. 그녀는 다이어트하기로 결심했다.

4 She prefers pop music and jazz _____ classical music.
그녀는 고전 음악보다 팝과 재즈를 더 좋아한다.

E [보기] 표현들의 뜻을 씹어 보고 들어갈 곳에 쏘옥!

| 보기 | a large sum of   at all costs   behind the times   prior to

1 그런 사고방식은 시대에 뒤떨어진 것이다.
That way of thinking is _____.

2 나는 출발에 앞서 그를 방문했다.
I called on him _____ my departure.

3 너는 무슨 일이 있어도 약속을 지켜야 한다.
You must keep your promise _____.

4 많은 돈이 국방에 쓰이고 있다.
_____ money is spent on national defense.

F 표현을 외우니 문장이 해석되네!

1 I'll keep my fingers crossed for you.
_____

2 I couldn't make myself understood in English.
나는 영어로 _____.

G 같은 모양, 다른 의미!

I called him up and told him.
He was called up when the war began.
It called up memories of her childhood.

H 명문을 완성하는 영광을!

한자로 쓰면 '위기(危機)'는 두 글자로 이루어진다. 그 중 하나(危: 위태로울 '위')는 위험을 나타내고 나머지 하나(機: 기회 '기')는 기회를 나타낸다.

When written in Chinese, the word "crisis" _____ two characters. One represents danger and the other represents opportunity.

동사 중심 표현

01 bump into

❶ ~에 부딪치다 ❷ 우연히 마주치다
I bumped into a wall. 나는 벽에 부딪쳤다.
I bumped into John at the supermarket.
나는 슈퍼마켓에서 John과 우연히 마주쳤다.

02 cover up

❶ 완전히 덮다[가리다] ❷ 숨기다[은폐하다]
He covered up the body with a sheet. 그가 시신을 시트로 완전히 덮었다.
They tried to cover up the truth. 그들은 진실을 숨기려 했다.

03 get over

극복하다(=overcome), ~에서 회복하다(=recover)
How can we get over this crisis? 우리는 어떻게 이 위기를 극복할 수 있을까?
It's taken me ages to get over the flu. 나는 독감에서 회복되는 데 오래 걸렸다.

04 call it a day

하루 일을 마치다
Let's call it a day. 이만 일을 끝냅시다.

05 catch[get] sight of

언뜻 보다, ~이 눈에 띄다
I caught sight of her in the crowd. 나는 군중 속에서 언뜻 그녀를 보았다.
비교 lose sight of 시야에서 놓치다   at the sight of ~을 보자[보고는]

06 come down with

(병)에 걸리다
I think I'm coming down with a cold. 나는 감기에 걸린 것 같다.

07 say hello to ⓷

~에게 안부를 전하다, ~에게 인사하다
Please say hello to your family. 네 가족에게 안부 좀 전해 줘.
유 give[send] your (best) regards[wishes] to ⓷ ~에게 안부를 전하다

08 keep away (from)

(~에) 가까이 가지 않다[못하게 하다]
Keep away from the edge of the cliff. 절벽 끝에 가까이 가지 마.

09 run a red light

빨간 불[정지 신호]을 무시하고 달리다
He ran a red light. 그는 정지 신호를 무시하고 달렸다.

10 run a risk[run the risk of]

(~의) 위험이 있다
People who are overweight run a risk of a heart attack.
과체중인 사람들은 심장마비의 위험이 있다.
비교 take a risk[take the risk of] (~의) 위험을 무릅쓰다
　　at the risk of ~의 위험을 무릅쓰고

11 supply A with B

A(사람 · 사물)에게 B(사물)를 공급[제공]하다
They supplied the rebels with arms. 그들은 반군에게 무기를 제공했다.
유 provide[furnish] A with B, supply B(사물) to A(사람 · 사물)

형용사 중심 표현

12 be conscious of

의식하다[알아차리다]
I'm conscious of the importance of the matter.
나는 그 문제의 중요성을 의식하고 있다.
윤 be aware of

13 be independent of

〜로부터 독립하다
He was independent of his parents. 그는 부모로부터 독립했다.
반 be dependent on[upon], depend on[upon] 〜에 의지[의존]하다

14 be reluctant to ⓥ

〜하기를 꺼리다, 마지못해 〜하다
He was reluctant to talk about it. 그는 그것에 대해 말하기를 꺼렸다.
윤 be unwilling to ⓥ   반 be willing to ⓥ 기꺼이 〜하다

전치사 중심 표현 · 부사어

15 at large

전체적인[일반적인]
the opinion of the public at large 전체적인 여론

16 for all

〜에도 불구하고(=despite)
For all his efforts, he didn't succeed. 그의 노력에도 불구하고 그는 성공하지 못했다.
윤 with all, in spite of

17 in place

❶ 제자리에 (있는) ❷ 준비가 되어 있는
The chairs are all in place. 의자들이 모두 제자리에 있다.
Funding arrangements are already in place. 자금 조달 방법이 이미 준비되어 있다.

18 under way

이미 시작된[진행 중인]
Plans are well under way for this year's festival.
올해 축제 계획이 잘 진행 중이다.
비교 by the way 그런데   on your way (to) (〜로 가는) 도중에
        all the way 줄곧[내내]

19 under the weather

몸 상태가 좋지 않은
I'm feeling under the weather. 나는 몸 상태가 좋지 않아요.

20 judging from[by]

〜로 판단하건대
Judging from[by] his accent, he must be from Busan.
그의 억양으로 판단하건대, 그는 틀림없이 부산 출신이야.

Today's Expression

Speak of the devil. 호랑이도 제 말 하면 온다더니.
A: Did you hear that rumor about John? John에 대한 소문 들었어?
B: Speak of the devil. He's coming this way.
   호랑이도 제 말 하면 온다더니. 그가 이쪽으로 오고 있어.

A 다음 표현을 우리말로!

1	bump into	11	supply A with B
2	cover up	12	be conscious of
3	get over	13	be independent of
4	call it a day	14	be reluctant to ⓥ
5	catch[get] sight of	15	at large
6	come down with	16	for all
7	say hello to ⑩	17	in place
8	keep away (from)	18	under way
9	run a red light	19	under the weather
10	run a risk[run the risk of]	20	judging from[by]

B 밑줄 친 표현과 바꿔 쓸 수 있는 것은?

| 보기 | be unwilling to   give your regards to   overcome   run into

1 <u>Say hello to</u> your parents for me.
네 부모님께 안부 전해 주렴.

2 I can't <u>get over</u> my fear of flying.
나는 비행 공포증을 극복하지 못하겠다.

3 I <u>bumped into</u> John at the supermarket.
나는 슈퍼마켓에서 John과 우연히 마주쳤다.

4 They <u>were reluctant to</u> talk openly of their problems.
그들은 자신의 문제에 대해서 숨김없이 이야기하기를 꺼렸다.

C [보기] 표현들의 의미를 음미해 보고 알맞은 꼴을 빈칸 속에 풍덩!

| 보기 | come down with   cover up   catch sight of   get over

1 나는 감기에 걸린 것 같다.
I think I'm _____ a cold.

2 나는 군중 속에서 언뜻 그녀를 보았다.
I _____ her in the crowd.

3 나는 독감에서 회복되는 데 오래 걸렸어요.
It's taken me ages to _____ the flu.

4 그들은 사건의 진상을 숨기려 했다.
They tried to _____ the truth about the case.

▸▸▸ 정답

A 앞면 참조 B 1. give your regards to 2. overcome 3. run into 4. be unwilling to C 1. coming down with 2. caught sight of 3. get over 4. cover up

D 빈칸에 들어갈 알맞은 전치사는?

1 He is independent _____ his parents. 그는 부모님으로부터 독립했다.

2 He wasn't conscious _____ having offended her.
그는 그녀의 기분을 상하게 했다는 것을 알아차리지 못했다.

3 The company supplied them _____ the necessary money.
그 회사는 그들에게 필요한 돈을 제공했다.

E [보기] 표현들의 뜻을 씹어 보고 들어갈 곳에 쏘옥!

| |보기| at large   for all   in place   under the weather   under way |

1 나는 몸이 좀 안 좋다.
I felt a bit _____.

2 그의 노력에도 불구하고 그는 시합에서 졌다.
_____ his efforts, he lost the match.

3 올해 축제 계획이 잘 진행 중이다.
Plans are well _____ for this year's festival.

4 폭풍우가 몰아쳐도 뿌리는 흙을 제자리에 붙들어 둔다.
Even when there are storms, the roots hold the soil _____.

5 이것은 사회 전체적으로 논의되어야 할 중요한 문제이다.
This is an important issue that needs to be debated by society _____.

F 표현을 외우니 문장이 해석되네!

1 Keep the child away from the fire.
_____

2 It's getting pretty late. Let's call it a day.
꽤 늦었군요. _____

3 Judging from[by] his accent, he must be from Busan.
_____, 그는 틀림없이 부산 출신이야.

4 If you run a red light, you are running the risk of killing others.
만약 네가 _____.

G 명문을 완성하는 영광을!
당신의 큰 뜻을 작게 하려고 하는 사람들을 <u>멀리하라</u>. 작은 사람들은 늘 그러나. 진짜 큰 사람들은 당신도 크게 될 수 있다고 느끼게 한다.

_____ people who try to belittle your ambitions. Small people always
do that, but the really great make you feel that you too, can become great.

▶▶▶ 정답

D 1. of 2. of 3. with E 1. under the weather 2. For all 3. under way 4. in place 5. at large F 1. 아이가 불에 가까이 가지 못하게 해. 2. 이만 일을 끝냅시다. 3. 그의 억양으로 판단하건대 4. 정지 신호를 무시하고 달린다면, 너는 다른 사람들을 죽일 수 있는 위험이 있는 것이다 G Keep away from

193

| **동사 중심 표현** |

01 collide with
~와 충돌하다
A bus collided with a car. 버스가 자동차와 충돌했다.
㈌ run into, bump into

02 run across
❶ 우연히 만나다[발견하다] ❷ 뛰어 건너다
I ran across her on the street. 나는 그녀를 길에서 우연히 만났다.
Don't run across the street. 차도를 뛰어 건너지 마라.

03 step up
❶ 증가시키다[강화하다](=increase) ❷ 앞으로 나오다[나가다]
They stepped up production. 그들은 생산을 증대시켰다.
He stepped up to receive his prize. 그가 상을 받으러 앞으로 나갔다.

04 fall apart
❶ 산산이 부서지다[망가지다] ❷ (제도 · 조직 · 관계 등이) 깨지다[무너지다]
My car is falling apart. 내 차가 망가지고 있다.
Their marriage fell apart. 그들의 결혼이 깨졌다.

05 turn in
❶ 제출하다(=hand in) ❷ 돌려주다[반납하다](=return)
Please turn in your answer sheet now. 이제 답안지를 제출하세요.
These books should be turned in to the library.
이 책들을 도서관에 반납해야 합니다.

06 help yourself (to ⓝ)
(~을) 마음껏 먹다
Please help yourself to whatever you like. 드시고 싶은 것은 뭐든 마음껏 드세요.

07 hold the line
전화를 끊지 않고 기다리다
Hold the line, please. 전화를 끊지 말고 기다리세요.
㈌ hold on, stay on the line

08 take turns
돌아가며[교대로] 하다
They took turns driving the car. 그들은 교대로 운전을 했다.

09 have respect for
존경[존중]하다(=respect)
I have respect for my father. 나는 아버지를 존경한다.
㈌ look up to ⓝ ㈘ look down on[upon] 깔보다[얕보다]

10 keep pace with
~와 보조를 맞추다, ~에 뒤떨어지지 않다
I had to run to keep pace with him. 난 그와 보조를 맞추기 위해 뛰어야 했다.
㈌ keep up with

11 take your breath away
(너무 놀랍거나 아름다워서) 숨이 멎을 정도이다
The view took my breath away. 그 광경은 숨이 멎을 정도로 아름다웠다.

형용사 중심 표현

12 be anxious about

~에 대해 걱정[염려]하다
She is anxious about his future. 그녀는 그의 장래를 걱정한다.
⊕ be worried[concerned] about
비교 be anxious for[to ⓥ] 갈망[열망]하다

13 be confident of[that]

확신하다
He is confident of success. 그는 성공을 확신한다.
I'm confident that you will get the job. 네가 일자리를 얻을 거라고 확신한다.

14 be named after

~의 이름을 따서 이름을 짓다
He was named after his grandfather.
그의 이름은 그의 할아버지 이름을 따서 지었다.

전치사 중심 표현 · 부사어

15 by any chance

(의문문에서) 혹시
Are you in love with him, by any chance? 너 혹시 그를 사랑하고 있니?
비교 by chance 우연히[뜻밖에]

16 for short

생략하여[줄여서]
Call me Max for short. 줄여서 Max라고 불러 줘.
비교 be short for ~의 줄임말이다   in short 간단히 말하면[요컨대]

17 in[like] a flash

즉시[순식간에](=suddenly, all of a sudden)
It was over in a flash. 그것은 순식간에 끝나버렸다.

18 on the verge of

막 ~하려는[~하기 직전의]
The firm is on the verge of bankruptcy. 그 회사는 파산 직전이다.

19 out of place

❶ 제자리에 있지 않은   ❷ (상황에) 맞지 않는[부적절한](=unsuitable)
Some of these files seem to be out of place.
이 파일 중 몇 개는 제자리에 있지 않은 것 같다.
Her remarks were out of place. 그녀의 언급은 부적절했다.
반 in place 제자리에 (있는), 준비가 되어 있는

20 step by step

한 걸음씩, 차근차근
I'll explain it to you step by step. 너에게 그것을 차근차근 설명해 줄게.
비교 little by little 조금씩, 점차로   one by one 한 명씩[하나씩]

Today's Expression

I could eat a horse. (말 한 마리를 다 먹을 수 있을 정도로) 배가 몹시 고파요.
A: Have you eaten yet? 식사했니?
B: Nope. I could eat a horse. 아니. 배가 몹시 고파.

A 다음 표현을 우리말로!

1	collide with	11	take your breath away
2	run across	12	be anxious about
3	step up	13	be confident of[that]
4	fall apart	14	be named after
5	turn in	15	by any chance
6	help yourself (to ⓝ)	16	for short
7	hold the line	17	in[like] a flash
8	take turns	18	on the verge of
9	have respect for	19	out of place
10	keep pace with	20	step by step

B 밑줄 친 표현과 같은 의미 연결하기

1 They <u>stepped up</u> production.
그들은 생산을 증대시켰다.

❶ come across

2 I <u>ran across</u> her on the street.
나는 그녀를 길에서 우연히 만났다.

❷ hand in

3 Please <u>turn in</u> your answer sheet now.
이제 답안지를 제출해 주세요.

❸ increase

C [보기] 표현들의 의미를 음미해 보고 알맞은 꼴을 빈칸 속에 풍덩!

| 보기 | collide with | fall apart | hold the line | keep pace with | take turns |

1 전화를 끊지 말고 기다리세요. 그가 있는지 보고 올게요.
Please, _____. I'll see if he is in.

2 공급은 늘어나는 수요와 보조를 맞추어야 한다.
Supply has to _____ increasing demand.

3 타이태닉호는 갑자기 거대한 빙산과 충돌했다.
The Titanic suddenly _____ an enormous iceberg.

4 우리가 해 오던 대로 계속한다면 환경은 망가질 것이다.
If we go on like we have, the environment will _____.

5 둘이 동시에 자전거를 탈 수 없어. 돌아가며 타야 해.
You can't both use the bike at once. You'll have to _____.

▸▸▸ 정답

A 앞면 참조 **B** 1. ❸ 2. ❶ 3. ❷ **C** 1. hold the line 2. keep pace with 3. collided with 4. fall apart 5. take turns

D 빈칸에 들어갈 알맞은 전치사는?

1 He is confident _____ success. 그는 성공을 확신한다.

2 My mother is anxious _____ my health. 어머니는 내 건강을 염려하신다.

3 She was named _____ her grandmother. 그녀의 이름은 할머니 이름을 따서 지었다.

E [보기] 표현들의 뜻을 씹어 보고 들어갈 곳에 쏘옥!

| 보기 | by any chance　　for short　　in a flash　　on the verge of　　step by step |

1 그 회사는 파산 직전이다.

The firm is _____ bankruptcy.

2 우리는 계획을 차근차근 세웠다.

We worked out the plan _____.

3 실례합니다만, 혹시 한국인인가요?

Excuse me, but are you Korean, _____?

4 주말이 순식간에 끝난 것 같았다.

The weekend seemed to be over _____.

5 그녀의 이름은 Josephine이지만, 우리는 줄여서 그냥 Jo라고 부른다.

Her name is Josephine, but we just call her Jo _____.

F 표현을 외우니 문장이 해석되네!

1 The view from the top took my breath away.

정상에서 내려다 본 광경은 _____.

2 Make yourself at home, and help yourself to anything you like.

편하게 쉬면서 _____.

3 We should have respect for the rights of minority groups and individuals.

우리는 소수 집단과 개인의 권리를 _____.

G 같은 모양, 다른 의미!

His behavior was completely out of place.

Some of these files seem to be out of place.

H 명문을 완성하는 영광을!

나는 진리와 영혼의 힘을 확신하기 때문에 인류의 미래를 믿는다.

Because I _____ the power of truth and of the spirit, I believe in the future of mankind.

197

동사 중심 표현

01 act on

❶ ~에 따라 행동하다(=act upon) ❷ ~에 작용하다[영향을 주다]
Animals act on instinct. 동물은 본능에 따라서 행동한다.
Antibiotics act on the bacteria. 항생제는 박테리아에 작용한다.

02 attend to ⓝ

처리하다[돌보다]
I have some urgent business to attend to. 나는 급히 처리해야 할 일이 있다.
⊕ deal with

03 yield to ⓝ

❶ ~에 양보하다 ❷ ~에 굴복하다[지다] ❸ ~으로 대체되다
Yield to other drivers. 다른 운전자들에게 양보해라.
He yielded to their demands. 그는 그들의 요구에 굴복했다.
Barges yielded to road vehicles for transporting goods.
물자 수송을 위해서 바지선이 도로를 달리는 차량들로 대체되었다.

04 call off

취소하다(=cancel)
If it rains, the game will be called off. 비가 오면 경기는 취소될 거야.

05 give out

❶ 나누어 주다 ❷ (빛·열 등을) 내다
The teacher gave out the exam papers. 선생님이 시험지를 나눠 주셨다.
The radiator gives out a lot of heat. 그 난방기는 많은 열을 낸다.

06 come into effect

시행되다[발효하다]
The new law comes into effect next year. 새 법이 내년에 시행된다.

07 stand in line[row]

줄을 서다
We stood in line to get on a bus. 우리는 버스를 타기 위해 줄을 섰다.
ⓑⓖ cut in line 새치기하다   line up 한 줄로 서다[세우다]

08 put an end to ⓝ

끝내다[종지부를 찍다]
Let's put an end to this argument. 이 논쟁을 끝냅시다.
⊕ put a stop to ⓝ ⓑⓖ come to an end 끝나다

**09 take a risk
[take the risk of]**

(~의) 위험을 무릅쓰다
He had the confidence to take a risk. 그는 위험을 무릅쓸 자신이 있었다.
ⓑⓖ run a risk[run the risk of] (~의) 위험이 있다
     at the risk of ~의 위험을 무릅쓰고

10 substitute A for B

B를 A로 대신[대체]하다(=replace B with A)
I substituted margarine for the butter. 나는 버터를 마가린으로 대체했다.

형용사 중심 표현

11 be absent from

~에 결석하다
He was absent from school today. 그는 오늘 학교에 결석했다.
(반) be present at ~에 출석하다

12 be engaged to ⓝ

~와 약혼한 사이다
She's engaged to John. 그녀는 John과 약혼한 사이다.
(비교) engage in[be engaged in] ~에 참여[관여]하다

13 be hard on

❶ 심하게 대하다[나무라다] ❷ ~에 나쁘다[좋지 않다]
Don't be too hard on him. 그에게 너무 심하게 하지 마.
Aerobics is hard on the knees. 에어로빅은 무릎에 좋지 않다.

전치사 중심 표현·부사어

14 at[behind] the wheel

운전하는(= driving (a car))
Don't fall asleep at[behind] the wheel. 운전 중에 졸지 마세요.

**15 at the mercy of
[at your mercy]**

~에 좌우되는, ~의 처분[마음]대로
Man is at the mercy of circumstances.
인간은 환경에 좌우된다[환경의 지배를 받는다].

16 in no time

곧[즉시](= soon)
We'll be there in no time. 우리는 곧 거기에 도착할 거예요.
(유) at once (비교) in time 시간 맞춰[늦지 않게] on time 시간을 어기지 않고

17 no wonder

~은 당연하다[놀랄 일이 아니다]
No wonder you're tired. 네가 피곤한 것은 당연해.

18 out of work

실직 중인(= without a job)
He's been out of work for a year. 그는 일 년 동안 실직 상태이다.

**19 to the extent that
[to such an extent
that]**

~할 정도로
Don't overwork to the extent that you fall ill.
병에 걸릴 정도로 과로하지 마세요.
(유) to the degree that (비교) to some[a certain] extent 어느 정도까지, 다소

**20 as[so] far as I am
concerned**

나로서는
As far as I am concerned, I don't like the idea.
나로서는 그 생각이 맘에 안 든다.
(비교) as[so] far as ~하는 한, ~까지 as[so] far as ~ be concerned ~에 관한 한

**Today's
Expression**

No way! 절대 아니야.
A: Are you inviting John to your party? 파티에 John을 초대할 거니?
B: No way! 절대 아니야.

A 다음 표현을 우리말로!

1	act on	11	be absent from
2	attend to ⓝ	12	be engaged to ⓝ
3	yield to ⓝ	13	be hard on
4	call off	14	at[behind] the wheel
5	give out	15	at the mercy of[at your mercy]
6	come into effect	16	in no time
7	stand in line[row]	17	no wonder
8	put an end to ⓝ	18	out of work
9	take a risk[take the risk of]	19	to the extent that
10	substitute A for B	20	as[so] far as I am concerned

B 빈칸에 들어갈 알맞은 전치사는?

1 Don't be too hard _____ him. He is still young.

그에게 너무 심하게 하지 마세요. 그는 아직 어려요.

2 She was absent _____ school because she caught a cold.

그녀는 감기에 걸려서 학교에 결석했다.

3 You had better substitute tea _____ coffee for your health.

= You had better replace coffee _____ tea for your health.

건강을 위해 커피를 차로 대체하는 게 낫겠다.

4 He proposed to her without knowing she was engaged _____ Jack.

그는 그녀가 Jack과 약혼한 사이인 것을 모르고 그녀에게 청혼했다.

C [보기] 표현들의 의미를 음미해 보고 알맞은 꼴을 빈칸 속에 풍덩!

|보기| attend to   come into effect   put an end to   stand in line   take a risk

1 그는 위험을 무릅쓸 자신이 있었다.

He had the confidence to _____.

2 새로운 좌석 벨트 규정이 시행되었다.

The new seat-belt regulations _____.

3 제가 급히 처리해야 할 일이 있어요.

I have some urgent business to _____.

4 우리는 표를 사기 위해 한 시간 동안 줄을 섰다.

We _____ for about an hour to get the tickets.

5 외교적인 대화가 그 분쟁을 끝내는 것을 도왔다.

Diplomatic dialogues helped _____ the conflict.

▶▶▶ 정답

A 앞면 참조   B 1. on 2. from 3. for, with 4. to   C 1. take a risk 2. came into effect 3. attend to 4. stood in line
5. put an end to

D [보기] 표현들의 뜻을 씹어 보고 들어갈 곳에 쏘옥!

> |보기| at the mercy of　　at the wheel　　in no time　　out of work

1 그는 일 년 동안 실직 상태이다.
He's been ＿＿＿＿＿＿＿＿ for a year.

2 그가 오면 즉시 내게 알려 다오.
Let me know ＿＿＿＿＿＿＿＿ when he comes.

3 차가 충돌할 때 누가 운전하고 있었니?
Who was ＿＿＿＿＿＿＿＿ when the car crashed?

4 확신이 없는 사람은 상황에 좌우된다.
A person without conviction is ＿＿＿＿＿＿＿＿ circumstances.

E 표현을 외우니 문장이 해석되네!

1 If it rains, the game will be called off.
비가 오면 경기는 ＿＿＿＿＿＿＿＿.

2 As far as I am concerned, you can do what you like.
＿＿＿＿＿＿＿＿ 네가 원하는 대로 해도 돼.

3 No wonder you're tired. You've been walking for hours.
네가 피곤한 건 ＿＿＿＿＿＿＿＿. 넌 몇 시간 동안 걸었잖아.

4 His health has improved to the extent that he is now able to jog.
그의 건강은 ＿＿＿＿＿＿＿＿ 좋아졌다.

F 같은 모양, 다른 의미!

1 The teacher gave out the exam papers.
The radiator gives out a lot of heat.

2 Acting on impulse can get you into a lot of trouble.
Antibiotics act on the bacteria that cause the disease.

3 We are determined not to yield to such a temptation.
You must yield to other drivers to enjoy safer and more pleasant driving.

G 명문을 완성하는 영광을!

우리가 꿈을 이루며 살아가고 있지 않을 정도로, 우리가 안주하고 있는 곳이 우리보다 더 우리 자신을 지배하게 된다.
＿＿＿＿＿＿＿＿ we're not living our dreams, our comfort zone has more control of us than we have over ourselves.

▶▶ 정답

D 1. out of work 2. in no time 3. at the wheel 4. at the mercy of　E 1. 취소될 것이다 2. 나로서는 3. 당연해 4. 이제 조깅을 할 수 있을 정도로　F 1. 선생님이 시험지를 나눠 주셨다. / 그 난방기는 많은 열을 낸다. 2. 충동에 따라 행동하는 것은 너를 많은 곤경에 빠뜨릴 수 있다. / 항생제는 질병을 일으키는 박테리아에 작용한다. 3. 우리는 그런 유혹에 굴복하지 않을 작정이다. / 더욱 안전하고 즐거운 운전을 즐기기 위해서는 다른 운전자에게 양보해야 한다.　G To the extent that

DAY **50**

동사 중심 표현

01 consist in
~에 있다[존재하다]
Happiness consists in contentment. 행복은 만족하는 데 있다.
㊌ lie in　비교 consist of ~로 이루어지다[구성되다]

02 depart for
~을 향해 떠나다
He departed for Seoul at 10. 그는 10시에 서울로 떠났다.
㊌ leave for　반 depart from ~에서 출발하다

03 take on
❶ (임무를) 떠맡다　❷ (성질을) 띠다　❸ 고용하다
I can't take on any more work. 나는 더 이상의 일은 떠맡을 수가 없다.
His voice took on a more serious tone. 그의 목소리가 더 심각한 어조를 띠었다.
We're taking on 50 new members of staff. 우리는 50명의 신입 직원을 고용할 예정이다.

04 clear up
❶ 날씨가 개다　❷ 깨끗이 치우다　❸ 해결하다[풀다]
It'll probably clear up tomorrow. 내일은 아마도 날씨가 갤 거야.
Let's clear up the mess. 어질러 놓은 것을 치우자.
I hope these problems can be cleared up soon.
이 문제들이 곧 해결될 수 있기를 바란다.

05 stand out
눈에 띄다, 두드러지다
She always stood out in a crowd. 그녀는 언제나 많은 사람들 속에서 눈에 띄었다.

06 mess up
❶ 어지르다[지저분하게 하다]　❷ 망치다
Who messed up the kitchen? 누가 부엌을 지저분하게 만들었니?
I messed up the interview. 나는 면접을 망쳤다.

07 drop out (of)
❶ 중퇴하다[그만두다]　❷ (참여하던 것에서) 빠지다
He dropped out of school. 그는 학교를 중퇴했다.

08 leave ~ alone
혼자 놔두다
Please leave me alone. 나 좀 혼자 내버려 두렴.

09 keep an eye on
~을 계속 지켜보다[감시하다]
Will you keep an eye on my bag? 제 가방 좀 봐 주실래요[지켜 줄래요]?

10 make a fool of
놀리다[웃음거리로 만들다]
Are you trying to make a fool of me? 나를 놀리는 거야?
㊌ make fun of　비교 make a fool of yourself 웃음거리가 되다

11 inform A of B
A에게 B를 알리다
Please inform us of any changes of address. 주소가 변경되면 저희에게 알려 주세요.

형용사 중심 표현

12 be absorbed in
~에 열중하다[몰두하다]
He was absorbed in his book. 그는 책에 열중해 있었다.

13 be bound for
~행이다[~로 향하다]
The train is bound for Busan. 그 열차는 부산행이다.
비교 be bound to ⓥ 꼭 ~할 것이다, 반드시 ~해야 하다

14 be too much for
~에게 너무 힘겹다[벅차다]
I think this work is too much for him. 이 일은 그에게 너무 벅찬 것 같다.

전치사 중심 표현 · 부사어

15 all in all
대체로
All in all it had been a great success. 대체로 보아 그것은 대성공이었다.
윤 in general, on the whole, everything considered

16 as a consequence
그 결과[따라서, 그 때문에](=consequently)
He has lived in France, and as a consequence speaks French fluently.
그는 프랑스에 산 적이 있는데, 그 때문에 프랑스어를 유창하게 한다.
윤 in consequence, as a result

17 in poverty
가난하게
Many elderly people live in poverty. 많은 노인들이 가난하게 산다.

18 in question
❶ 문제의[논의가 되고 있는] ❷ 의심스러운[불확실한]
I stayed at home on the night in question. 문제의 그날 밤 난 집에 있었다.
I'm afraid his honesty is now in question. 나는 이제 그의 정직성이 의심스럽다.
비교 out of the question 불가능한   without question 의심할 여지 없이, 의심 없이

19 on fire
불이 나서, 불타서
Her house is on fire! 그녀의 집이 불타고 있어!
비교 catch fire 불이 붙다   set fire to ~에 불을 지르다

20 as[so] far as ~ be concerned
~에 관한 한
As far as memory is concerned, he's by far the best.
기억력에 관한 한 그는 단연 최고이다.
비교 as[so] far as I am concerned 나로서는
　　 as[so] far as ~하기만 하면[~하는 한]

Today's Expression

Let's go Dutch. 각자 계산하자.
A: Let's go out and eat. 나가서 외식하자.
B: Okay, but let's go Dutch. 좋아, 그렇지만 각자 계산하자.

A 다음 표현을 우리말로!

1	consist in	11	inform A of B
2	depart for	12	be absorbed in
3	take on	13	be bound for
4	clear up	14	be too much for
5	stand out	15	all in all
6	mess up	16	as a consequence
7	drop out (of)	17	in poverty
8	leave ~ alone	18	in question
9	keep an eye on	19	on fire
10	make a fool of	20	as[so] far as ~ be concerned

B 빈칸에 들어갈 알맞은 전치사는?

1 Happiness consists _____ contentment.
행복은 만족하는 데 있다.

2 The plane is bound _____ New York.
그 비행기는 뉴욕행이다.

3 Please inform us _____ any changes of your address.
주소가 변경되면 저희에게 알려 주세요.

4 Time seems to fly when we are absorbed _____ doing something.
우리가 어떤 일을 하는 데 열중하면 시간이 금방 지나가는 것 같다.

C [보기] 표현들의 의미를 음미해 보고 알맞은 꼴을 빈칸 속에 풍덩!

| 보기 | depart for | drop out of | keep an eye on | make a fool of | stand out |

1 그는 10시에 서울로 떠났다.
He _____ Seoul at 10.

2 그는 왜 학교를 중퇴했니?
Why did he _____ school?

3 그녀는 반 전체가 보는 앞에서 그를 놀렸다.
She _____ him before the entire class.

4 제가 돌아올 때까지 제 가방 좀 봐 주실래요?
Would you _____ my bag till I get back?

5 그녀의 빨간 머리가 그녀를 다른 사람들로부터 눈에 띄게 했다.
Her red hair made her _____ from the others.

▶▶ 정답

A 앞면 참조 B 1. in 2. for 3. of 4. in C 1. departed for 2. drop out of 3. made a fool of 4. keep an eye on 5. stand out

D [보기] 표현들의 뜻을 씹어 보고 들어갈 곳에 쏘옥!

> |보기| all in all   as a consequence   in poverty   on fire

1 봐! 저 차가 불에 타고 있어.
Look! That car is _____.

2 대체로 보아 너는 매우 잘한 것 같아.
_____, I think you've done very well.

3 세계 인구의 절반이 가난하게 살고 있다.
Half the world's population is living _____.

4 그는 프랑스에 산 적이 있는데, 그 때문에 프랑스어를 유창하게 한다.
He has lived in France, and _____ speaks French fluently.

E 표현을 외우니 문장이 해석되네!

1 Please leave me alone.
_____

2 I think this work is too much for him.
이 일은 _____.

3 As far as memory is concerned, he's by far the best.
_____ 그는 단연 최고이다.

F 같은 모양, 다른 의미!

1 Who messed up the kitchen?
I think I messed up at a job interview.

2 I can't take on any more work.
His voice took on a more serious tone.
We're taking on 50 new members of staff this year.

3 Let's clear up the mess.
It'll probably clear up tomorrow.
I hope these problems can be cleared up soon.

4 On the day in question we were in Busan.
I'm afraid his honesty is now in question.

G 명문을 완성하는 영광을!

위대한 영광은 결코 넘어지지 않는 데 있는 게 아니라 넘어질 때마다 일어서는 데 있다.
Our greatest glory _____ not _____ never falling, but _____ rising every time we fall.

▶▶▶ 정답
D 1. on fire 2. All in all 3. in poverty 4. as a consequence E 1. 나 좀 혼자 내버려 두렴. 2. 그에게 너무 벅찬 것 같다 3. 기억력에 관한 한 F 1. 누가 부엌을 지저분하게 만들었니? / 면접을 망친 것 같아요. 2. 나는 더 이상의 일은 떠맡을 수가 없다. / 그의 목소리가 더 심각한 어조를 띠었다. / 우리는 올해 50명의 신입 직원을 고용할 예정이다. 3. 어질러 놓은 것을 치우자. / 내일은 아마도 날씨가 갤 거야./ 이 문제들이 곧 해결될 수 있기를 바란다. 4. 문제의 그 날에 우리는 부산에 있었다. / 나는 이제 그의 정직성이 의심스럽다. G consists, in, in

동사 중심 표현

01 occur to ⓷

~에게 문득 생각이 떠오르다 ⓞ 주어로 생각이 온다.
A good idea occurred to me. 내게 좋은 생각이 떠올랐다.
[비교] hit on[upon] 문득 생각해 내다 ⓞ 주어로 사람이 온다.

02 stem from

~에서 생겨나다[유래하다]
His problems stem from his family. 그의 문제들은 그의 가족에게서 생겨난다.

03 shut down

❶ 문을 닫다 ❷ (기계가) 멈추다[(기계를) 정지시키다]
The factory has shut down. 그 공장은 문을 닫았다.
The computer system was shut down. 컴퓨터 시스템이 멈췄다.

04 spell out

❶ 상세히 설명하다 ❷ 글자를 하나하나 읽다
The government spelled out its policies. 정부는 정책들을 상세히 설명했다.
Could you spell that name out again?
그 이름의 철자를 하나하나 다시 말씀해 주시겠어요?

05 make a fortune

큰돈을 벌다
He made a fortune in real estate. 그는 부동산으로 큰돈을 벌었다.

06 take[make] notes [a note] (of)

(~을) 적어 두다[필기하다]
Did you take notes during the lecture? 너는 강의 듣는 동안에 필기했니?
Please make a note of the dates. 날짜를 적어 두세요.
[비교] take note of ~에 주목[주의]하다, 알아차리다

07 lose sight of

❶ 시야에서 놓치다[보이지 않게 되다] ❷ 잊어버리다
They finally lost sight of land. 마침내 육지가 그들의 시야에서 사라졌다.
Let's not lose sight of our original aim. 우리의 원래 목적을 잊어버리지 말자.
[비교] catch[get] sight of 언뜻 보다, ~이 눈에 띄다
　　　at the sight of ~을 보자[보고는]

08 make an[your] excuse (for)

(~에 대해) 변명을 하다
He made his excuse for being late. 그는 늦은 것에 대해서 변명했다.

09 give ~ a big hand

~에게 박수갈채를 보내다(=applause)
Let's give him a big hand. 그에게 박수를 보냅시다.

10 look on[upon] A as B

A를 B로 여기다[생각하다]
I look on him as a good friend. 나는 그를 좋은 친구로 여긴다.
[유] regard A as B, think of A as B, consider A (as) B

11 mistake A for B

A를 B로 오인[착각]하다, A와 B를 혼동하다
I've mistaken you for someone else. 제가 당신을 다른 사람으로 착각했네요.

206

형용사 중심 표현

12 **be entitled to ⓥ[ⓝ]**

~할 권리가[자격이] 있다

At the age of 20, we are entitled to vote. 20세에 우리는 투표권이 부여된다.

Everyone is entitled to the pursuit of happiness.
모두가 행복을 추구할 권리가 있다.

㊒ have a[the] right to ⓥ[ⓝ]

13 **be possessed of**

(자질 · 특징을) 지니고 있다

He is possessed of a sound intellect. 그는 건전한 지성을 소유하고 있다.

14 **be relevant to ⓝ**

~와 관계있다[관련되다]

The point is relevant to this discussion. 그 점은 이 논의와 관계가 있다.

㊒ be related to ⓝ, be connected to[with], have something to do with

전치사 중심 표현 · 부사어

15 **at the latest**

늦어도

I'll be there by nine at the latest. 난 늦어도 9시까지는 그곳에 도착할게.

반 at the earliest 빨라도 비교 at least 적어도 at last 드디어

16 **at the risk of**

~의 위험을 무릅쓰고

He saved her at the risk of his own life.
그는 생명의 위험을 무릅쓰고 그녀를 구했다.

비교 run the risk of ~의 위험이 있다 take the risk of ~의 위험을 무릅쓰다

17 **free of charge**

공짜로[무료로]

Delivery is free of charge. 배달은 무료입니다.

㊒ for free, for nothing 비교 be free of ~이 없다[면제되다]

18 **one after another [the other]**

차례로[잇달아]

Unexpected incidents occurred one after another.
예기치 않은 사건들이 잇달아 일어났다.

19 **in a good/bad mood**

기분이 좋은/나쁜

You seem to be in a good mood. 너 기분이 좋아 보이는구나.

He seems to be in a bad mood today. 그는 오늘 기분이 나쁜 것 같다.

20 **second only to ⓝ**

~ 다음으로[~에 버금가는]

Dolphin's intelligence is second only to human's.
돌고래의 지능은 인간 다음이다.

비교 second to none 어느 누구[것]에도 뒤지지 않는[첫째가는]

Today's Expression

Count me in. 나도 끼워 줘.

A: We're planning to go camping this weekend. 우리 이번 주말에 캠핑 갈 계획이야.

B: Count me in. 나도 끼워 줘.

A 다음 표현을 우리말로!

1	occur to ⑩	11	mistake A for B
2	stem from	12	be entitled to ⓥ[⑩]
3	shut down	13	be possessed of
4	spell out	14	be relevant to ⑩
5	make a fortune	15	at the latest
6	take[make] notes[a note] (of)	16	at the risk of
7	lose sight of	17	free of charge
8	make an[your] excuse (for)	18	one after another[the other]
9	give ~ a big hand	19	in a good/bad mood
10	look on[upon] A as B	20	second only to ⑩

B 빈칸에 들어갈 알맞은 전치사는?

1 You seem to be _____ a good mood.
너 기분이 좋아 보이는구나.

2 I've mistaken you _____ someone else.
제가 당신을 다른 사람으로 착각했네요.

3 He is possessed _____ sound intellect.
그는 건전한 지성을 소유하고 있다.

4 The point is highly relevant _____ this discussion.
그 점은 이 논의와 매우 관계가 있다.

C [보기] 표현들의 의미를 음미해 보고 알맞은 꼴을 빈칸 속에 풍덩!

| 보기 | lose sight of | make a fortune | occur to | stem from | take notes |

1 그는 부동산으로 큰돈을 벌었다.
He _____ in real estate.

2 너는 강의 듣는 동안에 필기했니?
Did you _____ during the lecture?

3 그들의 의견 차이는 오해에서 생겼다.
Their disagreement _____ a misunderstanding.

4 그 광경을 보자 내게 멋진 생각이 떠올랐다.
A great idea _____ me at the sight of the scene.

5 경찰은 그 남자가 군중 속으로 뛰어 들어가자 그를 시야에서 놓쳤다.
The police _____ the man when he ran into a crowd of people.

▸▸▸ 정답

A 앞면 참조 B 1. in 2. for 3. of 4. to B 1. made a fortune 2. take notes 3. stemmed from 4. occurred to 5. lost sight of

D [보기] 표현들의 뜻을 씹어 보고 들어갈 곳에 쏘옥!

| 보기 |　at the latest　　　at the risk of　　　free of charge　　　one after another

1 난 늦어도 9시까지는 그곳에 도착할게.

I'll be there by nine _____.

2 그는 생명의 위험을 무릅쓰고 그녀를 구했다.

He saved her _____ his own life.

3 예기치 않은 사건들이 잇달아 일어났다.

Unexpected incidents occurred _____.

4 결함이 있는 어떤 부품에 대한 수리 서비스도 무료로 제공될 것입니다.

Service for repair of any defective part will be done _____.

E 표현을 외우니 문장이 해석되네!

1 Let's give him a big hand.

그에게 _____.

2 I look on him as a good friend.

나는 _____.

3 He made his excuse for being late.

그는 _____.

4 Everyone is entitled to the pursuit of happiness.

모두가 행복을 _____.

5 Iraq's oil reserves are second only to Saudi Arabia's.

이라크의 석유 보유량은 _____.

F 같은 모양, 다른 의미!

1 Could you spell that name out again?

The government spelled out its policies.

2 The factory has shut down.

The computer system was shut down.

G 명문을 완성하는 영광을!

1 변명들을 하는 데 능한 자는 좀처럼 다른 것에는 능하지 못하다.

He that is good for _____ is seldom good for anything else.

2 현재의 어려움은 문제가 처음 발생했을 때 그것을 처리하는 데 실패해서 생긴 것이다.

The present difficulties _____ our failure to deal with the problem when it first arose.

▶▶▶ 정답

D **1.** at the latest **2.** at the risk of **3.** one after another **4.** free of charge　E **1.** 박수를 보냅시다 **2.** 그를 좋은 친구로 여긴다 **3.** 늦은 것에 대해서 변명했다 **4.** 추구할 권리가 있다 **5.** 사우디아라비아 다음이다　F **1.** 그 이름의 철자를 하나하나 다시 말씀해 주시겠어요? / 정부는 정책들을 상세히 설명했다. **2.** 그 공장은 문을 닫았다. / 컴퓨터 시스템이 멈췄다.　G **1.** making excuses **2.** stem from

209

| **동사 중심 표현** |

01 come about
일어나다[생겨나다](=happen, occur)
How did the accident come about? 어떻게 사고가 일어났니?

02 succeed to ⓝ
계승하다, ~의 뒤를 잇다
She succeeded to the throne in 1558. 그녀는 1558년에 왕위를 계승했다.
비교 succeed in ~에 성공하다

03 fall down
넘어지다, 떨어지다
I fell down and hurt my knee. 나는 넘어져서 무릎을 다쳤다.
He fell down the stairs. 그는 계단에서 떨어졌다.

04 give off
(냄새 · 빛 · 열 · 소리 등을) 내뿜다[방출하다](=emit)
These flowers give off a nice smell. 이 꽃들은 좋은 향기를 내뿜는다.

05 go over
❶ 검토[점검]하다 ❷ 복습하다[되풀이하다] ❸ (~ to) (로) 건너가다
Did you go over my proposal? 제 제안서를 검토해 보셨나요?
Let's go over what we learned last time. 지난 시간에 배운 것을 복습하자.
They went over to America. 그들은 미국으로 건너갔다.

06 come to an end
끝나다
The war came to an end at last. 마침내 전쟁이 끝났다.
비교 put an end to ⓝ 끝내다[종지부를 찍다] end up 결국 ~(하게) 되다, 끝나다

07 lose track of
놓치다[잊어버리다]
I lost all track of time. 나는 시간 가는 줄 몰랐다.
반 keep track of 놓치지 않고 따라가다, (정보 등을) 계속 알고 있다[파악하다]

08 take account of
고려[참작]하다(=consider)
We must take account of environmental issues.
우리는 환경 문제를 고려해야 한다.
유 take ~ into account[consideration]

09 take ~ by surprise
❶ 기습하다 ❷ 놀라게 하다
They took the enemy by surprise. 그들은 적을 기습했다.
The question took her by surprise. 그 질문이 그녀를 놀라게 했다.

10 attribute A to B(ⓝ)
A를 B의 탓[덕분]으로 돌리다
He attributed his success to hard work.
그는 그의 성공을 열심히 일한 덕분이라고 했다.

11 transform A into B
A를 B로 변형시키다[바꾸다]
We can transform heat into energy. 우리는 열을 에너지로 바꿀 수 있다.

형용사 중심 표현

12 be common to ⓝ

~에 공통되다
a theme that is common to **all her novels** 그녀의 모든 소설에 공통되는 주제
[비교] have ~ in common 공통으로 ~을 갖고 있다

13 be doomed to ⓥ[ⓝ]

~할 운명이다
We **are all** doomed to **die in the end.** 우리는 모두 결국에 죽을 운명이다.
The plan was doomed to **failure.** 그 계획은 실패할 운명이었다.
[유] be destined for[to ⓥ]

14 be fed up with

~에 신물이[넌더리가] 나다
I'm fed up with **arguing with you.** 나는 너와 말다툼하는 것에 신물이 난다.
[유] be tired of, be sick (and tired) of, be bored with

전치사 중심 표현 · 부사어

15 to death

죽을 지경으로[죽도록, 극도로](=extremely)
We **were** bored to death. 우리는 지루해 죽을 지경이었다.
◑ be bored/frightened[scared]/worried to death 지루해/무서워/걱정
되어 죽을 지경이다

16 at liberty to ⓥ

마음대로[자유롭게] ~할 수 있는
You are at liberty to **say what you like.**
당신은 자유롭게 하고 싶은 말을 할 수 있습니다.

17 without (a) doubt

의심할 바 없이[확실히](=undoubtedly, certainly, surely)
He is without (a) doubt **the best.** 그는 확실히[의심할 바 없이] 최고야.
[유] without[beyond, no] question, no[beyond] doubt

18 for the most part

대부분은[대체로](=mostly, usually, mainly)
I agree with you for the most part. 나는 대체로 너의 의견에 동의한다.
[유] in large part, on the whole, in general

19 (every) once in a while

가끔[이따금](=sometimes, occasionally)
We go out for dinner once in a while. 우린 가끔 저녁에 외식을 한다.
[유] now and then, at times, from time to time

20 from generation to generation

대대로 (이어져)
stories passed down from generation to generation
대대로 전해져 온 이야기
[비교] from time to time 때때로[가끔]

Today's Expression

First come, first served. 선착순입니다.
A: How can I get a free sample? 무료 샘플을 어떻게 받을 수 있나요?
B: Line up, please. First come, first served. 줄 서세요. 선착순입니다.

A 다음 표현을 우리말로!

1	come about	11	transform A into B
2	succeed to ⓝ	12	be common to ⓝ
3	fall down	13	be doomed to ⓥ[ⓝ]
4	give off	14	be fed up with
5	go over	15	to death
6	come to an end	16	at liberty to ⓥ
7	lose track of	17	without (a) doubt
8	take account of	18	for the most part
9	take ~ by surprise	19	(every) once in a while
10	attribute A to B(ⓝ)	20	from generation to generation

B 밑줄 친 표현과 같은 의미 연결하기

1 How did the accident <u>come about</u>?
어떻게 사고가 일어났니?   ❶ consider

2 We go out for dinner <u>once in a while</u>.
우린 가끔 저녁에 외식을 한다.   ❷ happen

3 We must <u>take account of</u> environmental issues.
우리는 환경 문제를 고려해야 한다.   ❸ mostly

4 The life of man is, <u>for the most part</u>, a life of work.
인간의 삶은 대부분 일하는 생활이다.   ❹ sometimes

C [보기] 표현들의 의미를 음미해 보고 알맞은 꼴을 빈칸 속에 풍덩!

| 보기 | come to an end | fall down | give off | lose track of | succeed to |

1 나는 책을 읽느라 시간 가는 것도 잊고 있었다.
I _____ time while reading.

2 나는 넘어져서 무릎을 다쳤다.
I _____ and hurt my knee.

3 이 꽃들은 좋은 향기를 내뿜는다.
These flowers _____ a nice smell.

4 모두가 전쟁이 곧 끝나기를 바란다.
Everyone wishes the war would _____ soon.

5 왕이 죽자 그의 맏아들이 왕위를 계승했다.
When the king died, his eldest son _____ the throne.

▸▸▸ 정답

A 앞면 참조 B 1. ❷ 2. ❹ 3. ❶ 4. ❸ C 1. lost track of 2. fell down 3. give off 4. come to an end 5. succeeded to

D 빈칸에 들어갈 알맞은 전치사는?

1 He attributed his success _____ hard work.
그는 그의 성공을 열심히 일한 덕분이라고 했다.

2 These problems are common _____ all societies.
이 문제들은 모든 사회에 공통된다.

3 They transformed the old train station _____ a museum.
그들은 오래된 기차역을 박물관으로 바꿨다.

E [보기] 표현들의 뜻을 씹어 보고 들어갈 곳에 쏘옥!

| 보기 |　at liberty to　　from generation to generation　　without doubt

1 여러분은 자유롭게 하고 싶은 말을 할 수 있습니다.
You are _____ say what you like.

2 그는 확실히[의심할 바 없이] 세계에서 최고의 선수이다.
He is _____ the best player in the world.

3 그 이야기는 대대로 전해졌다.
The story has been handed down _____.

F 표현을 외우니 문장이 해석되네!

1 I am fed up with your complaints.
나는 네 불평들에 _____.

2 Many species are doomed to extinction.
많은 종들이 _____.

3 She was scared to death, trembling with fear.
그녀는 두려움에 떨면서 _____.

G 같은 모양, 다른 의미!

1 Did you go over my proposal?
Let's go over what we learned last time.
Many Irish people went over to America during the famine.

2 They took the enemy by surprise.
The question took her by surprise.

H 명문을 완성하는 영광을!

삶이란 아주 빨리 지나간다. 가끔 멈춰 서서 돌아보지 않으면 그것을 놓쳐 버릴지도 모른다.
Life moves pretty fast. If you don't stop and look around _____, you might miss it.

▸▸▸ 정답

D 1. to **2.** to **3.** into　**E 1.** at liberty to **2.** without doubt **3.** from generation to generation　**F 1.** 신물이 난다 **2.** 멸종할 운명이다 **3.** 무서워 죽을 지경이었다　**G 1.** 제 제안서를 검토해 보셨나요? / 지난 시간에 배운 것을 복습하자. / 많은 아일랜드 사람들이 대기근 때 미국으로 건너갔다. **2.** 그들은 적을 기습했다. / 그 질문이 그녀를 놀라게 했다.　**H** once in a while

동사 중심 표현

01 correspond to ⓝ
❶ ~와 일치하다 ❷ ~에 해당하다
Your views correspond to mine. 너의 견해는 내 견해와 일치한다.
The broad lines on the map correspond to roads.
지도상의 굵은 선은 도로에 해당한다.

02 close down
폐쇄[폐업, 폐점]하다
They closed down the factory. 그들은 공장을 폐쇄했다.

03 put aside
❶ 저축하다 ❷ 무시하다[제쳐 놓다] ❸ 한쪽으로 치우다
He puts some money aside each month. 그는 매달 약간의 돈을 저축한다.
Let's put aside the question for now. 그 문제는 지금은 일단 제쳐 놓자.
Put your toys aside. 장난감을 한쪽으로 치워라.

04 stand up
❶ 일어서다[서 있다] ❷ 바람맞히다
I've been standing up all day. 나는 하루 종일 서 있었다.
He stood me up on our first date. 그는 첫 데이트에서 나를 바람맞혔다.

05 stand up for
옹호[지지]하다(=support, defend)
You must stand up for your rights. 너는 네 권리를 옹호해야 한다.
비교 stand for 나타내다[의미하다], 지지하다　stand out 눈에 띄다, 두드러지다

06 cannot but ⓥ
~하지 않을 수 없다
I cannot but accept it. 나는 그것을 받아들이지 않을 수 없다.
유 cannot help ⓥ-ing, be forced[obliged] to ⓥ, have no choice but to ⓥ

07 come[spring] to mind
(갑자기) 생각[기억]나다
Is there anything that comes to mind? 뭔가 생각나는 것이 있니?
비교 come into your mind 생각이 들다

08 date back to ⓝ
~로 거슬러 올라가다[~에서 시작되다]
This tradition dates back to medieval times.
이 전통은 중세 시대로 거슬러 올라간다.
유 date from

09 jump[leap] to conclusions
성급하게 결론을 내리다[속단하다]
There's no need to jump to conclusions. 성급하게 결론을 내릴 필요가 없다.

10 congratulate A on B
A에게 B를 축하하다
I congratulated him on his promotion. 나는 그의 승진을 축하해 주었다.

11 scold A for B
B 때문에 A를 꾸짖다
He scolded them for arriving late. 그는 늦게 도착했다고 그들을 꾸짖었다.

형용사 중심 표현

12 be dying for[to ⓥ]
~하고 싶어 죽겠다
I'm dying for **a cup of coffee.** 나는 커피 한 잔 마시고 싶어 죽겠다.
I'm dying to **see what it is.** 나는 그것이 무엇인지 보고 싶어 죽겠다.
㊴ be anxious for[to ⓥ], long for[to ⓥ], be eager for[to ⓥ]

13 be qualified for[to ⓥ]
~의[~할] 자격을 갖추다, ~에 적임이다
He **is qualified for** the job. 그는 그 일에 적임이다.
You're **not** qualified to **comment.** 너는 논평할 자격이 없다.
㊴ be fit for[to ⓥ]

14 be[get] stuck in
❶ ~에 갇히다 ❷ ~에 빠져 움직이지 못하다
I was[got] **stuck in** traffic jam. 나는 교통 체증에 갇혔다.
The wheels were **stuck in** the mud. 바퀴들이 진창에 빠져 움직이지 않았다.

전치사 중심 표현 · 부사어

15 aside from
❶ ~을 제외하고 ❷ ~ 이외에도[~뿐만 아니라]
Aside from a few scratches, I'm OK. 몇 군데 긁힌 것만 제외하면 나는 괜찮다.
Aside from that, we've got another problem. 그것 이외에도 다른 문제가 있다.
㊴ apart from, except for, in addition to ⓝ

16 in line with
~와 비슷한, ~에 따라
A pay rise is **in line with** inflation. 봉급 인상은 인플레이션에 따른다.

17 day after day
매일같이[날마다]
Day after day it rained. 매일같이 비가 왔다.
㊴ day in day out   [비교] year after year 해마다[매년]   day by day 나날이

18 from all walks of life
각계각층의
people **from all walks of life** 각계각층의 사람들

19 nothing more than
~에 지나지 않는 (것)
That is **nothing more than** an excuse. 그것은 핑계에 지나지 않다.
[비교] no more than 단지, 겨우

20 out of curiosity
호기심에[궁금해서]
She asked **out of curiosity.** 그녀는 호기심에 물어보았다.

Today's Expression

Can I take a rain check? 다음 기회로 미룰 수 있을까요?
A: Let's go to the movies tonight. 오늘 밤에 영화 보러 가자.
B: I'm sorry. I have lots of work to do. Can I take a rain check?
미안해. 할 일이 많아. 다음 기회로 미룰 수 있을까?

A 다음 표현을 우리말로!

1	correspond to ⓝ	11	scold A for B
2	close down	12	be dying for[to ⓥ]
3	put aside	13	be qualified for[to ⓥ]
4	stand up	14	be[get] stuck in
5	stand up for	15	aside from
6	cannot but ⓥ	16	in line with
7	come[spring] to mind	17	day after day
8	date back to ⓝ	18	from all walks of life
9	jump[leap] to conclusions	19	nothing more than
10	congratulate A on B	20	out of curiosity

B 빈칸에 들어갈 알맞은 전치사는?

1 He is qualified _____ the job.
그는 그 일에 적임이다.

2 She scolded me _____ acting like a child.
그녀는 어린아이처럼 행동한다고 나를 꾸짖었다.

3 She congratulated me _____ my exam results.
그녀는 내 시험 결과를 축하해 주었다.

4 We were stuck _____ traffic jam for over an hour.
우리는 한 시간 넘게 교통 체증에 갇혀 있었다.

C [보기] 표현들의 의미를 음미해 보고 알맞은 꼴을 빈칸 속에 풍덩!

| 보기 | cannot but   close down   come to mind   date back to   jump to conclusions |

1 뭔가 생각나는 게 있니?
Is there anything that _____?

2 우리는 성급하게 결론을 내리지 않도록 주의해야 한다.
We must be careful not to _____.

3 이 전통은 16세기 말로 거슬러 올라간다.
This tradition _____ the end of the 16th century.

4 불경기로 많은 사업체가 폐업했다.
Many businesses _____ because of the recession.

5 나는 우리나라 교육에 대해 걱정하지 않을 수 없다.
I _____ be concerned about education in our country.

▶▶▶ 정답

A 앞면 참조 **B** 1. for 2. for 3. on 4. in **C** 1. comes to mind 2. jump to conclusions 3. dates back to 4. closed down 5. cannot but

D [보기] 표현들의 뜻을 씹어 보고 들어갈 곳에 쏘옥!

| 보기 | day after day　　from all walks of life　　in line with　　out of curiosity

1 나는 그냥 궁금해서 물어보았다.
I just asked _____.

2 그는 각계각층의 많은 사람들을 만나 보았다.
He has seen many people _____.

3 그는 매일같이 똑같은 일을 하는 것을 싫어한다.
He hates doing the same work _____.

4 생산비가 유가에 따라 증가할 것이다.
Production costs will increase _____ oil prices.

E 표현을 외우니 문장이 해석되네!

1 I'm dying to see what it is.
그것이 무엇인지 _____.

2 That is nothing more than an excuse.
그것은 핑계에 _____.

3 She stood me up on our first date.
그녀는 첫 데이트에서 나를 _____.

4 If you don't stand up for your rights, no one else will.
네가 네 권리를 _____ 아무도 그렇게 하지 않을 것이다.

F 같은 모양, 다른 의미!

1 Your views correspond to mine.
The broad lines on the map correspond to roads.

2 He puts some money aside each month.
You must put aside your pride and apologize to him.

3 Aside from a few scratches, I'm OK.
Aside from that, we've got another problem.

G 명문을 완성하는 영광을!

천재는 불타는 열의에 지나지 않는다.
Genius is _____ inflamed enthusiasm.

과학의 전체는 일상적 사고의 정교화에 지나지 않는다.
The whole of science is _____ a refinement of everyday thinking.

217

| 동사 중심 표현

01 hit on[upon]
문득 생각해 내다 ➊ 주어로 사람이 온다.
He hit on[upon] a good idea. 그는 문득 좋은 아이디어를 생각해 냈다.
비교 occur to ⓝ 문득 생각이 떠오르다 ➊ 주어로 생각이 온다.

02 refrain from ⓥ-ing
~하는 것을 삼가다
Please refrain from smoking. 흡연을 삼가해 주세요.

03 set about
시작[착수]하다(=begin, start)
They set about finding a solution. 그들은 해결책을 찾기 시작했다.

04 hand out
나눠 주다(=distribute)
They handed out the brochures. 그들은 소책자들을 나눠 줬다.

05 rule out
➊ 배제하다(=exclude)　➋ (~하지 못하도록) 제외시키다
The police ruled out suicide. 경찰은 자살 가능성을 배제했다.

06 make out
➊ 알아보다[알아듣다]　➋ 이해하다[알다]　➌ 작성하다　➍ 지내다[해 나가다]
I couldn't make out what he was saying.
나는 그가 무슨 말을 하는지 알아들을 수 없었다.
I can't make out what she wants. 나는 그녀가 무엇을 원하는지 알 수가 없다.
Applications must be made out in duplicate. 지원서는 2통을 작성해야 한다.
How is he making out in his new job? 그는 새 직장에서 어떻게 해 나가고 있니?

07 come of age
➊ 성년이 되다　➋ 충분히 발달하다
Their children came of age. 그들의 자녀들은 성년이 되었다.

08 take charge of
떠맡다[담당하다]
He took charge of the project. 그가 그 프로젝트를 맡았다.
비교 in charge (of) (~을) 맡고 있는[책임지고 있는]

09 prevail on[upon] A to B(ⓥ)
B하도록 A를 설득하다
I prevailed on[upon] him to go with me. 나는 나와 함께 가자고 그를 설득했다.

10 combine A with B
➊ A와 B를 결합하다　➋ A와 B를 겸비하다　➌ A와 B를 병행하다
Combine the eggs with a little flour. 달걀에 밀가루를 약간 넣어라.
He combined wit with passion. 그는 재치와 열정을 겸비했다.
It's hard to combine family life with a career.
가정 생활과 일을 병행하기는 힘들다.

11 deprive A of B
A에게서 B를 빼앗다[박탈하다]
They deprived her of all her rights. 그들은 그녀에게서 모든 권리를 박탈했다.
비교 be deprived of 빼앗기다[박탈당하다]

형용사 중심 표현

12 be destined for[to ⓥ]

~할 운명이다(=be doomed to ⓥ[ⓝ])
He was destined for **an acting career.** 그는 연기자가 될 운명이었다.
We were destined **never** to meet again.
그들은 다시는 결코 만나지 못할 운명이었다.

13 be equipped with

~이 갖추어지다
This car is equipped with **GPS.** 이 차는 위성항법장치가 갖추어져 있다.
[비교] equip A with B A에게 B를 갖추게 하다

14 be renowned as/for

~로서/~로[때문에] 유명하다
He is renowned as **an explorer.** 그는 탐험가로서 유명하다.
She is renowned for **her beauty.** 그녀는 미모로 유명하다.
[유] be known as ~로서 유명하다
　　be famous[known] for ~로[때문에] 유명하다

전치사 중심 표현 · 부사어

15 at the foot of

~의 밑에
at the foot of **the stairs/page/mountain**
계단 밑바닥에/페이지 밑 부분에/산기슭에

16 by and large

대체로[전반적으로]
By and large, **it was a success.** 대체로 그것은 성공이었다.
[비교] in general, on the whole, as a rule

17 let alone

~은 말할 것도 없고, ~커녕[~은 고사하고]
He can't walk, let alone **run.** 그는 뛰기는커녕 걷지도 못한다.
[유] not to speak, not to mention, to say nothing of

18 more and more

❶ 점점 더　❷ 점점 더 많은
The air gets more and more **polluted.** 공기가 점점 더 오염되고 있다.
More and more **people are using it.**
점점 더 많은 사람들이 그것을 사용하고 있다.
[반] less and less 점점 덜[적게], 점점 더 적은[덜한]

19 not more than

기껏해야[많아야], ~보다 많지 않은
He is not more than **twenty.** 그는 많아야 20세이다.
[유] at (the) most　[반] at (the) least 적어도　[비교] no more than 단지, 겨우

20 on good/bad terms with

~와 좋은/나쁜 사이인
He is on good terms with **her.** 그는 그녀와 좋은 사이이다.

Today's Expression

Maybe some other time. 다음 기회에 하죠.
A: Can you come over for dinner on Saturday? 토요일에 저녁 먹으러 올래?
B: I'd love to, but I have an appointment. Maybe some other time.
　그러고 싶지만 약속이 있어. 다음 기회에 하자.

219

A 다음 표현을 우리말로!

1	hit on[upon]	**11**	deprive A of B
2	refrain from ⓥ-ing	**12**	be destined for[to ⓥ]
3	set about	**13**	be equipped with
4	hand out	**14**	be renowned as/for
5	rule out	**15**	at the foot of
6	make out	**16**	by and large
7	come of age	**17**	let alone
8	take charge of	**18**	more and more
9	prevail on[upon] A to B(ⓥ)	**19**	not more than
10	combine A with B	**20**	on good/bad terms with

B 빈칸에 들어갈 알맞은 전치사는?

1 They deprived her _____ all her rights.
그들은 그녀에게서 모든 권리를 박탈했다.

2 The coast is renowned _____ its beautiful beaches.
그 해안은 아름다운 해변으로 유명하다.

3 He is renowned _____ a scholar and literary critic.
그는 학자이자 문예비평가로서 유명하다.

4 Steel is produced by combining iron _____ carbon.
강철은 철과 탄소를 결합하여 만들어진다.

5 The factory is equipped _____ modernized facilities.
그 공장은 현대화된 설비를 갖고 있다.

C [보기] 표현들의 의미를 음미해 보고 알맞은 꼴을 빈칸 속에 풍덩!

보기	come of age	hit on[upon]	refrain from	take charge of

1 그들의 자녀들은 성년이 되었다.
Their children _____.

2 그는 문득 좋은 아이디어를 생각해 냈다.
He _____ a good idea.

3 이 건물에서는 흡연을 삼가해 주세요.
Please _____ smoking in this building.

4 내가 없는 동안 그가 부서를 맡을 것이다.
He will _____ the department while I'm away.

▸▸▸ 정답

A 앞면 참조　B **1.** of　**2.** for　**3.** as　**4.** with　**5.** with　C **1.** came of age　**2.** hit on[upon]　**3.** refrain from　**4.** take charge of

D 밑줄 친 표현과 바꿔 쓸 수 있는 것은?

| 보기 |　begin　　　distribute　　　exclude

1 They handed out the brochures. 그들은 소책자들을 나눠 줬다.

2 They set about undoing the damage. 그들은 피해의 원상 복구에 착수했다.

3 Police have not ruled out the possibility that the man was murdered.
경찰은 그 남자가 살해되었을 가능성을 배제하지 않고 있다.

E [보기] 표현들의 뜻을 씹어 보고 들어갈 곳에 쏘옥!

| 보기 |　at the foot of　　by and large　　let alone　　more and more　　not more than

1 그는 많아야 20세이다.
He is _____ twenty.

2 전반적으로 그 계획은 성공적이었다.
_____, the plan was successful.

3 그 마을은 산기슭에 위치해 있다.
The village is located _____ a mountain.

4 점점 더 많은 사람들이 도시로 이사하고 있다.
_____ people are moving to the cities.

5 그는 책은커녕 신문조차 결코 읽지 않는다.
He never even reads a newspaper, _____ a book.

F 표현을 외우니 문장이 해석되네!

1 I prevailed on[upon] him to go with me.
나는 나와 함께 가자고 _____.

2 They were destined never to meet again.
그들은 다시는 _____.

3 You seem like you're on good terms with him.
너는 그와 _____.

G 같은 모양, 다른 의미!

I can't make out what she wants.
She made out a list of people to invite.
I could just make out a figure in the darkness.

H 명문을 완성하는 영광을!

예술은 가장 고귀한 인간의 두 가지 노력의 상징이다. 건설하는 것과 파괴를 삼가는 것이다.
Art is the symbol of the two noblest human efforts: to construct and to
_____ destruction.

▸▸▸ 정답

D 1. distribute 2. begin 3. exclude E 1. not more than 2. By and large 3. at the foot of 4. More and more 5. let alone F 1. 그를 설득했다 2. 만나지 못할 운명이었다 3. 좋은 사이인 것 같다 G 나는 그녀가 무엇을 원하는지 알 수가 없다. / 그녀는 초대할 사람들 목록을 작성했다. / 나는 어둠 속에서 형체를 간신히 알아볼 수 있었다. H refrain from

동사 중심 표현

01 see to ⓝ

맡아 처리하다
Don't worry – I'll see to it. 걱정 마세요. 제가 그것을 맡아서 처리할게요.
비교 see (to it) that 반드시 ~하도록 (조치)하다

02 specialize in

전공하다[전문적으로 다루다](=major in)
He specialized in criminal law. 그는 형법을 전공했다.

03 turn to ⓝ

❶ ~에 의지하다[도움을 청하다] ❷ ~로 변하다 ❸ (페이지를) 펴다
He has no one to turn to. 그는 의지할 사람이 아무도 없다.
When water turns to steam, it expands. 물은 증기로 변할 때 팽창한다.
Turn to page 655 for more information. 더 많은 정보를 위해서는 655쪽을 펴시오.

04 set forth

❶ 발표하다 ❷ 출발하다
The President set forth his views. 대통령은 자신의 견해를 발표했다.
They set forth on a journey. 그들은 여행을 떠났다.

05 drive away

❶ 차를 타고 떠나다 ❷ 떠나게 하다[쫓아내다]
We heard him drive away. 우리는 그가 차를 타고 떠나는 소리를 들었다.
Her constant nagging drove him away.
그녀의 끊임없는 잔소리가 그를 떠나게 했다.

06 hand over (to ⓝ)

(~에게) 건네[넘겨]주다, 양도[인계]하다
He handed the car keys over to her. 그는 차 열쇠를 그녀에게 건네줬다.

07 give way (to ⓝ)

❶ (~로) 바뀌다 ❷ (~에게) 항복[양보]하다 ❸ 부러지다[무너지다]
The storm gave way to bright sunshine. 폭풍우가 밝은 햇살로 바뀌었다.
We will not give way to injustice. 우리는 불의에 굴복하지 않을 것이다.
The pillars gave way. 기둥들이 부러졌다.

08 pride yourself on

~에 자부심을 갖다[~을 자랑스러워하다]
She prides herself on her appearance. 그녀는 자신의 외모를 자랑스러워한다.
유 take pride in, be proud of

09 pour[throw] cold water on

~에 찬물을 끼얹다[방해하다]
He poured cold water on my plans. 그는 내 계획에 찬물을 끼얹었다.

10 toss and turn

(잠을 못 자고) 몸을 뒤척이다
I tossed and turned all night last night. 나는 어젯밤 내내 잠을 못 자고 뒤척였다.

형용사 중심 표현

11 be descended from
~의 후손이다
They are descended from the Vikings. 그들은 바이킹의 후손이다.

12 be familiar to ⓝ
~에게 친숙[익숙]하다, ~의 눈[귀]에 익다
The street was familiar to me. 그 거리는 내게 친숙했다.
[비교] be familiar with 잘 알다

13 be prone to ⓥ[ⓝ]
~하기[당하기] 쉽다
Kids are prone to eat junk food. 아이들은 정크 푸드를 먹기 쉽다.
The region is prone to earthquakes. 그 지역은 지진이 잘 일어난다.

전치사 중심 표현 · 부사어

14 generally speaking
일반적으로 말하자면
Generally speaking, it's quicker to apply online.
일반적으로 온라인 접수가 더 빠르다.
[비교] strictly/roughly speaking 엄밀히/대충 말하자면

15 in high[great, good] spirits
기분이 좋은[활기가 있는]
I've been in high spirits lately. 나는 최근에 기분이 좋다.
[반] in low[poor, bad] spirits 기운 없는, 의기소침한

16 in honor of
~에게 경의를 표하여, ~을 기념[축하]하여
This monument was built in honor of the founder.
이 기념물은 설립자를 기념하여 세워졌다.

17 in the form of
~의 형태로
People are bombarded with information in the form of TV advertising.
사람들은 텔레비전 광고의 형태로 쏟아지는 정보를 받는다.

18 in the face of
~에도 불구하고[~에 직면하여]
He remained cool in the face of danger. 그는 위험에 직면해서 침착했다.
[비교] face to face 마주 보고, (~에) 직면한

19 on/to the brink of
~ 직전에/직전까지
The two countries are on the brink of war. 두 나라는 전쟁 직전에 있다.
The crisis brought the two nations to the brink of war.
그 위기가 두 나라를 전쟁 직전까지 몰고 갔다.
[유] on the verge[edge] of 막 ~하려는[~하기 직전의]

20 as is often the case (with)
(~의 경우에) 흔히 그렇듯이
As is often the case with youngsters, he likes pop music.
젊은이들이 흔히 그렇듯이 그는 대중음악을 좋아한다.

Today's Expression
It's a steal. 공짜나 다름없어요.
A: I bought this for 1,000 won. 이거 천 원에 샀어.
B: Really? It's a steal. 정말? 공짜나 다름없네.

A 다음 표현을 우리말로!

1	see to ⓝ	11	be descended from
2	specialize in	12	be familiar to ⓝ
3	turn to ⓝ	13	be prone to ⓥ[ⓝ]
4	set forth	14	generally speaking
5	drive away	15	in high[great, good] spirits
6	hand over (to ⓝ)	16	in honor of
7	give way (to ⓝ)	17	in the form of
8	pride yourself on	18	in the face of
9	pour[throw] cold water on	19	on/to the brink of
10	toss and turn	20	as it often the case (with)

B 빈칸에 들어갈 알맞은 전치사는?

1 The street was familiar _____ me.
그 거리는 내게 친숙했다.

2 He specialized _____ criminal law.
그는 형법을 전공했다.

3 The region is prone _____ earthquakes.
그 지역은 지진이 잘 일어난다.

4 The people here are descended _____ the Vikings.
이곳 사람들은 바이킹의 후손들이다.

C [보기] 표현들의 의미를 음미해 보고 알맞은 꼴을 빈칸 속에 풍덩!

| 보기 | drive away | pride yourself on | see to | set forth | toss and turn |

1 나는 어젯밤 내내 잠을 못 자고 뒤척였다.
I _____ all night last night.

2 누군가 그의 주차된 차를 들이받고 떠나 버렸다.
Somebody hit his parked car and _____.

3 그녀는 자신의 미모가 아니라 능력을 자랑스러워한다.
She _____ her ability, not her beauty.

4 다음 회의 준비 좀 맡아 처리해 주시겠어요?
Will you _____ the arrangements for the next meeting?

5 대통령은 텔레비전 방송에서 자신의 견해를 발표했다.
The President _____ his views in a television broadcast.

▶▶ 정답

A 앞면 참조 B **1.** to **2.** in **3.** to **4.** from C **1.** tossed and turned **2.** drove away **3.** prides herself on **4.** see to **5.** set forth

D [보기] 표현들의 뜻을 씹어 보고 들어갈 곳에 쏘옥!

| 보기 | generally speaking   in high spirits   in honor of   in the face of

1 나는 최근에 기분이 좋다.
I've been _____ lately.

2 일반적으로 온라인으로 접수하는 것이 더 빠르다.
_____, it's quicker to apply online.

3 그는 역경에도 불구하고 희망을 포기하지 않았다.
He never gave up hope _____ adversity.

4 이 기념물은 설립자를 기념하여 세워졌다.
This monument was built _____ the founder.

E 표현을 외우니 문장이 해석되네!

1 He handed the business over to his son.
그는 사업을 그의 아들에게 _____.

2 The two countries are on the brink of war.
두 나라는 _____.

3 His boss always pours cold water on his proposals.
그의 상사는 언제나 그의 제안에 _____.

4 As is often the case with youngsters, he likes pop music.
_____ 그는 대중음악을 좋아한다.

5 People are bombarded with information in the form of TV advertising.
사람들은 _____ 쏟아지는 정보를 받는다.

F 같은 모양, 다른 의미!

1 He has no one to turn to.
When water turns to steam, it expands.
Turn to page 655 for more information.

2 We will not give way to injustice.
The storm gave way to bright sunshine.
The floor's rotten and likely to give way.

G 명문을 완성하는 영광을!
좀 더 많은 끈기와 좀 더 많은 노력으로, 가망 없는 실패가 영광스러운 성공으로 변할지도 모른다.
A little more persistence, a little more effort, and what seemed hopeless failure may
_____ glorious success.

▶▶▶ 정답

D **1.** in high spirits **2.** Generally speaking **3.** in the face of **4.** in honor of E **1.** 넘겨줬다 **2.** 전쟁 직전에 있다 **3.** 찬물을 끼 얹는다 **4.** 젊은이들이 흔히 그렇듯이 **5.** 텔레비전 광고의 형태로 F **1.** 그는 의지할 사람이 아무도 없다. / 물은 증기로 변할 때 팽창한다. / 더 많 은 정보를 위해 655쪽을 펴시오. **2.** 우리는 불의에 굴복하지 않을 것이다. / 폭풍우가 밝은 햇살로 바뀌었다. / 마룻바닥이 썩어서 무너질 것 같다. G turn to

| 동사 중심 표현

01 give in (to ⓝ)
❶ (~에) 항복하다 ❷ (마지못해) 받아들이다[동의하다]
The rebels were forced to give in. 반군은 항복할 수밖에 없었다.
I'll never give in to their demands.
나는 절대로 그들의 요구를 받아들이지 않을 것이다.

02 reflect on
숙고하다
Give me time to reflect on that matter. 그 문제에 대해 숙고할 시간을 주세요.

03 stick with
❶ 계속하다[고수하다] ❷ ~의 곁에 머물다
Let's stick with the original plan. 원래 계획을 계속해 나가자.
Stick with me and you'll be all right. 내 곁에 있으면 너는 괜찮을 거야.

04 pull over
(차를) 길가에 대다
You have to pull over. 너는 차를 길가에 대야 한다.
[비교] pull up (차를) 멈추다. (차가) 서다

05 set off
❶ 출발하다 ❷ 유발하다[일으키다] ❸ (폭탄 등을) 터뜨리다
We set off early the next morning. 우리는 다음 날 아침에 일찍 출발했다.
His death set off mass protests. 그의 죽음이 대규모 시위를 일으켰다.
They set off fireworks in the street. 그들은 거리에서 폭죽을 터뜨렸다.

06 sort out
❶ 정리하다 ❷ 분류하다 ❸ 해결하다
I'll sort out the mess I made. 제가 어질러 놓은 것을 정리할게요.
Sort out any clothes you want to throw away. 버리고 싶은 옷들을 분류하라.

07 try out
❶ 시험적으로 사용해 보다 ❷ (for) (~에) 지원하다
They tried out the new product. 그들은 신제품을 시험적으로 사용해 봤다.
She's trying out for the school play. 그녀는 학교 연극에 지원해 볼 예정이다.

08 get[have] your (own) way
제멋대로 하다
He always gets his own way. 그는 언제나 제멋대로 한다.

09 have a word (with)
(~와) 잠깐 이야기하다
Can I have a word with you? 당신과 잠깐 이야기를 나눌 수 있을까요?

10 go a long way towards
~에 크게 도움이 되다
The new law goes a long way towards solving the problem.
새로운 법은 그 문제를 해결하는 데 크게 도움이 된다.

11 take the trouble to ⓥ
수고스럽게도 ~하다
Thank you for taking the trouble to reply.
수고스럽게도 답장해 주셔서 감사합니다.

형용사 중심 표현

12 **be[feel] ill at ease**

불편[불안]해 하다
She is ill at ease with strangers. 그녀는 낯선 이들과 있으면 불편해 한다.
㊤ feel nervous[uncomfortable, embarrassed]

13 **be stocked with**

갖추고 있다[채워져 있다]
The store is stocked with excellent goods.
그 상점은 좋은 제품들을 갖추고 있다.
㊟ out of stock 재고가 없는[품절된]   in stock 재고가 있는

14 **be vulnerable to ⓝ**

(상처 등을) 받기 쉽다, ~에 취약하다
The wound is vulnerable to infection. 그 상처는 감염되기 쉽다.

전치사 중심 표현·부사어

15 **at stake**

~이 걸려 있는[위태로운]
People's lives are at stake. 사람들의 목숨이 위태롭다.

16 **between you and me [between ourselves]**

우리끼리 이야기지만
Between you and me, I hate him. 우리끼리 얘기지만 나는 그가 싫어.

17 **in place of[in your place]**

~ 대신에
I came in place of Mr. Smith. 저는 Smith 씨 대신 왔어요.
㊟ take the place of[take your place] 대신하다

18 **in an effort to ⓥ**

~하려는 노력으로
In an effort to reduce crime, the government expanded the police force. 범죄를 감소시키려는 노력으로, 정부는 경찰력을 확대했다.
㊟ make an effort 노력하다

19 **in any case**

어쨌든
In any case, I'm going to try. 어쨌든 나는 시도해 볼 것이다.
㊤ at any rate, whatever may happen

20 **on the edge of**

❶ ~의 가장자리[모서리]에   ❷ 막 ~하려는 순간에
He sat on the edge of the bed. 그는 침대 가장자리에 앉았다.
Their economy is on the edge of collapse. 그들의 경제는 붕괴되기 직전이다.
㊤ on the point[verge/brink] of 막 ~하려는[~하기 직전의]

Today's Expression

What's the occasion? 무슨 일 있니[무슨 날이야]?
A: Wow, you are all dressed up. What's the occasion?
와, 너 멋지게 차려 입었구나. 무슨 날이야?
B: I have a date tonight. 오늘 밤에 데이트가 있어.

A 다음 표현을 우리말로!

1	give in (to ⓝ)	11	take the trouble to ⓥ
2	reflect on	12	be[feel] ill at ease
3	stick with	13	be stocked with
4	pull over	14	be vulnerable to ⓝ
5	set off	15	at stake
6	sort out	16	between you and me
7	try out	17	in place of[in your place]
8	get[have] your (own) way	18	in an effort to ⓥ
9	have a word (with)	19	in any case
10	go a long way towards	20	on the edge of

B 빈칸에 들어갈 알맞은 전치사는?

1 The store is stocked _____ excellent goods.
그 상점은 좋은 제품들을 갖추고 있다.

2 A shared folder is vulnerable _____ hacking.
공유 폴더는 해킹당하기 쉽다.

3 Take some time to reflect _____ your future plans.
네 장래 계획에 대해서 숙고할 시간을 가지렴.

4 _____ you and me, I think she has a problem with her boyfriend.
우리끼리 이야기지만 그녀는 남자 친구와 문제가 있는 것 같아.

C [보기] 표현들의 의미를 음미해 보고 알맞은 꼴을 빈칸 속에 풍덩!

|보기| give in　　　have a word with　　　pull over　　　stick with　　　try out

1 그들은 신제품을 시험적으로 사용해 봤다.
They _____ the new product.

2 당신과 잠깐 이야기를 나눌 수 있을까요?
May I _____ you for a minute?

3 그들은 원래 계획을 계속해 나가기로 했다.
They decided to _____ their original plan.

4 경찰관이 그에게 차를 길가에 대라고 신호했다.
The policeman signaled to him to _____.

5 정부는 그들의 요구를 받아들이는 것을 거부했다.
The government refused to _____ to their demands.

▸▸▸ 정답

A 앞면 참조　B 1. with　2. to　3. on　4. Between　C 1. tried out　2. have a word with　3. stick with　4. pull over　5. give in

D [보기] 표현들의 뜻을 씹어 보고 들어갈 곳에 쏘옥!

| 보기 |　at stake　　　in any case　　　in an effort to　　　in place of

1 사람들의 목숨이 위태롭다.

People's lives are _____.

2 어쨌든 나는 시도해 볼 것이다.

_____, I'm going to try.

3 대명사는 명사를 대신해서 사용된다.

Pronoun is used _____ a noun.

4 범죄를 감소시키려는 노력으로, 정부는 경찰력을 확대했다.

_____ reduce crime, the government expanded the police force.

E 표현을 외우니 문장이 해석되네!

1 He always gets his own way.

그는 언제나 _____.

2 She is ill at ease with strangers.

그녀는 낯선 이들과 있으면 _____.

3 Thank you for taking the trouble to reply.

_____ 답장해 주서서 감사해요.

4 The new law goes a long way towards solving the problem.

새로운 법은 그 문제를 해결하는 데 _____.

F 같은 모양, 다른 의미!

1 His death set off mass protests.
They set off fireworks in the street.
I'll set off early to avoid the traffic jam.

2 I need to sort out the mess on my desk.
Sort out any clothes you want to throw away.

3 He sat on the edge of the bed.
Their economy is on the edge of collapse.

G 명문을 완성하는 영광을!

낭떠러지 끝에 서 있을 때, 앞으로 내딛는 한 걸음이 진보가 아니다.

When you are standing _____ a cliff, a step forward is not progress.

▶▶▶ 정답

D **1.** at stake **2.** In any case **3.** in place of **4.** In an effort to　**E 1.** 제멋대로 한다 **2.** 불편해 한다 **3.** 수고스럽게도 **4.** 크게 도움이 된다　**F 1.** 그의 죽음이 대규모 시위를 일으켰다. / 그들은 거리에서 폭죽을 터뜨렸다. / 나는 교통 체증을 피하기 위해 일찍 출발할 것이다. **2.** 나는 책상에 어질러진 것을 정리해야 할 필요가 있다. / 버리고 싶은 옷들을 분류해라. **3.** 그는 침대 가장자리에 앉았다. / 그들의 경제는 붕괴되기 직전이다.　**G** on the edge of

동사 중심 표현

01 beware of

조심[주의]하다
Beware of the dog! 개를 조심하세요!
㊨ watch out for, look out for

02 fill up (with)

(~로) 가득 차다[채우다]
Her eyes filled up with tears. 그녀의 눈은 눈물로 가득 찼다.
Shall I fill the car up? 차에 기름을 가득 채울까요?

03 get across

(말·뜻 등을) 이해시키다[전하다], 통하다[이해되다]
I can't get my point across. 나는 내 말의 요점을 전달하지 못하겠다.

04 put forth

❶ 발표[제시]하다 ❷ (잎·싹 등을) 나오게 하다 ❸ (노력·힘 등을) 내다[발휘하다]
He put forth a famous formula. 그는 유명한 공식을 발표했다.
The flower put forth buds. 그 꽃의 봉오리가 나왔다.
We should put forth our best efforts. 우리는 최선의 노력을 해야 한다.

05 shut up

❶ 입 다물다 ❷ 가두다[감금하다] ❸ (문을) 닫다[잠그다]
Just shut up and listen. 입 다물고 들어라.
The bird was shut up in the cage. 그 새는 새장에 갇혀 있었다.
㊟ shut down 문을 닫다. (기계가) 멈추다

06 spring up

갑자기 생겨나다[나타나다]
Many new buildings are springing up. 많은 새로운 건물들이 갑자기 생겨나고 있다.

07 make up with

~와 화해하다
Why don't you make up with him? 그와 화해하는 게 어때?

08 fall short of

~에 미치지 못하다
The hotel fell short of our expectations. 그 호텔은 우리의 기대에 미치지 못했다.
㊟ be short of ~이 부족하다

09 clear your throat

헛기침하다[목청을 가다듬다]
He cleared his throat. 그는 헛기침을 했다[목청을 가다듬었다].
㊟ have a sore throat 목이 아프다

10 keep your distance

거리를 두다[가까이하지 않다]
Keep your distance from the car ahead. 앞에 있는 차와 거리를 두어라.

11 look to A for[to Ⓥ]

A에게 ~을 기대[의지]하다
We look to you for support. 우리는 여러분께 지지를 기대합니다.
They are looking to me to help them. 그들은 내가 그들을 도와주기를 기대하고 있다.

형용사 중심 표현

12 be honest with + 사람/ about + 사물

~에게/~에 정직[솔직]하다
At least he was honest with me. 적어도 그는 내게는 정직했다.
She was honest about her feelings. 그녀는 자신의 감정에 솔직했다.
[비교] to be honest (with you) 정직[솔직]하게 말하면

13 be loaded with

실려 있다[들어 있다]
The truck was loaded with timber. 트럭에 목재가 실려 있었다.

14 be subjected to ⓝ

받다[당하다]
They were subjected to unfair treatment. 그들은 불공평한 대우를 받았다.
[비교] be subject to ⓝ ~될[당할, 걸릴] 수 있다, ~에 지배[종속]되다, ~을 받아야 하다

전치사 중심 표현 · 부사어

15 at an angle

비스듬히
The picture was hanging at an angle. 그림이 비스듬히 걸려 있었다.

16 at best

기껏[잘해야, 고작]
It was at best partially successful. 그것은 기껏해야 부분적으로 성공했다.
[비교] at worst 최악의 경우에

17 by halves

(부정문에서) 어중간[불완전]하게(=incompletely, imperfectly)
Don't do things by halves. 일을 어중간하게 하지 마라.

18 in proportion to ⓝ

~에 비례하여
We are taxed in proportion to our income. 수입에 비례하여 세금이 부과된다.
[비교] in inverse[reverse] proportion to ~에 반[역]비례하여

19 no less than

~만큼이나 (많은), 자그마치
He gave her no less than 500 dollars. 그는 그녀에게 자그마치 500달러나 주었다.
[비교] not less than 적어도   no more than 단지, 겨우

20 on the right track

제대로[올바르게] 하고 있는
I think we're on the right track. 나는 우리가 제대로 하고 있다고 생각해.
[반] on the wrong track 잘못하고 있는

Today's Expression

Don't take it personally. 기분 나쁘게 받아들이지 마.
A: What did John say about me? John이 나에 대해 뭐라고 했니?
B: Don't take it personally, but he said you were incompetent.
기분 나쁘게 받아들이지 마. 그가 너더러 무능하대.

A 다음 표현을 우리말로!

1	beware of	11	look to A for[to ⓥ]
2	fill up (with)	12	be honest with+사람/about+사물
3	get across	13	be loaded with
4	put forth	14	be subjected to ⓝ
5	shut up	15	at an angle
6	spring up	16	at best
7	make up with	17	by halves
8	fall short of	18	in proportion to ⓝ
9	clear your throat	19	no less than
10	keep your distance	20	on the right track

B 빈칸에 들어갈 알맞은 전치사는?

1 At least he was honest _____ you.
적어도 그는 네게는 정직했다.

2 She was honest _____ her feelings.
그녀는 자신의 감정에 솔직했다.

3 The truck was loaded _____ timber.
트럭에 목재가 실려 있었다.

4 Beware _____ the wolf in sheep's clothing.
양의 가죽을 쓴 늑대를 조심하라.

5 They were subjected _____ unfair treatment.
그들은 불공평한 대우를 받았다.

C [보기] 표현들의 의미를 음미해 보고 알맞은 꼴을 빈칸 속에 풍덩!

| 보기 | clear your throat | fall short of | fill up | make up with |

1 그와 화해하는 게 어때?
Why don't you _____ him?

2 그 호텔은 우리의 기대에 미치지 못했다.
The hotel _____ our expectations.

3 그는 말을 시작하기 전에 헛기침을 했다.
He _____ before he began to speak.

4 우리는 차에 기름을 가득 채우기 위해 멈춰 서야 해.
We should stop to _____ the car with gas.

▸▸▸ 정답

A 앞면 참조 **B 1.** with **2.** about **3.** with **4.** of **5.** to **C 1.** make up with **2.** fell short of **3.** cleared his throat **4.** fill up

D [보기] 표현들의 뜻을 씹어 보고 들어갈 곳에 쏘옥!

| 보기 | at an angle   at best   by halves   in proportion to   no less than |

1 우리는 결코 어떤 일도 어중간하게 하는 법이 없다.

We never do anything _____.

2 피사의 탑은 비스듬히 기울어져 있다.

The tower of Pisa leans _____.

3 보수는 작업량에 비례하여 지급될 것이다.

The payment will be _____ the work done.

4 그 캠페인은 기껏해야 단지 부분적으로 성공했다.

The campaign was _____ only partially successful.

5 그가 걸작을 마치는 데는 자그마치 20년이나 걸렸다.

It took him _____ twenty years to finish his masterpiece.

E 표현을 외우니 문장이 해석되네!

1 We are looking to you for help.

우리는 당신이 도와주시리라고 _____.

2 Keep your distance from the car ahead.

앞에 있는 차와 _____.

3 Fast-food restaurants are springing up all over town.

패스트푸드 식당들이 마을 전체에 걸쳐 _____.

4 These results suggest that we are on the right track.

이 결과들은 우리가 _____ 시사해 준다.

5 We tried to get our point across, but he just wouldn't listen.

우리는 요점을 _____ 그는 들으려고 하지 않았다.

F 같은 모양, 다른 의미!

1 The flower put forth buds.
He put forth a famous formula.

2 Just shut up and listen.
The bird was shut up in the cage.

G 명문을 완성하는 영광을!

운명을 조심하라. 운명은 그것을 믿는 누구든 이용하기를 좋아한다.

_____ fate – it loves to take advantage of anyone who believes in it.

▸▸▸ 정답

D 1. by halves **2.** at an angle **3.** in proportion to **4.** at best **5.** no less than   **E 1.** 기대하고 있습니다 **2.** 거리를 두어라 **3.** 갑자기 생겨나고 있다 **4.** 제대로 하고 있다는 것을 **5.** 이해시키려고 노력했지만   **F 1.** 그 꽃의 봉오리가 나왔다. / 그는 유명한 공식을 발표했다. **2.** 입 다물고 들어라. / 그 새는 새장에 갇혀 있었다.   **G** Beware of

233

동사 중심 표현

01 apologize for
~에 대해 사과하다
He apologized for his behavior. 그는 자신의 행동에 대해 사과했다.
비교 apologize to ⓝ ~에게 사과하다

02 plug in
플러그를 꽂다[전원에 연결하다]
You haven't plugged the TV in! 너는 텔레비전 플러그를 꽂지 않았어!

03 stay tuned
(라디오·TV의) 채널을 고정하여 계속 시청[청취]하다
Stay tuned for the latest weather report.
최근 일기 예보를 들으시려면 채널을 고정해 주세요.
비교 tune in to ⓝ ~로 채널을 맞추다

04 come into your mind
생각이 들다
A horrible thought came into my mind. 나는 끔찍한 생각이 들었다.
⊕ cross[enter] your mind 비교 come to mind (갑자기) 생각[기억]나다

05 live up to ⓝ
(기대 등에) 부응하다[미치다], ~에 따라 살다
He lived up to his parents' expectations. 그는 부모의 기대에 부응했다.

06 do the laundry/ cooking
빨래/요리하다
He is doing the laundry. 그는 빨래하고 있다.
She is doing all the cooking. 그녀가 요리를 다 하고 있다.
비교 do the dishes 설거지하다

07 have a runny nose
콧물이 나다
I have a runny nose. 나는 콧물이 난다.
비교 blow your nose 코를 풀다 have a stuffy nose 코가 막히다

08 meet your needs
~의 요구[필요]를 충족시키다
We try to meet your needs.
우리는 여러분의 요구를 충족시키려고 노력하고 있습니다.

09 take a chance
운에 맡기고 해 보다[위험을 무릅쓰다]
I'll take a chance on it. 나는 위험을 무릅쓰고 그것을 할 것이다.

10 put pressure on A (to ⓥ)
(~하라고) ~에게 압박[압력]을 가하다
They put pressure on her to resign. 그들은 그녀에게 사임하라고 압력을 가했다.
비교 under pressure 압박을[스트레스를] 받는

11 take pleasure in
즐기다[좋아하다]
He takes pleasure in helping others. 그는 다른 사람들을 돕는 것을 즐긴다.

형용사 중심 표현

12 be stressed out

스트레스를 받다

I always eat when I'm stressed out. 나는 스트레스를 받으면 항상 먹는다.

[비교] stress ~ out ~에게 스트레스를 주다

13 be[get] caught up in

~에 휘말리다[잡혀 있다]

They got caught up in the riots. 그들은 폭동에 휘말렸다.

14 be confined to ⓝ

❶ ~에 국한[제한]되다 ❷ ~에 갇혀[틀어박혀] 있다

Literacy was confined to an elite. 읽고 쓸 줄 아는 능력은 엘리트에 국한되어 있었다.

He's confined to bed with flu. 그는 독감으로 침대에 틀어박혀 지내고 있다.

전치사 중심 표현·부사어

15 behind the scenes

❶ 막후에서 ❷ 무대 뒤에서

political deals done behind the scenes 막후에서 행해지는 정치적 거래

[비교] behind your back ~이 없는데서, ~ 뒤에서

16 in the act of

~하는 중에, ~하는 현장에서

He was caught in the act of stealing. 그는 절도 현장에서 붙잡혔다.

17 no better than

~와 다름없는, ~보다 나을 게 없는

He is no better than a beggar. 그는 거지나 다름없다.

[비교] no more than 단지, 겨우 no less than ~만큼이나 (많은), 자그마치

18 on board

승선[승차, 탑승]한

The total number of people on board was 200.

승선[탑승] 인원은 총 200명이었다.

19 to the point

핵심을 찌르는[적절한]

His speech was short and to the point. 그의 연설은 짧고 핵심을 찔렀다.

[비교] get to the point 핵심을 찌르다

20 within walking distance (of ~)

(~에서) 걸어갈 수 있는 거리에 있는

The school is within walking distance of my house.

학교는 우리 집에서 걸어갈 수 있는 거리에 있다.

Today's Expression

Not that I know of. 내가 알기론 아니에요.

A: Is it going to rain tonight? 오늘 밤에 비가 올까?

B: Not that I know of. 내가 알기론 아니야.

A 다음 표현을 우리말로!

1	apologize for	11	take pleasure in
2	plug in	12	be stressed out
3	stay tuned	13	be[get] caught up in
4	come into your mind	14	be confined to ⓝ
5	live up to ⓝ	15	behind the scenes
6	do the laundry/cooking	16	in the act of
7	have a runny nose	17	no better than
8	meet your needs	18	on board
9	take a chance	19	to the point
10	put pressure on A (to ⓥ)	20	within walking distance (of ~)

B 빈칸에 들어갈 알맞은 동사는?

1 I _____ a runny nose.
콧물이 나요.

2 I'll _____ a chance on it.
나는 위험을 무릅쓰고 그것을 할 것이다.

3 He _____ pleasure in helping others.
그는 다른 사람들을 돕는 것을 즐긴다.

4 The service is tailored to _____ your needs.
그 서비스는 여러분의 요구를 충족시키도록 맞춰져 있다.

5 I _____ the cooking, and my husband _____ the dishes.
내가 요리를 하고 내 남편이 설거지를 한다.

C [보기] 표현들의 의미를 음미해 보고 알맞은 꼴을 빈칸 속에 풍덩!

보기	apologize for　　　stay tuned　　　live up to　　　put pressure on

1 그는 나중에 자신의 행동에 대해 사과했다.
He later _____ his behavior.

2 최근 일기 예보를 들으시려면 채널을 고정해 주세요.
_____ for the latest weather report.

3 조기 교육은 아이들에게 스트레스만 줄 것이다.
Early education will only _____ the kids.

4 그는 부모님의 기대에 부응하지 못했다.
He failed to _____ his parents' expectations.

▸▸▸ 정답

A 앞면 참조　**B 1.** have **2.** take **3.** takes **4.** meet **5.** do, does　**C 1.** apologized for **2.** Stay tuned **3.** put pressure on
4 live up to

D 빈칸에 들어갈 알맞은 전치사는?

1 All passengers _____ board **died by the crash.**
비행기 추락으로 탑승객 전원이 사망했다.

2 The school is _____ walking distance of **my house.**
학교는 집에서 걸어갈 수 있는 거리에 있다.

3 A lot of negotiating has been going on _____ the scenes.
많은 협상이 막후에서 진행되어 왔다.

E [보기] 표현들의 뜻을 씹어 보고 들어갈 곳에 쏘옥!

| 보기 | in the act of   no better than   to the point

1 그는 거지나 다름없다.
He is _____ a beggar.

2 그는 절도 현장에서 붙잡혔다.
He was caught _____ stealing.

3 그의 연설은 짧고 핵심을 찔렀다.
His speech was short and _____.

F 표현을 외우니 문장이 해석되네!

1 You haven't plugged the TV in!
너는 텔레비전 _____!

2 I always eat when I'm stressed out.
나는 _____ 항상 먹는다.

3 Innocent passers-by got caught up in the riots.
무고한 행인들이 그 폭동에 _____.

4 Suddenly a horrible thought came into my mind.
갑자기 끔찍한 생각이 _____.

G 같은 모양, 다른 의미!

He's confined to bed with flu.
Literacy was confined to an elite.

H 명문을 완성하는 영광을!

1 책은 펴보지 않으면 나무 조각과 다름없다.
Books are _____ woods without being opened.

2 자신의 원칙에 따라 사는 것보다 자신의 원칙을 지키려 싸우는 게 더 쉽다.
It is easier to fight for your principles than to _____ them.

▶▶▶ 정답

D **1.** on **2.** within **3.** behind E **1.** no better than **2.** in the act of **3.** to the point F **1.** 플러그를 꽂지 않았어 **2.** 스트레스를
받으면 **3.** 휘말렸다 **4.** 들었다 G 그는 독감으로 침대에 틀어박혀 지내고 있다. / 읽고 쓸 줄 아는 능력은 엘리트에 국한되어 있었다. H **1.** no
better than **2.** live up to

| 동사 중심 표현 |

01 fill in

❶ 기입하다 ❷ 메우다[채우다] ❸ (for) 대신 일을 봐 주다
Please fill in all the blanks on this form. 이 양식의 공란을 모두 기입해 주세요.
The hole has been filled in. 구멍이 메워졌다.
Would you fill in for me? 제 대신 업무를 봐 주시겠어요?

02 go along

❶ (활동을) 계속하다 ❷ 진행[진척]되다
I just learned the job as I went along. 나는 일을 계속하면서 일을 막 배웠다.
Things are going along nicely. 일이 잘 진행되고 있다.

03 part from

~와 헤어지다[이별하다]
He has parted from his wife. 그는 아내와 헤어졌다.

04 drive out

쫓아내다[몰아내다]
They drove him out of the country. 그들은 그를 국외로 추방했다.

05 think over

심사숙고하다
Please think over what I've said. 제가 한 말을 심사숙고해 보세요.

06 speak up

❶ 더 크게 말하다 ❷ 거리낌 없이 말하다[밝히다]
Could you speak up, please? 더 크게 말씀해 주시겠어요?
If anyone has a better idea, please speak up.
더 좋은 생각이 있으면 거리낌 없이 말씀해 주세요.
[비교] speak out 공개적으로 말하다[밝히다]

07 split the bill

(비용을) 각자 부담[계산]하다(=go Dutch)
Why don't we split the bill? 우리 각자 계산하는 게 어때?
[비교] pick up the bill 요금을 지불[계산]하다

**08 pay ~ a visit
[pay a visit to ⓝ]**

방문하다
He promised to pay me a visit. 그는 나를 방문하겠다고 약속했다.
He will pay a visit to Korea next month. 그는 다음 달에 한국을 방문할 것이다.

09 throw[give] a party

파티를 열다
She likes to throw[give] a party. 그녀는 파티를 여는 것을 좋아한다.

10 call ~ names

욕을 하다[험담하다]
The kids called him names. 아이들이 그를 욕했다.

**11 make a point of
ⓥ-ing**

반드시[애써] ~하다
He makes a point of being on time. 그는 반드시 정시에 온다.

형용사 중심 표현

12 be committed to ⓝ
❶ ~에 전념[헌신]하다 ❷ 수용[수감]되다 ❸ 약속하다
He was committed to **the project**. 그는 그 프로젝트에 전념했다.
He's been committed to **prison for fraud**. 그는 사기죄로 수감되었다.
They are committed to **helping us**. 그들은 우리를 도와주기로 약속했다.

13 be all set (for[to ⓥ])
(~할) 준비가 다 되다
Are **you** all set for **the trip**? 여행 갈 준비가 다 됐니?
Are **you** all set to **leave now**? 지금 떠날 준비가 다 됐니?
㊀ be ready for[to ⓥ]

14 be[feel] tempted to ⓥ
~하고 싶어지다
I'm tempted to **buy this**. 나는 이것을 사고 싶다.

전치사 중심 표현 · 부사어

15 be into
~에 푹 빠져 있다[관심이 많다]
I'm **really** into **hip hop**. 나는 정말 힙합에 푹 빠져 있다.

16 at a glance
한눈에[즉시]
He saw at a glance **what had happened**.
그는 한눈에 무슨 일이 있었는지 알았다.
㊁ at first glance 첫눈에

17 on impulse
충동적으로
Do not buy **things** on impulse. 물건을 충동적으로 구매하지 마세요.

18 out of nowhere
갑자기[불쑥]
He came out of nowhere **and cut in line**. 그가 갑자기 튀어나와 새치기했다.
㊀ from nowhere

19 so to speak
말하자면
He is, so to speak, **a grownup baby**. 그는 말하자면 애어른이다.

20 and the like
기타 등등
jazz, rock and the like 재즈, 록 등등
㊀ and such like, and so on, and so forth, etc.

Today's Expression

Let's hit the road. 출발하자.
A: Are you all set to get going? 갈 준비는 다 되었니?
B: Yep. Let's hit the road. 응. 출발하자.

A 다음 표현을 우리말로!

1	fill in	11	make a point of ⓥ-ing
2	go along	12	be committed to ⑩
3	part from	13	be all set (for[to ⓥ])
4	drive out	14	be[feel] tempted to ⓥ
5	think over	15	be into
6	speak up	16	at a glance
7	split the bill	17	on impulse
8	pay ~ a visit[pay a visit to ⑩]	18	out of nowhere
9	throw[give] a party	19	so to speak
10	call ~ names	20	and the like

B 빈칸에 들어갈 알맞은 전치사는?

1 I'm really _____ hip hop.
나는 정말 힙합에 푹 빠져 있다.

2 He has parted _____ his wife.
그는 그의 아내와 헤어졌다.

3 Do not buy things _____ impulse.
물건을 충동적으로 구매하지 마세요.

4 He could tell _____ a glance what was wrong.
그는 한눈에 무엇이 잘못됐는지 알 수 있었다.

C [보기] 표현들의 의미를 음미해 보고 알맞은 꼴을 빈칸 속에 풍덩!

| |보기| be tempted to drive out make a point of speak up think over |

1 제가 한 말을 심사숙고해 보세요.
Please _____ what I've said.

2 그녀는 새 드레스를 사고 싶어졌다.
She _____ buy a new dress.

3 새로운 유행이 낡은 유행을 몰아낸다.
New fashions _____ old ones.

4 더 크게 말씀해 주세요. 뒤에 있는 우리는 안 들려요.
Please _____. We can't hear you at the back.

5 그는 반드시 아이들과 일요일을 보냈다.
He _____ spending Sundays with his children.

▸▸▸ 정답

A 앞면 참조 **B 1.** into **2.** from **3.** on **4.** at **C 1.** think over **2.** was tempted to **3.** drive out **4.** speak up **5.** made a point of

D [보기] 표현들의 뜻을 씹어 보고 들어갈 곳에 쏘옥!

| 보기 | and the like   out of nowhere   so to speak

1 그가 갑자기 튀어나와 새치기했다.
He came _____ and cut in line.

2 너는 말하자면 물 밖에 나온 물고기 꼴이다.
You are, _____, a fish out of water.

3 대부분의 아이들은 유명한 운동선수, 영화배우 등을 숭배한다.
Most children idolize famous athletes, movie stars, _____.

E 빈칸에 들어갈 알맞은 동사는?

1 You shouldn't _____ her names. 너는 그녀를 욕해서는 안 돼.

2 He promised to _____ me a visit. 그는 나를 방문하겠다고 약속했다.

3 We're going to _____ a surprise party for him. 그를 위해 깜짝 파티를 열 거야.

F 표현을 외우니 문장이 해석되네!

1 Are you all set for the trip?
너는 _____?

2 Why don't we split the bill?
우리 _____?

G 같은 모양, 다른 의미!

1 Would you fill in for me?
The hole has been filled in.
Please fill in all the blanks on this form.

2 Things are going along nicely.
He made up the story as he went along.

3 He was committed to the project.
He's been committed to prison for fraud.

H 명문을 완성하는 영광을!
어둠은 어둠을 몰아낼 수 없다. 오로지 생명만이 그럴 수 있다. 증오는 증오를 몰아낼 수 없다. 오로지 사랑만이 그럴 수 있다.
Darkness cannot _____ darkness. Only life can do that. Hate cannot _____ hate. Only love can do that.

▸▸ 정답

D 1. out of nowhere 2. so to speak 3. and the like E 1. call 2. pay 3. throw[give] F 1. 여행 갈 준비가 다 됐니 2. 각자 계산하는 게 어때 G 1. 제 대신 업무를 봐 주시겠어요? / 구멍이 메워졌다. / 이 양식의 공란을 모두 기입해 주세요. 2. 일이 잘 진행되고 있다. / 그는 이야기를 계속하면서 지어냈다. 3. 그는 그 프로젝트에 전념했다. / 그는 사기죄로 수감되었다. H drive out, drive out

241

동사 중심 표현

01	**enter into**	❶ (논의·처리 등을) 시작하다 ❷ (관계·협약 등을) 맺다 They entered into a discussion. 그들은 토론을 시작했다. The two companies entered into a contract. 두 회사는 계약을 맺었다.
02	**go against**	❶ ~에 위배되다 ❷ ~에 거역하다 ❸ ~에 불리하다 This goes against my principle. 이것은 내 원칙에 위배된다. I cannot go against my parents' wishes. 나는 부모님의 기대를 거스를 수 없다. The jury's verdict went against him. 배심원들의 평결이 그에게 불리했다.
03	**pick on**	괴롭히다 Why do you always pick on me? 너는 왜 항상 나를 괴롭히니?
04	**add up**	❶ 합산하다 ❷ (부정문에서) 말의 앞뒤가 맞다 ❸ 조금씩 늘다 Add up the following figures. 다음 숫자들을 합산하시오. Your story just doesn't add up. 네 이야기는 앞뒤가 맞지 않는다. 비교 add up to ⑩ 총[합계] ~이 되다, (결과가) ~이 되다 add to ⑩ ~에 더하다, 늘리다
05	**put through**	❶ (전화로) 연결해 주다 ❷ 학비를 내주다 ❸ 겪게 하다 Could you put me through to Mr. Smith? Smith 씨께 연결해 주시겠어요? He put himself through college. 그는 자신의 힘으로 대학 학비를 냈다. You have put your family through a lot. 너는 가족들에게 많은 일을 겪게 했다.
06	**split up**	❶ 헤어지다[갈라서다] ❷ 나누다[나뉘다] His parents split up last year. 그의 부모는 작년에 헤어졌다. They were split up into four groups. 그들은 네 집단으로 나뉘었다.
07	**start over**	다시 시작하다 Let's start over. 다시 시작하자.
08	**starve/freeze/bleed/ burn to death**	굶어/얼어/출혈로/불타 죽다 They starved to death. 그들은 굶어 죽었다. 비교 be beaten/shot/stabbed to death 맞아/총 맞아/칼에 찔려 죽다 비교 put ~ to death 처형하다(= execute) sentence[condemn] ~ to death 사형을 선고하다
09	**have a crush on**	~에게 홀딱 반하다 He had a crush on her. 그는 그녀에게 홀딱 반했다.
10	**have the nerve to** ⓥ	❶ 뻔뻔스럽게 ~하다 ❷ ~할 용기가 있다 He had the nerve to lie to me. 그는 뻔뻔스럽게도 내게 거짓말을 했다. He didn't have the nerve to call her. 그는 그녀에게 전화할 용기가 없었다.

형용사 중심 표현

11 be allergic to ⓝ

~에 대해 알레르기가 있다
I'm allergic to **pollen.** 나는 꽃가루 알레르기가 있다.

12 be done with

끝내다
I'm done with **my report.** 나는 내 보고서를 다 끝냈다.
⏢ be finished with, be through with

13 be susceptible to ⓝ

~에 영향을 받기 쉽다, (병에) 걸리기 쉽다
I'm susceptible to **colds.** 나는 감기에 잘 걸린다.

전치사 중심 표현·부사어

14 a pile of[piles of]

~ 더미, 많은 ~
a pile of **books/clothes/sand** 책/옷/모래 더미
I've got piles of[a pile of] **things to do today.** 나는 오늘 할 일이 많다.

15 all[just] the same

그래도[그럼에도 불구하고](=nevertheless)
All the same, **there's some truth in what he says.**
그래도 그의 말에는 어느 정도 진실성이 있다.

16 for good

영원히(=permanently, forever)
He left his hometown for good. 그는 영원히 고향을 떠났다.

17 in the course of

~의 도중에[동안](=during)
in the course of **the conversation/interview** 대화/면접 도중에

18 on display

전시[진열]된
His work is on display **at the gallery.** 그의 작품이 미술관에 전시되어 있다.

19 out of the blue

갑자기[난데없이](=suddenly, unexpectedly)
The decision came **out of the blue.** 그 결정은 갑자기 나왔다.
비교 like a bolt out of the blue 청천벽력처럼

20 with a view to ⓝ

~할 목적으로[~하기를 바라며]
He bought land with a view to **building a house.**
그는 집을 지을 목적으로 땅을 샀다.

Today's Expression

(Do you) Get the picture? 이해가 되니?
A: Get the picture? 이해가 되니?
B: No, explain it to me again. 아니, 내게 그것을 다시 설명해 줘.

A 다음 표현을 우리말로!

1	enter into	11	be allergic to ⓝ
2	go against	12	be done with
3	pick on	13	be susceptible to ⓝ
4	add up	14	a pile of[piles of]
5	put through	15	all[just] the same
6	split up	16	for good
7	start over	17	in the course of
8	starve/freeze/bleed/burn to death	18	on display
9	have a crush on	19	out of the blue
10	have the nerve to ⓥ	20	with a view to ⓝ

B 빈칸에 들어갈 알맞은 전치사는?

1 I'm allergic _____ pollen.
나는 꽃가루 알레르기가 있다.

2 I'm done _____ my report.
나는 내 보고서를 다 끝냈다.

3 His work is _____ display at the gallery.
그의 작품이 미술관에 전시되어 있다.

4 Older people are more susceptible _____ infections.
노인들이 전염병에 더 걸리기 쉽다.

C [보기] 표현들의 의미를 음미해 보고 알맞은 꼴을 빈칸 속에 풍덩!

|보기| add up	pick on	split up	start over	starve to death

1 그녀는 남자 친구와 헤어졌다.
She _____ with her boyfriend.

2 그는 예전에 항상 나를 괴롭히곤 했다.
He used to _____ me all the time.

3 그들은 사막에서 길을 잃고 굶어 죽었다.
They got lost in the desert and _____.

4 전문 소프트웨어가 통계치를 합산한다.
Specialized software _____ the statistics.

5 그는 우리 일이 마음에 들지 않아서 다시 하게 했다.
He wasn't happy with our work and made us _____.

▶▶▶ 정답

A 앞면 참조 **B 1.** to **2.** with **3.** on **4.** to **C 1.** split up **2.** pick on **3.** starved to death **4.** adds up **5.** start over

D [보기] 표현들의 뜻을 씹어 보고 들어갈 곳에 쏘옥!

| 보기 | a pile of　　all the same　　for good　　in the course of　　out of the blue

1 그는 갑자기 내게 질문을 했다.

He asked me a question _____.

2 나는 오늘 할 일이 많다.

I've got _____ things to do today.

3 그녀가 이번에는 영원히 떠난 것 같다.

It looks like she has left _____ this time.

4 그는 긴 생애 동안 많은 변화를 보아 왔다.

He's seen many changes _____ his long life.

5 나는 그가 안전하다는 것을 확신하지만, 그래도 그가 집에 왔으면 좋겠다.

I'm sure he's safe, but _____, I wish he'd come home.

E 표현을 외우니 문장이 해석되네!

1 I had a crush on her at first sight.

나는 첫눈에 그녀에게 _____.

2 He bought land with a view to building a house.

그는 _____ 땅을 샀다.

3 He didn't have the nerve to tell her that he loved her.

그는 그녀에게 사랑한다고 말할 _____.

F 같은 모양, 다른 의미!

1 They entered into a discussion.

The two companies entered into a contract.

2 This goes against my principle.

The jury's verdict went against him.

I cannot go against my parents' wishes.

3 He worked to put himself through college.

Could you put me through to the marketing department?

G 명문을 완성하는 영광을!

누군가에게 반하는 데는 1분이 걸리고, 누군가를 좋아하는 데는 1시간이 걸리며, 누군가를 사랑하는 데는 하루가 걸리지만, 누군가를 잊어버리는 데는 평생이 걸린다.

It takes a minute to _____ someone, an hour to like someone, and a day to love someone – but it takes a lifetime to forget someone.

▶▶ 정답

D **1.** out of the blue **2.** a pile of **3.** for good **4.** in the course of **5.** all the same　E **1.** 홀딱 반했다 **2.** 집을 지을 목적으로 **3.** 용기가 없었다　F **1.** 그들은 토론을 시작했다. / 두 회사는 계약을 맺었다. **2.** 이것은 내 원칙에 위배된다. / 배심원들의 평결이 그에게 불리했다. / 나는 부모님의 기대를 거스를 수 없다. **3.** 그는 자신의 힘으로 대학 학비를 내기 위해서 일했다. / 마케팅 부서 좀 연결해 주시겠어요?　G have a crush on

Ability is decided by your own effort.
능력은 스스로의 노력에 의해 결정된다.

뜯어먹는 수능 1등급 영숙어 1200

전치사의 힘!

01. of ~의, ~로(부터), ~에서 떨어져
02. for ~을 위하여, ~ 때문에
03. to ~로[~을 향하여], ~까지, ~에 대하여
04. in ~의 안에[안으로]
05. on ~의 위에(접촉)
06. at ~의 한 점에(서), 한 시점에, ~ 중, ~에
07. with ~와 함께, ~로써[~을 가지고]
08. about ~에 관하여, ~의 주위에
    around ~의 주위에
09. from ~에서, ~로부터
10. by ~에 의하여, ~의 옆에, ~까지는
11. as ~로서(자격)
12. like ~ 같은, ~같이[처럼]
    unlike ~와 달리
13. into ~ (안)으로, ~로(변화)
14. after ~ 뒤[후]에
    before ~ 앞[전]에

15. over/above ~ 위에
16. without ~ 없이
17. through/throughout 통(과)하여, 처음부터 끝까지
18. between/among ~ 사이에
19. along ~ 따라서[평행하여]
20. across ~ 가로질러, ~ 맞은편에
21. out of ~의 안에서 밖으로, 벗어나서
22. under ~ 아래에
23. against ~에 대항하여, ~에 반대하여
24. behind ~ 뒤에
    beyond ~ 너머, ~을 넘어
25. during ~하는 동안
    beside ~의 옆에
    toward ~을 향하여
26. within ~ 안에, ~ 이내에
    except (for) ~을 제외하고
    despite ~에도 불구하고

1   of   ~의, ~로(부터), ~에서 떨어져

- Magic is **a kind of** trick. 마술은 일종의 속임수이다.
- Her mother **died of** cancer. 그녀의 어머니는 암으로 돌아가셨다.
- The chair **was made of** wood. 그 의자는 나무로 만들어졌다.
- He **made a fool of** me. 그는 나를 바보 취급했다.
- The bag **is full of** potatoes. 그 자루는 감자로 가득 차 있다.

▶ be + 형용사(afraid, ashamed, capable, fond 등) + of ~ = ~을 …하다
- I **am** very **fond of** music. 나는 음악을 아주 좋아한다.

▶ of + 추상명사 = 형용사
- a man[woman] **of ability[importance]**. 능력 있는[중요한] 남성[여성]

▶ cure[relieve, rob, be free, be independent] + (A) + of B
- They **robbed** him **of** his money. 그들은 그에게서 돈을 빼앗았다.
- I **am free of** debt. 나는 빚이 없다.

2   for   ~을 위하여, ~ 때문에

- He **works for** an Internet shopping mall. 그는 인터넷 쇼핑몰에 근무한다.
- Smoking **is** not **good for** your health. 흡연은 건강에 좋지 않다.
- Let's **go for a walk/swim/drive**. 산책/수영/드라이브하러 가자.
- U.N. **stands for** the United Nations. U.N.은 국제 연합을 나타낸다.
- I **paid** $70 **for** the digital camera. 그 디지털 카메라 값으로 70달러를 지불했다.
- I am **waiting for** your answer. 나는 너의 답을 기다리고 있다.
- She is **looking for** her son. 그녀는 아들을 찾고 있다.
- He will **leave** Seoul **for** India. 그는 서울을 떠나 인도로 갈 것이다.
- The city **is known for** its beauty. 그 도시는 아름다움으로[때문에] 알려져 있다.
- I **was angry** with him **for** being late. 나는 그가 늦게 왔기 때문에 화가 났다.

➕ 확인 문제   알맞은 전치사를 넣어 문장 완성하기.

1 그 자루는 감자로 가득 차 있다.   The bag is full _____ potatoes.

2 그들은 그에게서 돈을 빼앗았다.   They robbed him _____ his money.

3 그녀는 아들을 찾고 있다.   She is looking _____ her son.

4 그 도시는 아름다움으로[때문에] 알려져 있다.   The city is known _____ its beauty.

▶▶▶ 정답   **1.** of   **2.** of   **3.** for   **4.** for

3 to ~로[~을 향하여], ~까지, ~에 대하여

- **Turn to** the right. 오른쪽으로 돌아라.
- They work (**from**) nine **to** six. 그들은 9시부터 6시까지 일한다.
- I am **looking forward to** meet**ing** you. 나는 너를 만날 것을[에 대하여] 고대하고 있다.
- Does this car **belong to** you? 이 차는 너의 것이냐?
- They **have access to** the library. 그들은 도서관을 이용할 수 있다[에 접근할 권리가 있다].
- I **object**[**am opposed**] **to** your opinion. 나는 네 의견에 (대하여) 반대한다.
- **to a degree** 다소
- **to this/that/some extent** 이/그/어느 정도까지

▶ to + your + 감정명사 = ~하게도
- **to your surprise/joy/disappointment** 놀랍게도/기쁘게도/실망스럽게도
- **To my joy**, our team won. 기쁘게도 우리 팀이 이겼다.

4 in ~의 안에[안으로]

- Let's **get in** the car and go. 차에 타고 갑시다.
- He **fell in love with** her. 그는 그녀와 사랑에 빠졌다.
- We will finish the work **in an hour**. 우리는 1시간 후에 일을 끝낼 것이다.
- Your efforts will **result in** success. 네 노력은 성공을 거둘 것이다.
- Do you **believe in** God? 너는 신의 존재를 믿니?
- **in your teens/forties** 10대/40대에
- **in a second**[**moment**] 금방, 곧
- **in good/bad health** 건강이 좋은/나쁜 상태에

in a hurry[**haste**] 서둘러	**in danger (of)** (~의) 위험에 처해 있는
in this way 이런 (방)식으로	**in a sense** 어떤 의미로는
in business[**the army**] 사업[군 복무] 중	**in progress** 진행 중인
in silence 조용히[말없이]	**in excitement** 흥분한 상태에

➕ 확인 문제 ▶ 알맞은 전치사를 넣어 문장 완성하기.

1 나는 너를 만날 것을[에 대하여] 고대하고 있다. I am looking forward _____ meeting you.
2 그들은 도서관을 이용할 수 있다. They have access _____ the library.
3 우리는 1시간 후에 일을 끝낼 것이다. We will finish the work _____ an hour.
4 네 노력은 성공을 거둘 것이다. Your efforts will result _____ success.

▶▶▶ 정답 **1.** to **2.** to **3.** in **4.** in

on ~의 위에(접촉)

- **On[Upon]** hea**ri**ng the news, he shouted with joy. 그는 그 소식을 듣자마자 환호했다.
- She's **on the phone** all day! 그녀는 하루 종일 전화 통화를 해!
- **on all occasions[every occasion]** 어떤 경우라도
- **spend** much money **on** books 책 사는 데 많은 돈을 쓰다
- **lie on your back/face** 바로/엎드려 눕다
- **fall on[to] your knees** 무릎을 꿇다
- go **on foot** 걸어서 가다
- **on vacation[strike]** 휴가[파업] 중인
- **on your way to** school 학교로 가는 길에
- **be based on[upon]** ~에 바탕을 두다

- **buy on credit** 외상으로 사다
- **on sale** 세일 중인
- **depend[rely] on[upon]** ~에 의존하다
- **live on** rice 쌀을 주식으로 하다

at ~의 한 점에(서), ~한 시점에, ~ 중, ~에

- He **arrived at** Paris. 그는 파리에 도착했다.
- What is he **aiming at**? 그는 무엇을 노리고 있는가?
- She **laughed at** him. 그녀는 그를 비웃었다.
- I **was surprised at** the news. 나는 그 소식을 듣고 놀랐다.
- She **is good/poor at** drawing. 그녀는 그림 그리기에 능숙하다/서툴다.
- **at the center** 중심에
- **at the top/bottom of** the page 페이지 위/밑에
- **at noon[midnight]** 정오[자정]에
- **at present** 현재
- **at the same time** 동시에
- **at last** 마침내[드디어]
- **at a time** 한 번에
- **at school/work/rest** 수업[재학]/작업/휴식 중

- **at a distance** 얼마간 떨어진 곳에
- **at night** 밤에
- **at that time** 그때
- **at first** 처음에
- **at times** 때때로[가끔]
- **at a loss** 당황하여[어쩔 줄 몰라]

➕ **확인 문제** 알맞은 전치사를 넣어 문장 완성하기.

1 바로 누우세요. Lie _____ your back.
2 그 영화는 실화에 바탕을 두고 있다. The film is based _____ a true story.
3 그는 파리에 도착했다. He arrived _____ Paris.
4 그녀는 그림 그리기에 능숙하다. She is good _____ drawing.

⟫⟫⟫ 정답 1. on 2. on[upon] 3. at 4. at

7 with ~와 함께, ~로써[~을 가지고]

- He **shares** the housework **with** his wife. 그는 아내와 집안일을 분담한다.
- I **filled** the bucket **with** water. 나는 양동이를 물로 채웠다.
- We **provided** them **with** food and water. 우리는 그들에게 음식과 물을 제공했다.
- How does this plan **compare with** ours? 이 계획안은 우리의 것과 비교해서 어떻습니까?
- She **agreed with** me. 그녀는 내게 동의했다.
- She **was pleased with** the gift. 그녀는 선물을 받고 기뻐했다.
- What **is the matter with** you? 네게 무슨 일이 있니?
- The hill **is covered with** snow. 언덕이 눈으로 덮여 있다.
- **be crowded with** ~로 붐비다
- **be packed with** ~로 가득 차다
- **be satisfied with** ~에 만족하다

▶ with + 추상 명사 = 부사
- **with care**(= carefully) 조심하여[주의 깊게]
- **with ease**(= easily) 쉽게

8 about ~에 관하여, ~의 주위에 / around ~의 주위에

- There's nothing to **worry about**. 아무 걱정할 것 없다.
- **ask/hear/know/learn/talk/think/worry/argue/complain about**
  ~에 관해 묻다/듣다/알다/배우다/말하다/생각하다/걱정하다/논의하다/불평하다
- **be anxious/concerned/worried about** ~에 대해 걱정하다
- **be curious about** ~에 대해 궁금해 하다[호기심이 있다]
- travel **around the world** 세계를 두루 여행하다
- **about**[**around**] seven o'clock 7시 경

▶ What[How] about ~? ~은 어때?
- **What about** studying English together? 함께 영어 공부를 하는 게 어때?

▶ be about to ⓥ 막 ~하려고 하다
- They **were about to** leave, when she arrived. 그들이 막 떠나려는데 그녀가 도착했다.

➕ 확인 문제 알맞은 전치사를 넣어 문장 완성하기.

1 언덕이 눈으로 덮여 있다. The hill is covered _____ snow.
2 주의해서 그것을 다루어라. Handle it _____ care.
3 아무 걱정할 것 없다. There's nothing to worry _____ .
4 그는 세계를 두루 여행했다. He traveled _____ the world.

▶▶▶ 정답 1. with 2. with 3. about 4. around

from ~에서, ~로부터

- How far is it **from** here **to** the airport? 여기서 공항까지는 거리가 얼마나 됩니까?
- They work (**from**) Monday **to[through]** Friday. 그들은 월요일부터 금요일까지 일한다.
- The heavy rain **kept[prevented]** us **from** going out. 우리는 폭우 때문에 외출하지 못했다.
- He **differs from** me in his basic attitudes. 그는 나와 기본 태도가 다르다.
- His illness **resulted from** bad food. 그의 병은 나쁜 음식 때문이었다.
- Butter **is made from** milk. 버터는 우유로 만들어진다.
- **range from** A **to** B (범위가) A에서 B까지 걸쳐 있다
- **away[absent] from** home 집에 없는
- **from time to time** 때때로
- **discourage** A **from** B(ⓥ-ing) A가 B하지 못하게 단념시키다
- **refrain from** smoking 담배를 삼가다
- **tell[know, distinguish]** A **from** B A를 B와 구별하다
- **suffer from** a headache 두통을 앓다
- **from now on** 지금부터 계속
- **awake from** a dream 꿈에서 깨어나다

by ~에 의하여, ~의 옆에, ~까지는

- He arrived **by air/land/sea**. 그는 항공편/육로/해로로 도착했다.
- She went **by car/train/ship/plane**. 그녀는 자동차/열차/배/비행기로 갔다.
- May I pay **by check/credit card**? 수표/신용카드로 지불해도 됩니까?
- A man **is known by** the company he keeps. 사람은 사귀는 친구를 보면 알 수 있다.
- He **caught** me **by the hand**. 그는 내 손을 붙잡았다.
- He **went[passed] by** the station. 그는 역을 지나쳐 갔다.
- **learn/know by heart** 외우다/외우고 있다
- **by mail/e-mail/special delivery** 우편/이메일/속달로
- **by mistake** 실수로
- **one by one** 하나씩
- **step by step** 한 걸음씩, 차근차근
- **by chance** 우연히[뜻밖에]
- **little by little** 조금씩[점차로]
- **by this time** tomorrow 내일 이맘때까지는

➕ 확인 문제 알맞은 전치사를 넣어 문장 완성하기.

1 우리는 폭우 때문에 외출하지 못했다. The heavy rain kept us _____ going out.
2 버터는 우유로 만들어진다. Butter is made _____ milk.
3 신용카드로 지불해도 됩니까? May I pay _____ credit card?
4 사람은 사귀는 친구를 보면 알 수 있다. A man is known _____ the company he keeps.

➤➤ 정답 **1.** from **2.** from **3.** by **4.** by

11 as ~로서(자격)

- He **is known as** a pop singer. 그는 대중 가수로 알려져 있다.
- **Think of[Regard, Look on[upon]]** each day **as** your best day.
  매일매일을 최고의 날로 생각하라.
- He **refers to** her **as** an angel. 그는 그녀를 천사라 부른다.
- He **defined** love **as** "true friendship." 그는 사랑을 '진정한 우정'이라고 정의했다.
- **As for** me, give me liberty or give me death. 나로서는, 자유가 아니면 죽음을 달라.
- We differed **as to** the solution to the problem. 그 문제의 해결책에 관해서 우리는 의견을 달리했다.
- **As long as** we're together, who cares about the weather?
  우리가 함께 있는 한 날씨가 무슨 상관이 있을까?
- It's the same **as usual**. 늘 그렇지 뭐.
- They work eight hours a day **as a rule**. 그들은 대체로 하루에 8시간씩 일한다.
- **as a result** 결과적으로
- **as a matter of fact** 사실상[사실은]

12 like ~ 같은, ~같이[처럼] / unlike ~와 달리

- It's just **like** you. 당신다워요.
- He **looks** just **like** his mother. 그는 그의 어머니와 꼭 닮았다.
- It **looks like** rain. 비가 올 것 같다.
- **What is** your English teacher **like**? 네 영어 선생님은 어떠시니?
- That **sounds like** fun. 그것 재미있겠는데요.
- **Sounds like** your joking. 너 농담하는 것처럼 들리는데.
- I **feel like** a cup of water. 물을 한 컵 마시고 싶다.
- I **felt like** crying. 울고 싶은 심정이었다.
- I seem to remember hearing **something like** that. 그 비슷한 것을 어디서 들어 본 것 같기도 하다.
- It's **unlike** him to cry. 울다니 그답지 않다.

➕ 확인 문제   알맞은 전치사를 넣어 문장 완성하기.

1 매일매일을 최고의 날로 생각하라. Think of each day _____ your best day.
2 늘 그렇지 뭐. It's the same _____ usual.
3 그는 그의 어머니와 닮았다. He looks _____ his mother.
4 나는 울고 싶은 심정이었다. I felt _____ crying.

>>> 정답 1. as 2. as 3. like 4. like

253

13 into ～ (안)으로, ～로(변화)

- We must closely **look into** the matter. 우리는 그 일을 면밀히 조사해야 한다.
- You must **take** his youth and inexperience **into account[consideration]**.
  너는 그가 젊고 경험이 없다는 것을 고려해야 한다.
- He **got into** bad habits/trouble. 그는 나쁜 버릇이 들었다/곤란에 빠졌다.
- A tadpole **grows into** a frog. 올챙이가 자라 개구리가 된다.
- **break into** the house 집에 침입하다
- **break into** the conversation 대화에 끼어들다
- **burst into** tears/laughter 갑자기 울음/웃음을 터뜨리다
- **turn** water **into** steam 물을 수증기로 변화시키다
- **change/transform** A **into** B A를 B로 바꾸다/변형시키다
- **translate** A **into** B A를 B로 번역하다[옮기다]
- **divide** A **into** B A를 B로 나누다
- **put** A **into** B A를 B로 옮기다, A를 B 안에 넣다

14 after ～ 뒤[후]에 / before ～ 앞[전]에

- She **looks after** a large family. 그녀는 대가족을 돌본다.
- Tomorrow will **look after** itself. 내일은 내일 스스로 돌볼 것이다.
- He had the courage to **run after** the thief. 그는 도둑을 뒤쫓아갈 용기가 있었다.
- The child **was named after** his father. 그 아이는 아버지의 이름을 따서 이름을 지었다.
- You really **take after** your mother. 넌 정말 네 엄마를 쏙 빼닮았구나.
- **After all**, you only live once, don't you? 결국 인생은 한 번뿐이잖아?
- **After a while**, she came to herself. 잠시 후, 그녀는 의식이 돌아왔다.
- Cars went by **one after another**. 차들이 잇따라 지나갔다.
- It will prove true **before long**. 머지않아 그것이 옳다고 판명될 것이다.

➕ 확인 문제 알맞은 전치사를 넣어 문장 완성하기.

1 도둑이 그녀의 집에 침입했다. A thief broke _____ her house.
2 그것을 3등분하시오. Divide it _____ three equal parts.
3 그는 도둑을 뒤쫓아갔다. He ran _____ the thief.
4 머지않아 그것이 옳다고 판명될 것이다. It will prove true _____ long.

›·· 정답 1. into 2. into 3. after 4. before

254

15 over/above ~ 위에

- Please give me some time to **think** it **over**. 제가 그것에 대해 생각할 시간을 좀 주세요.
- Let's **talk over** tea. 차를 마시면서 얘기하자.
- He will **take over** the company. 그는 그 회사를 인수할 것이다.
- Do it **over and over again** until you get it right. 될 때까지 몇 번이고 다시 하세요.
- I'm going to **turn over a new leaf**. 나는 마음을 고쳐먹을 거야.
- He **got over** the difficulty. 그는 어려움을 극복했다.
- **hand** a glass **over** the table 식탁 너머로 유리잔을 건네주다
- **over** a kilometer 1킬로미터 이상
- **over time** 시간이 지나면서
- **above all** 무엇보다도, 특히
- 8,000 feet **above the sea** 해발 8,000피트(산의 높이)
- **over** ten years 10년 이상
- **over the years** 해가 거듭될수록
- **above the average** 평균 이상

16 without ~ 없이

- **without question[doubt]** 의심할 여지없이
- There is no rose **without** a thorn. 가시 없는 장미는 없다.
- There is no smoke **without** fire. 아니 땐 굴뚝에 연기 날까.
- It **never** rains **without** pouring. 비가 왔다 하면 퍼붓는다[엎친 데 덮친 격].
- We cannot **do without** water even for a few days. 물 없이는 단 며칠도 살 수 없다.
- **It goes without saying that** this book will improve your English.
  이 책이 당신의 영어 실력을 향상시키리라는 것은 말할 필요도 없다.
- **Without** this book, I should have little advanced in my English.
  이 책이 없었더라면 내 영어 실력은 거의 늘지 않았을 텐데.(가정법)

➕ 확인 문제   알맞은 전치사를 넣어 문장 완성하기.

1 그녀가 내게 식탁 너머로 유리잔을 건네주었다. She handed me a glass _____ the table.

2 그의 성적은 평균 이상이다. His grades are _____ the average.

3 가시 없는 장미는 없다. There is no rose _____ a thorn.

4 비가 왔다 하면 퍼붓는다[엎친 데 덮친 격]. It never rains _____ pouring.

➡➡➡ 정답 1. over 2. above 3. without 4. without

17 through / throughout 통(과)하여, 처음부터 끝까지

- I looked at the stars **through** a telescope. 나는 망원경을 통해 별을 보았다.
- We're **going through** some tough economic times.
  우리는 좀 힘든 경제적 시기를 겪고 있다.
- I have **passed through** lots of risks. 나는 많은 위험을 겪어 왔다.
- Try to **get through** the task as soon as possible. 가능한 한 일찍 그 일을 끝내려고 노력해라.
- The line is continuously busy and I can't **get through**. 계속 통화 중이라 전화가 되지 않는다.
- Acquire new interests and skills **throughout your life**.
  평생을 두고 새로운 취미와 기술을 습득해라.

18 between / among ~ 사이에

▶ between: 둘 또는 셋 이상 개별적인 관계
- I'd better **read between the lines**. 행간을 읽어[속뜻을 생각해] 봐야겠어요.
- Don't **eat between meals**. 군것질하지 마라.
- **Between two stools one falls to the ground**. 두 마리 토끼를 쫓다가 둘 다 놓친다.
- I can't **distinguish between** fake and real. 나는 진짜와 가짜를 구별할 수 없다.
- Switzerland **lies between** France, Germany, Austria and Italy.
  스위스는 프랑스, 독일, 오스트리아, 이탈리아에 둘러싸여 있다.
- **range between** A **and** B (범위가) A와 B 사이에 걸쳐 있다
- **between a rock and hard place** 진퇴양난
- **between ourselves[you and me]** 우리끼리 얘기지만

▶ among: 개별적인 관계가 아닌 셋 이상
- He was chosen from **among** the volunteers. 지원자들 중에서 그가 선발되었다.
- **among others[other things]** 많은 가운데, 그 중에서도 특히

➕ **확인 문제** 알맞은 전치사를 넣어 문장 완성하기.

1 우리는 좀 힘든 시기를 겪고 있다. We're going _____ some tough times.

2 평생을 두고 새로운 취미와 기술을 습득해라.
  Acquire new interests and skills _____ your life.

3 군것질하지 마라. Don't eat _____ meals.

4 지원자들 중에서 그가 선발되었다. He was chosen from _____ the volunteers.

••• 정답 1. through 2. throughout 3. between 4. among

19 along   ~ 따라서[평행하여]

- **go/walk/drive along the street/beach** 거리/해안을 따라 가다/걷다/차를 몰다
- He is **getting along** very well in his study of English.
  그는 영어 공부를 아주 잘 해나가고 있다.
- We cannot **get along** without money. 우리는 돈 없이는 살아 갈 수 없다.
- He is **getting along with** his neighbors. 그는 이웃들과 사이좋게 지내고 있다.
- How are you **getting along with** your girlfriend? 여자 친구와는 잘 되어 가고 있니?
- Do you want to **come along (with me)**? 너도 (나와) 함께 갈래?
- I can handle whatever **comes along**. 나는 무슨 일이 생기더라도 처리할 수 있다.
- **Along with** this, he is gentle. 더구나 그는 점잖기도 하다.
- She sang songs **along with** her classmates. 그녀는 급우들과 함께 노래를 불렀다.

20 across   ~ 가로질러, ~ 맞은편에

- I can swim **across** this river. 이 강을 수영해서 건널 수 있다.
- The bus stop is right **across** the street from the bank.
  버스 정류장은 은행 바로 길 건너편에 있다.
- A rainbow looks like a ribbon of many colors **across** the sky.
  무지개는 하늘을 가로질러 걸쳐 있는 여러 가지 색들의 띠처럼 보인다.
- He threw a bag **across his shoulder**. 그는 가방을 어깨에 멨다.
- I **came across** my friend. 나는 내 친구와 우연히 마주쳤다.
- I **came across** my old diary in the drawer. 나는 서랍에서 내 옛 일기장을 우연히 발견했다.
- This isn't something you **run across** every day. 살다보니 별일 다 보네.
- **Walk across the street/bridge**. 길/다리를 건너라.
- **across the country/world** 전국/전 세계에 걸쳐
- **across the sea(s)** 해외로

➕ 확인 문제   알맞은 전치사를 넣어 문장 완성하기.

1 우리는 해안을 따라 걸었다. We walked _____ the beach.
2 차들이 길을 따라 주차되어 있었다. Cars were parked all _____ the road.
3 이 강을 수영해서 건널 수 있다. I can swim _____ this river.
4 그것은 은행 바로 길 건너편에 있다. It is right _____ the street from the bank.

➡➡➡정답 1. along 2. along 3. across 4. across

257

21   out of   ~의 안에서 밖으로, 벗어나서

- Don't try to **get out of** it. 벗어나려 하지 마[꽁무니 빼지 마].
- I have **run out of** my pocket money. 나는 용돈이 떨어졌다.
- Why don't you **come out of** your shell? 마음의 껍질을 깨고 나오는 게 어때?
- **Out of sight, out of mind**. 눈에서 멀어지면 마음도 멀어진다.
- I was half **out of my mind**. 난 반쯤 정신이 나갔었다.
- It's **out of the question**. 그것은 불가능하다[그것은 말도 안 된다].
- This phone is **out of order**. 이 전화기는 고장 났다.
- This style is **out of fashion**. 이런 스타일은 유행이 지났다.
- He **dropped out of** school. 그는 학교를 중퇴했어요.
- Keep this medicine **out of reach of** children. 이 약은 아이들의 손이 닿지 않는 곳에 두시오.
- **nine cases out of ten** 십중팔구
- **out of work** 실직 중인
- **out of stock** 재고가 없는[품절된]
- **out of control** 통제 불가능한[통제에서 벗어난]

22   under   ~ 아래에

- He has been **under** a lot of **stress[pressure]** these days.
  그는 요즘 스트레스를 많이 받고 있다.
- We cannot understand everything **under the sun**.
  이 세상의 모든 것을 이해할 수는 없는 노릇이다.
- The preparations were **under way**. 여러 가지 준비가 진행 중이었다.
- Everything is **under control**. 모든 것이 통제되고 있다.
- **Under no circumstances** are you to do that! 어떠한 일이 있어도 그것을 해서는 안 돼!
- **Under the circumstances**, it was bound to happen. 그 상황에서는 그렇게 될 수밖에 없었다.
- I feel **under the weather** lately. 나는 요즘 몸이 불편하다.

✚ 확인 문제   알맞은 전치사를 넣어 문장 완성하기.

1 벗어나려 하지 마[꽁무니 빼지 마].   Don't try to get _____ it.
2 이 전화기는 고장 났다.   This phone is _____ order.
3 그는 요즘 스트레스를 많이 받고 있다.   He has been _____ a lot of stress these days.
4 하늘 아래 새로운 것은 없다.   There is no new thing _____ the sun.

▶▶▶ 정답   **1.** out of   **2.** out of   **3.** under   **4.** under

23 against ~에 대항하여, ~에 반대하여

- She **fought against** all odds. 그녀는 모든 역경과 맞서 싸웠다.
- We must **protect** the environment **against** pollution.
  우리는 오염에 맞서 환경을 보호해야 한다.
- They **protested against** the crimes of the U.S. army in Korea.
  그들은 주한 미군의 범죄에 대하여 항의했다.
- Are you **for** or **against** it? 너는 그것에 찬성이야 반대야?
- She **voted against** him in the election for the class president.
  그녀는 반장 선거에서 그에게 반대표를 던졌다.
- That's **against the law**. 그것은 법에 어긋난다.
- She's **leaning against a wall**. 그녀는 벽에 기대고 있다.

24 behind ~ 뒤에 / beyond ~ 너머, ~을 넘어

- The politicians are **behind the times**. 그 정치가들은 시대에 뒤떨어졌다.
- Never put yourself **behind the wheel** while your are drunk. 음주 후에는 절대 운전하지 마라.
- He **fell behind** with his homework. 그는 숙제가 밀렸다.
- Don't **leave** anything **behind**. 아무것도 두고 가지 마세요.
- We're **behind schedule**. 우린 예정 시간보다 늦었다.
- His honesty is **beyond question[doubt]**. 그의 정직성은 의심할 여지가 없다.
- The scenery is beautiful **beyond description[expression]**.
  경치가 말로 표현할 수 없을 만큼 아름답다.
- The theory of evolution is **beyond my imagination**. 진화론은 내 상상을 초월한다.
- There is no need to decide **behind the scenes**. 은밀하게 결정할 필요는 없다.

➕ 확인 문제) 알맞은 전치사를 넣어 문장 완성하기.

1 우리는 오염에 맞서 환경을 보호해야 한다.
   We must protect the environment _____ pollution.
2 너는 그것에 찬성이야 반대야? Are you for or _____ it?
3 아무것도 두고 가지 마세요. Don't leave anything _____.
4 경치가 말로 표현할 수 없을 만큼 아름답다. The scenery is beautiful _____ description.

> ▶▶▶ 정답 1. against 2. against 3. behind 4. beyond

during ~하는 동안 / **beside** ~의 옆에 / **toward** ~을 향하여

▶ during: ~하는 동안(during + 특정 기간 / for + 불특정 기간)
- **during** your lifetime 일생 동안
- **during** mealtime 식사 시간 동안
- He was killed **during** World War I. 그는 세계 1차 대전 중에 사망했다.

▶ beside: ~의 옆에
- the table **beside** the bed 침대 옆 탁자
- He sat **beside** me. 그는 내 옆에 앉았다.
- She was **beside herself**. 그녀는 제정신이 아니었다.

▶ toward: ~을 향하여
- **go/walk/run toward** ~ 쪽으로 가다/걷다/달리다
- a first step **towards** political union 정치적 통합을 향한 첫 걸음
- their attitude **toward** us 우리에 대한 그들의 태도

within ~ 안에, ~ 이내에 / **except (for)** ~을 제외하고 / **despite** ~에도 불구하고

▶ within: ~ 안에, ~ 이내에
- **within** an hour/a month 한 시간/한 달 이내에
- It's **within walking distance**. 걸어갈 수 있는 거리이다.
- The beach is **within** easy **reach of** the hotel. 그 해변은 호텔에서 가까운 거리에 있다.

▶ except (for): ~을 제외하고
- **except** on special occasions 특별한 경우를 제외하고
- The shop is open every day **except** Sundays. 가게는 일요일을 제외하고 매일 문을 연다.
- Everyone came **except for** John and Sally. John과 Sally를 제외하고 모든 사람이 왔다.

▶ despite: ~에도 불구하고(=in spite of)
- **despite** many difficulties 많은 어려움에도 불구하고
- The game continued **despite** the heavy rain. 폭우에도 불구하고 경기는 계속되었다.

➕ **확인 문제** 알맞은 전치사를 넣어 문장 완성하기.

1 그는 세계1차 대전 중에 사망했다. He was killed _____ World War I.
2 그는 내 옆에 앉았다. He sat _____ me.
3 그것은 24시간 이내에 도착할 것이다. It will arrive _____ 24 hours.
4. 폭우에도 불구하고 경기는 계속되었다. The game continued _____ the heavy rain.

▸▸▸ 정답 1. during 2. beside 3. within 4. despite

뜯어먹는 수능 1등급 영숙어 1200

잘 만났다
구문 표현!

01. to ⓥ[in order to ⓥ, so as to ⓥ]
02. to ⓥ/enough to ⓥ/so ~ as to ⓥ/too ~ to ⓥ
03. wh-+to ⓥ
04. It+be+(for/of ~)+to ⓥ
05. 주어+동사+it+목적보어+(for/of ~)+to ⓥ
06. be+to ⓥ
07. ⓥ-ing/ⓥ-ed(분사구문)
08. with+목적어+보어(분사·전치사구·부사·형용사)
09. '시킴'동사(let, have, make)+목적어(A)+동사원형(B)
10. have[get]+목적어(A)+과거분사(B)
11. not only[just, merely, simply] A but (also) B
    = B as well as A
12. both A and B/either A or B/neither A nor B
13. not A but B
14. It ~ that절
15. what절
16. whether[if] ~ (or[or not])
17. 명사절 who·which·where·when·why·how절
18. 관계대명사절 who·which·that절
19. 관계부사절 when·where·why·how절
20. the same ~ as[that] .../such ~ as ...
21. wh-ever절/no matter wh-절
22. so (that)[in order that] ~ can[may, will]
23. lest[for fear (that)] ~ should[may]
24. so[such] ~ (that) ...
25. now (that)[since]
26. just[only, simply] because ~
27. (even) though[if]

28. as soon as = the moment[minute, instant] (that)
    / hardly ~ when[before] ... = no sooner ~ than ...
29. if[suppose (that), provided (that)]
30. (Just) as A, (so) B
31. not ~ until .../not long before
32. If+과거동사, 과거 조동사+동사원형
33. If+had+과거분사, 과거 조동사+have+과거분사
34. If+had+과거분사, 과거 조동사+동사원형
35. 동사(요구·제안·주장·권고·명령)+that ~
    +(should+)동사원형
36. as if [though]+가정법/It's (high) time+가정법
37. wish+가정법
38. if only
39. not always/necessarily/every[all]
40. not ~ any longer[no longer]/not ~ any more
    /not ~ at all
41. The+비교급, the+비교급/비교급+and+비교급
42. as+형용사/부사+as의 여러 가지 쓰임
43. 최상급 표현
44. one ~ the other .../some ~ others ...
45. the one[the former, that] ~ the other[the latter,
    this] .../ ~ one thing ... another
46. not so much A as B/no more A than B
47. 동명사 관련 표현
48. so[nor, neither]+조동사[do, be동사]+주어
49. It is because ~ /That is why ~
50. 완료 진행/완료 수동/진행 수동

1   to ⓥ [in order to ⓥ, so as to ⓥ]   ~하기 위하여(목적)

⌐ to부정사의 (부사적) 용법으로, 앞뒤의 동사를 꾸며 준다.

- I am here **to see** you. 나는 너를 만나기 위하여 여기에 왔다.
- We eat **to live**, not **to eat**. 우리는 살기 위해 먹지 먹기 위해 살지 않는다.

▶ 강조하기 위해 문장 맨 앞에 쓰이기도 한다.

- **To keep** good health, you have to take high fiber and low fat diet.
  건강을 유지하려면 섬유질이 많고 지방은 적은 음식을 먹어야 한다.

▶ 강조나 부정을 위해서 in order (not) to ⓥ나 so as (not) to ⓥ를 쓰기도 한다.

- I close my eyes **in order to[so as to]** see truly. 진짜로 보기 위하여 나는 눈을 감는다.
- I got up early **so as not to[so as not to]** be late for the train.
  나는 열차 시각에 늦지 않도록 일찍 일어났다.

2   to ⓥ / enough to ⓥ / so~as to ⓥ / too~to to ⓥ

■ 부정사의 다양한 의미

1 ~하니(원인·이유)

- I am glad **to see** you. 만나서 반가워.
- You are crazy **to believe** such nonsense. 그런 터무니없는 것을 믿다니 너는 미쳤어.

2 ~할 만큼(정도)

- She is wise **enough to know** it. 그녀는 그것을 알 만큼 충분히 지혜롭다.
- I got up **so** early **as to be** in time for the first train.
  나는 첫 열차를 제때 탈 만큼 일찍 일어났다[일찍 일어나 제때 탔다].

3 ~해서(결과)

- The girl grew up **to be** an environmental activist. 그 소녀는 자라서 환경운동가가 되었다.

▶ too ~ to ⓥ: 너무 ~해서 …할 수 없다

- The problem is **too** difficult **to solve**. 그 문제는 너무 어려워서 풀 수 없다[풀기에 너무 어렵다].

➕ **확인 문제**   중요한 구문 표현 넣어 문장 완성하기.

1 어떤 사람을 사랑하기 위해서는 그(녀)를 행복하게 해 주도록 노력해야 한다.

_____ love a person, you have to try to make her or him happy.

2 너무 늦어 배울 수 없다는 법은 없다.

It is never _____ late _____ learn.

▶▶정답 **1.** To **2.** too, to

3 wh- + to ⓥ

└ 「wh- + to ⓥ」가 명사로 주어·보어·목적어 기능을 한다.(~인지)

1 how to ⓥ ~하는 법, 어떻게[얼마나] ~인지

- The teacher teaches his students **how to fish**.
  그 선생님은 제자들에게 물고기를 낚는 법을 가르친다.
- I don't know **how to love** him. 나는 그를 어떻게 사랑해야 할지 모르겠다.

2 what to ⓥ 무엇 ~인지, 무슨[어떤] (…) ~인지

- They don't know **what to do**. 그들은 무엇을 해야 할지 모른다.
- I don't know **what** subject **to choose**. 나는 어떤 학과를 선택해야 할지 모르겠다.

3 where to ⓥ 어디 ~인지

- Tell me **where to go**. 어디로 가야 하는지 말씀해 주세요.
- We should decide **where to stop**. 우리는 어디에서 멈추어야 할지 결정해야 한다.

4 It + be + (for/of ~) + to ⓥ

└ It = 가짜 주어, to ⓥ = 진짜 주어, for/of ~ = to ⓥ의 의미상의 주어

- **It** is helpful **to learn English**. 영어를 배우는 것은 도움이 된다.
- **It** is rewarding **to be honest**. 정직하면 보답을 받는다.
- **It** is easier **to be said than to be done**. 행동하는 것보다 말하는 것이 더 쉽다.
- **It** is as natural **to die as to be born**. 죽는 것은 태어나는 것과 마찬가지로 자연스럽다.
- **It** is very important **for a politician to be honest**. 정치가가 정직한 것은 매우 중요하다.

▶ It + be + 성질 형용사(kind, nice, clever, foolish, careless 등) + (of ~) + to ⓥ

- **It** was very nice **of** you **to come to my party**. 파티에 와 주셔서 대단히 감사했습니다.
- **It** was careless **of** you **to do such a thing**. 네가 그런 짓을 하다니 경솔했다.

➕ 확인 문제 중요한 구문 표현 넣어 문장 완성하기.

1 단지 너 자신을 믿기만 해 봐. 그러면 사는 법을 알게 될 거야.
Just trust yourself, then you will know _____ _____ live.

2 말을 잘하는 것보다 행동을 잘하는 것이 더 낫다.
_____ is better _____ do well than to say well.

▶▶ 정답 **1.** how to **2.** It, to

5 주어 + 동사 + it + 목적보어 + (for/of ~) + to ⓥ

↳ it = 가짜 목적어, to ⓥ = 진짜 목적어, for/of ~ = to ⓥ의 의미상의 주어

- He found **it** interesting **to study English**. (it = to study English)
  그는 영어를 공부하는 게 재미있다는 것을 알았다.

- The disabled still find **it** difficult **to come by jobs**.
  장애인들은 여전히 일자리를 얻는 게 어렵다는 것을 알게 된다.

- He makes **it** a rule **to keep a diary in English every day**.
  그는 날마다 영어로 일기 쓰는 것을 규칙으로 삼고 있다.

- Understanding the DNA of life will make **it** possible **for** scientists **to change life**.
  생명체의 DNA를 이해하면 과학자들은 생명체를 바꿀 수 있게 될 것이다.

6 be + to ⓥ

1 예정: ~할 예정이다

- They **are to take** the national examination tomorrow.
  그들은 내일 국가시험을 볼 예정이다.

2 의무: ~해야 한다

- You **are to have** your hair cut. 너는 머리를 깎아야 한다.

3 가능: ~할 수 있다

- No one **was to be** seen in the street. 거리에서 아무도 볼 수 없었다.

4 운명: ~할 운명이다

- They **were** never **to see** their homeland again. 그들은 다시는 조국을 보지 못할 운명이었다.

5 의도: ~하려면

- A healthy diet is important if you **are to lead** a healthy life.
  건강하게 살려면 건강에 좋은 음식이 중요하다.

➕ **확인 문제**   중요한 구문 표현 넣어 문장 완성하기.

1 웃음이란 삶이라는 토스트 위에 바르는 잼과 같은 거야. 향을 더해 주고 너무 마르지 않게 해 주고 삼키는 걸 더 쉽게 해 주지.
Laughter is the jam on the toast of life; it adds flavor, keeps it from becoming too dry, and makes _____ easier _____ swallow.

2 화는 소화기와 같아서 비상시에만 사용되어야 한다.
Anger is like the fire extinguisher – it _____ _____ be used only in case of emergency.

➤➤➤ 정답   1. it, to   2. is to

7 ⓥ-ing / ⓥ-ed 분사구문

└ 「접속사+주어+동사」의 절을 현재분사나 과거분사를 이용한 분사구문으로 표현한다.

1 능동 · 진행의 의미일 때 현재분사(ⓥ-ing)를 쓴다.

- She got on the bus, **saying goodbye**. 그녀는 작별인사를 하며 버스에 올라탔다.
- **Seeing her**, he ran away. 그는 그녀를 보자 도망쳤다.
- **Being only a student**, I can't afford to get married.
  학생의 신분에 불과하기 때문에 나는 결혼할 여유가 없다.
- The spectators, **roaring approval**, leapt to their feet.
  관중들은 '옳소'를 외치며 벌떡 일어났다.

2 수동 · 완료의 의미일 때 과거분사를 쓴다.

- **Born and brought up in Brazil**, he speaks Portuguese fluently.
  그는 브라질에서 태어나서 자랐기 때문에 포르투갈어를 유창하게 한다.
- She, **compared with her sister**, is not so clever.
  그녀는 여동생과 비교해서 그리 똑똑하지 않다.

8 with + 목적어 + 보어(분사·전치사구·부사·형용사) ~한 채, ~하면서

└ 목적어와 보어의 관계가 능동이면 현재분사, 수동이면 과거분사가 온다.

- I can't hear you **with the vacuum cleaner running**.
  진공청소기가 돌아가는 채로는 네 말을 들을 수가 없다.
- **With night coming on**, we closed our shop. 밤이 다가오면서 가게를 닫았다.
- She laid herself on the sofa **with her eyes closed**. 그녀는 눈을 감은 채 소파에 누워 있었다.
- He was at a loss **with all his money stolen**. 돈을 몽땅 털리고 그는 어쩔 줄 몰라 했다.
- He stood **with his back against the wall**. 그는 등을 벽에 기댄 채 서 있었다.
- They sat there **with their hats off**. 그들은 모자를 벗은 채로 거기 앉아 있었다.

➕ 확인 문제 중요한 구문 표현 넣어 문장 완성하기.

1 미래에 대한 최고의 책을 완성하기를 고대하면서, 절대 지울 수 없는 단어들로 그것을 채워나가는 거야.

_____ forward to completing the best book for your future, you fill it with words that can never be erased.

2 눈을 뜬 채 곤경에 빠진 사람만이 안전한 탈출구를 찾을 수 있다.

Only those who get into trouble _____ their eyes _____ can find the safe way out.

➤➤ 정답 **1.** Looking **2.** with, open

265

9   '시킴' 동사(**let, have, make**) + 목적어(**A**) + 동사원형(**B**)   A에게 B를 시키다 [하게 하다]

- **Let** me **introduce** myself. 저를 소개하겠습니다.
- **Let** me to introduce myself.(X)

  비교 **Allow** me **to introduce** to you my friend John. 제 친구인 John을 소개하겠습니다.
- I must **have** him **help** me. 그에게 도와 달라고 해야겠다.

  비교 I must **get** him **to help** me.
- What has **made** you **come** here? 여기에는 왜 왔니?

  비교 What has **forced** you **to come** here?

▶ 수동태에서는 to가 살아난다.

- They **made** us **work** very hard. 그들은 우리를 매우 열심히 일하도록 만들었다.

  → We **were made to work** very hard.

10   **have**[**get**] + 목적어(**A**) + 과거분사(**B**)   A가 B되게 하다, A를 B당하다

1 ~되게 하다

- He **had**[**got**] the computer **repaired**. 그는 컴퓨터를 수리했다.
- I **had** a new suit **made** last month. 나는 지난달에 새 양복을 맞췄다.
- When did you last **have** your hair **cut**? 마지막으로 머리를 깎은 게 언제니?
- I **had** my composition **corrected** by our teacher. 내 작문을 선생님께 수정 받았다.
- I **got** safety belts **fitted**. 나는 안전벨트를 꼭 맞게 조였다.

2 ~ 당하다

- He **had** his wallet **stolen**. 그는 돈지갑을 도둑맞았다.
- I **had** my hat **blown** off. 나는 바람에 모자를 날려 버렸다.
- I **got** my arm **broken**. 나는 팔이 부러졌다.

➕ **확인 문제**   중요한 구문 표현 넣어 문장 완성하기.

1 고양이의 좌우명: 무슨 나쁜 짓을 하든지 항상 그것을 개가 한 것처럼 보이게 노력하라!

  Cat's motto: No matter what you've done wrong, always try to _____ it _____ like the dog did it!

2 최대의 즐거움은 은밀히 선행을 한 후, 그것이 우연히 밝혀지게 하는 것이다.

  The greatest pleasure is to do a good action in secret, and to _____ it _____ by accident.

▶▶ 정답 **1.** make, look **2.** have, found

266

11 not only[just, merely, simply] A but (also) B = B as well as A   A뿐만 아니라 B도 역시

┗ B를 강조하는 것이니 B에 동사의 수를 일치시킨다.

- **Not only** she **but also you are** beautiful.
  = **You as well as** she **are** beautiful.
  그녀뿐만 아니라 너도 아름답다.

- This book is **not only** useful **but (also)** amusing.
  = This book is amusing **as well as** useful.
  이 책은 유용할 뿐만 아니라 재미있기도 하다.

- He is well-known **not only** in Korea, **but (also)** all over the world.
  그는 한국에서뿐만 아니라 세계적으로도 유명하다.

12 both A and B / either A or B / neither A nor B

1 both A and B: A와 B 둘 다

- **Both** she **and** I bring home the bacon. 그녀와 나 둘 다 생활비를 번다[맞벌이 부부다].
- This book is **both** useful **and** amusing. 이 책은 유용하기도 하고 재미있기도 하다.

2 either A or B: A와 B 둘 중 하나(가까운 주어에 동사의 수를 일치시킨다)

- **Either** he **or** I am wrong. 그와 나 둘 중 한 쪽이 틀렸다.
- We must **either** work **or** starve. 우리는 일하지 않으면 굶어 죽을 도리밖에 없다.

3 neither A nor B: A와 B 둘 다 아닌

- **Neither** you **nor** I am to blame. 너도 나도 잘못이 없다.
- **Neither** he **nor** she is at home. 그도 그녀도 집에 없다.

➕ 확인 문제   중요한 구문 표현 넣어 문장 완성하기.

1 우리가 진실을 깨닫게 되는 것은 이성에 의해서뿐만 아니라 감정에 의해서이기도 하다.
We know the truth, _____ _____ by the reason, _____ _____ by the heart.

2 뭔가를 해. 이끌거나 따르거나 피하거나!
Do something. _____ lead, follow, _____ get out of the way!

▸▸▸ 정답 1. not only, but also **2.** Either, or

267

not A but B A가 아니라 B

- **Not** until old age, **but** until death we learn. 우리는 늙을 때까지가 아니라 죽을 때까지 배운다.
- To know a man is **not** to know his face, **but** to know his heart.
  인간을 안다는 건 그의 얼굴을 아는 것이 아니라 마음을 아는 것이다.
- The true wealth does **not** consist in what we have, **but** in what we are.
  진정한 부(富)는 재산이 아니라 사람됨에 있다.
- **Not that** I love Caesar less, **but that** I love Rome more.
  시저를 덜 사랑해서가 아니라 로마를 더 사랑했기 때문이다.

▶ not because A but because B: A 때문이 아니라 B 때문에
- He is not coming to class **not because** he is sick **but because** he doesn't like
  school. 그는 아파서가 아니라 학교가 싫어서 수업에 빠지고 있다.

14

It ~ that절

1 가짜 주어 ~ 진짜 주어
- **It** is certain **that our team will win**. 우리 팀이 이길 게 확실하다.
- **It** is likely **that she will succeed**. 그녀는 성공할 것 같다.
- **It** is a pity **that he failed in the exam**. 그가 시험에 떨어졌다니 안됐다.

2 가짜 목적어 ~ 진짜 목적어
- I took **it** for granted **that you would help me**. 나는 네가 나를 도우리라는 것을 당연하게 여겼다.

3 It + be + 강조할 대상(주어/목적어/부사어) + that[who] ~
- **It's** the thought **that counts**. 중요한 것은 마음이죠[마음만으로도 고마워요].
- **It's** what's inside **that matters**. 중요한 것은 속에 든 것이다[뚝배기보다 장맛이다].
- **It's** comparison **that makes men happy or miserable**.
  행복하고 불행하게 하는 것은 바로 비교다.
- What is **it that attracted you to her**? 그녀의 어디가 그렇게 마음에 드니?

➕ **확인 문제** 중요한 구문 표현 넣어 문장 완성하기.

1 삶의 비극은 목표를 달성하지 못하는 데 있는 것이 아니라 달성할 목표가 없는 데 있다.
  The tragedy of life lies _____ in reaching your goal _____ in having no
  goal to reach.

2 중요한 것은 누가 옳은가가 아니고 무엇이 옳은가다.
  _____ is not who is right, but what is right, _____ is of importance.

▸▸▸ 정답 **1.** not, but **2.** It, that

15 what절 ~ 것, 무엇 ~인지

↳ what절은 명사절로 주어·보어·(타동사·전치사) 목적어 역할을 한다.

- **What is done** is done. 끝난 것은 끝난 것이다.
- **What cannot be cured** must be endured. 고칠 수 없는 것은 참고 견뎌야 한다.
- Character is **what a person is in the dark**.
  인격은 보이지 않는 곳에서 그 사람이 어떠한 존재인가이다.
- You never know **what he went through to educate his children**.
  너는 그가 아이들을 교육시키기 위해 무슨 일을 겪었는지 결코 알지 못해.
- He said nothing as to **what he would do**.
  그는 자신이 무엇을 할지에 관해 아무 말도 하지 않았다.
- You can make time for **what you want to do**.
  당신은 원하는 것을 할 시간을 낼 수 있다.

16 whether[if] ~ (or[or not])

1 명사절: '~인지 …인지[아닌지]'의 의미를 나타내며 주어·보어·목적어의 역할을 한다.

- It is not certain **whether he will come (or not)**. 그가 올지 안 올지 확실치 않다.
- The problem is **whether you really need it or not**.
  문제는 네가 진짜 그것이 필요한지 아닌지다.
- I don't know **whether he is glad or sad**. 나는 그가 기쁜지 슬픈지 모르겠다.
- I'm not sure **whether[if] I can do it (or not)**. 내가 그것을 할 수 있을지 없을지 확실치 않다.

2 부사절: ~이든지 …이든지[아니든지]

- **Whether you like it or not**, you must do it. 네가 그것을 좋아하든 싫어하든 너는 그것을 해야 한다.
- **Whether sick or well**, she is always cheerful. 아플 때나 건강할 때나 그녀는 항상 명랑하다.

➕ **확인 문제** 중요한 구문 표현 넣어 문장 완성하기.

1 능력은 네가 무엇을 할 수 있는지에 관한 것이다. 동기가 무엇을 할지를 결정하고, 태도가 그것을 얼마나 잘할지를 결정한다.

Ability is _____ you're capable of doing. Motivation determines _____ you do. Attitude determines how well you do it.

2 삶은 숫돌 같은 것이다. 그것이 당신을 갈아서 가루가 되게 하는지 다듬어 윤을 내게 하는지는 당신이 무엇으로 만들어져 있는지에 달려 있다.

Life is a grindstone. _____ it grinds you down _____ polishes you up, depends upon what you're made of.

▸▸▸ **정답** 1. what, what 2. Whether, or

269

17

명사절 who·which·where·when·why·how절
누구·어느 것·어디·언제·왜·어떻게 ~인지

- **Who will bell the cat** is a major concern.
  누가 고양이 목에 방울을 달 것인지가 주된 관심사이다.

- I wonder **which of the teams will win**.
  나는 어느 팀이 이길지 궁금하다.

- Do you know **where they are**?
  너는 그들이 어디에 있는지 아니?

- Do you know **when the next bus leaves for New York**?
  다음 뉴욕행 버스가 언제 떠나는지 아니?

- I can't explain **why it's so**. 나는 그것이 왜 그런지 설명할 수 없다.

- It is hard to decide on **how we should use money**.
  우리가 돈을 어떻게 사용해야 할지를 결정하는 것이 어렵다.

18

관계대명사절 who·which·that절   ~인[하는]

- Your neighbor is the man **who needs you**.
  네 이웃이 바로 너를 필요로 하는 사람이다.

- The only ones **who will be really happy** are **those who have found how to serve**.
  진짜 행복하게 될 유일한 이들은 봉사하는 법을 찾아낸 사람들이다.

- Is there any student **whose name hasn't been called**?
  호명되지 않은 학생이 있나요?

- The river **which flows through Seoul** is called the Hangang.
  서울을 관통해서 흐르는 강은 한강이라 불린다.

- Luck is something **that comes in many forms**.
  행운은 여러 형태로 오는 것이다.

- I made notes of the people and places **that excited my interest**.
  나는 내 흥미를 끈 사람들과 장소들을 적어 두었다.

➕ **확인 문제**   중요한 구문 표현 넣어 문장 완성하기.

1 한 사람의 인격은 그가 자신을 위해 아무 것도 해 줄 수 없는 사람을 어떻게 대하는지에 의해 쉽게 판단할 수 있다.
  You can easily judge the character of a man by _____ he treats those who can do nothing for him.

2 신은 자유를 사랑하고 항상 자유를 지킬 준비가 된 사람에게만 자유를 준다.
  God gives liberty only to those _____ love it, and are always ready to defend it.

▸▸▸ 정답 1. how 2. who

19 관계부사절 **when·where·why·how**절 ~인[하는]

- There are times (**when**) **we are discouraged**.
  낙담할 때가 있는 법이다.
- The time will come **when you'll regret it**.
  그것을 후회할 때가 올 것이다.
- There are many cases **where you have to control yourself**.
  자제하지 않으면 안 될 경우도 많다.
- There were many reasons **why the war broke out**.
  그 전쟁이 일어난 이유는 여러 가지가 있었다.
- That is **how he solved the difficult problem**.
  =That is **the way he solved the difficult problem**.
  그것이 그가 그 어려운 문제를 푼 방법이다.

20 **the same ~ as[that] ...** …와 같은 (종류의) ~ / **such ~ as ...** …하는 그런 ~

- A friend is someone who has **the same enemies as[that]** you have.
  친구란 당신이 갖고 있는 것과 똑같은 적을 갖고 있는 사람이다.
- He is just **the same as[that]** he used to be five years ago.
  그는 5년 전의 그와 똑같다.
- He gave **the same** answer **as** (he did) before.
  그는 전과 똑같은 대답을 했다.
- **The same** sun **that** melts butter hardens clay.
  버터를 녹이는 것과 같은 태양이 찰흙을 굳게 한다.
- This is **the same** camera **as** I have[**as** mine].
  이것은 내 카메라와 똑같은 (종류의) 것이다.
- Choose **such** friends **as** will benefit you.
  너에게 이로운 친구를 골라라.

➕ 확인 문제 중요한 구문 표현 넣어 문장 완성하기.

1 학교는 삶의 세계로 들어가기 전에 거쳐야 할 곳이기는 하지만, 학교에서 적절한 가르침이 삶을 준비해 주지는 못한다.
A school is a place through which you have to pass before entering life, but _____ the teaching proper does not prepare you for life.

2 'listen(듣다)'이라는 단어는 'silent(침묵하는)'라는 단어와 같은 글자들을 포함하고 있다.
The word "listen" contains the _____ letters _____ the word "silent."

>>> 정답 1. where 2. same, as

21 **wh-ever절 / no matter wh-절** ~든지

1 명사절 wh-ever절: ~든지
- **Whatever has a beginning** also has an end. 시작이 있는 무엇이든지 끝도 있다.
- Do **whatever you want**. 하고 싶은 일은 무엇이든지 해라.
- **Whoever violates the law** will be punished. 법을 어기는 누구든지 처벌받을 것이다.
- Choose **whichever you want**. 원하는 어느 것이든 골라라.

2 부사절 wh-ever절 = no matter wh-절: ~든지[~일지라도]
- **However late you are**, be sure to phone me.
  = **No matter how late you are**, be sure to phone me.
  아무리 늦더라도 꼭 전화해라.
- **Whatever happens**, always try to pull yourself together.
  = **No matter what happens**, always try to pull yourself together.
  무슨 일이 일어나든 항상 정신을 차리려고 노력해라.

22 **so (that)[in order that] ~ can[may, will]** ~하기 위하여, ~하도록

- She dresses colorfully **so that** everyone **will** notice her.
  그녀는 모든 사람이 자신을 알아보도록 화려하게 옷을 입는다.
- She turned away **so that** no one **might** see her tears.
  그녀는 아무도 자신의 눈물을 볼 수 없도록 고개를 돌렸다.
- Her mother took her to Canada **so** she **might** speak better English.
  그녀의 어머니는 그녀가 영어를 더 잘하게 하기 위해 캐나다로 데려 갔다.
- He sacrificed his life **that** his friends **could** live happily.
  그는 친구들이 행복하게 살 수 있도록 자기 생명을 희생했다.
- We go to school **in order that** we **may** learn things.
  우리는 무언가를 배우기 위해 학교에 다닌다.

➕ 확인 문제 중요한 구문 표현 넣어 문장 완성하기.

1 무슨 대가를 요구하든지 간에, 내 마음이 얼마나 고통스럽게 부서지든지 간에, 나는 바로 여기서 당신만을 기다리겠어요.

_____ it takes or _____ painfully my heart breaks, I will be right here waiting for you.

2 가장 좋은 것에 '그래'라고 할 수 있기 위해서는 그냥 좋은 것에는 '아니'라고 말해야 한다.

I have to say NO to the good _____ _____ I can say YES to the best.

▸▸▸ 정답 **1.** Whatever, however **2.** so that

272

23 lest[for fear (that)] ~ should[may]   ~하지 않도록, ~하지 않기 위하여

- I hurried **lest** I **should** be late.
  = I hurried **so that** I **might not** be late.
  나는 늦지 않도록 서둘렀다.

- Take care of yourself **lest** you (**should**) catch a cold.
  감기에 걸리지 않도록 몸조심해라.

- Shut the window **for fear** (**that**) a burglar **may** break into.
  도둑이 침입하기 못하도록 창문을 닫아라.

- I walked softly **for fear** (**that**) I **should** wake the sleeping baby.
  나는 잠자는 아기를 깨우지 않기 위해 조용히 걸었다.

24 so[such] ~ (that) ...   너무 ~해서 …하다

- It was **so** cold **that** he was shivering.
  너무 추워서 그는 몸을 떨고 있었다.

- She was **so** busy (**that**) she could not help me.
  그녀는 너무 바빠서 나를 도와줄 수가 없었다.

- He is **such** a nice man (**that**) everybody likes him.
  그는 참 좋은 사람이어서 모두가 그를 좋아한다.

- It was **such** a wonderful movie (**that**) I saw it five times.
  그것은 아주 훌륭한 영화여서 나는 다섯 번이나 보았다.

▶ ~, so (that) ...: ~ 그래서 …하다

- I was excited, **so that** I couldn't get to sleep.
  나는 흥분해서 잠들 수가 없었다.

- She told me to go, **so** I went.
  그녀가 내게 가라고 해서 갔지.

➕ 확인 문제   중요한 구문 표현 넣어 문장 완성하기.

1 당신이 소유하고 있는 물건이 당신을 소유하지 않도록 하기 위해서 그것을 사랑하지 마라.
  Don't love the things you own _____ they should own you.

2 인생을 너무 빨리 보내서 당신이 어디에 있었는지뿐만 아니라 어디로 갈지도 잊어버리지 마라.
  Don't run through life _____ fast _____ you forget not only where you've been but also where you're going.

▶▶▶ 정답 1. lest 2. so, that

now (that)[since] ～이므로[하므로], ～이니까[하니까]

- **Now that** he is gone, we miss him badly. 그가 떠나고 나니까 우리는 그가 몹시 그립다.
- **Now that** I think about, it makes me mad. 생각해 보니 화가 난다.
- **Now that** I have finished my exam, I feel light as a feather.
  시험을 끝내고 나니 기분이 깃털처럼 가볍다.
- **Since** she wants to go, I'd let her. 그녀가 가고 싶어 하니까 그녀를 보내 주겠다.
- **Since** I got that off my chest, I feel much better. 흉금을 털어놓으니 훨씬 후련하다.

▶ ～, for ...: 왜냐하면 …이니까[하니까]

- Let me stay, **for** I am tired. 여기 있게 해 줘. 왜냐하면 나는 지쳤으니까.
- She must be very happy, **for** she is dancing.
  그녀는 무척 행복한 모양이네. 왜냐하면 그녀가 춤을 추고 있잖아.

just[only, simply] because ～ 단지 ～라는 이유만으로

- Don't buy anything **just because** it's cheaper than usual.
  어떤 것이라도 평소보다 싸다는 이유만으로 사지는 마라.
- **Just because** something is different, it doesn't mean it's bad.
  단지 뭔가가 다르다는 이유가 나쁘다는 것을 의미하지는 않는다.
- Some students study **only because** their parents make them.
  어떤 학생들은 단지 부모가 강제로 시키기 때문에 공부한다.
- People were fascinated by them **only because** they were beautiful.
  사람들은 그들이 단지 예쁘다는 이유만으로 그들에게 매혹되었다.
- Some people succeed **simply because** they happen to stand in the "lucky" line.
  어떤 사람들은 단지 우연히 줄을 잘 서기 때문에 출세한다.
- Many people fail to realize their potential **simply because** they don't know it.
  많은 사람들은 단지 자신의 잠재력을 알지 못하기 때문에 그것을 발휘하지 못한다.

✚ **확인 문제** 중요한 구문 표현 넣어 문장 완성하기.

1 뭘 아는지를 아니까, 알 필요가 있는 것이 훨씬 더 많아졌다.
_____ _____ we know what we know, there is so much more we need to know.

2 사실은 단지 무시된다고 해서 없어지지는 않는다.
Facts don't disappear _____ _____ they're ignored.

▶▶ 정답 1. Now that 2. just[only, simply] because

27 (even) though[if] (비록) ~일[할]지라도

- He bought a new car **even though** he couldn't afford it.
  그는 새 차를 살 여유가 없는데도 그것을 샀다.
- **Even though** she has a car, she often gets on buses and subways.
  그녀는 비록 차가 있을지라도 종종 버스나 지하철을 탄다.
- Don't blame him **even though** he should fail. 그가 실패하더라도 그를 비난하지 마라.
- We must do it, **even though** it is dangerous. 비록 위험하더라도 우리는 그것을 해야 한다.
- We'll finish it **even if** it takes us all day. 설사 하루 종일 걸리더라도 우리는 그것을 끝낼 작정이다.
- I am not surprised **even if** it happens. 그런 일이 일어나더라도 나는 별로 놀라지 않는다.

28 as soon as = the moment[minute, instant] (that) / hardly ~ when[before] … = no sooner ~ than …

1 as soon as = the moment[minute, instant] (that): ~하자마자

- I will tell him so **as soon as** he comes.
  그가 오자마자 그렇게 전하겠다.
- She went away **the moment[minute, instant] (that)** he came home.
  그가 집에 돌아오자마자 그녀는 나가 버렸다.

2 hardly[scarcely] ~ when[before] … = no sooner ~ than …: ~하자마자 …하다

- I had **hardly[scarcely]** said the word **when[before]** he entered.
  = **Hardly[Scarcely]** had I said the word **when[before]** he entered.
  내가 그 말을 하자마자 그가 들어왔다.
- **No sooner** had the thieves seen the police **than** they ran away.
  도둑들은 경찰을 보자마자 달아났다.

➕ **확인 문제** 중요한 구문 표현 넣어 문장 완성하기.

1 비록 실패하더라도 큰일을 감행하는 것이, 별로 즐거워하지도 않고 별로 괴로워하지도 않는 사람들과 자리를 지키고 있는 것보다 훨씬 더 낫다.

It is far better to dare great things, _____ _____ they fail, than to keep a seat with those who neither enjoy much nor suffer much.

2 비밀이 당신의 가슴 속에 간직되어 있기만 하면 당신이 비밀의 주인이다. 하지만 당신이 그것을 드러내자마자 비밀이 당신의 주인이 된다.

As long as a secret is secure in your heart, you are its master. _____ _____ _____ you reveal it, it becomes your master.

➤➤ 정답 1. even though[if] 2. As soon as

275

29 if[suppose (that), provided (that)] ~이라면[한다면]

- **If** he had fair warning, he has nothing to complain of.
  그가 제대로 경고를 받았다면 불평할 것이 전혀 없다.
- **Suppose**[**Supposing**] (**that**) we are late, what will he say?
  우리가 늦으면 그가 뭐라고 할까?
- I will come **provided** (**that**) it is fine tomorrow.
  내일 날씨가 좋으면 가겠다.

▶ unless: ~하지 않으면(=if ~ not)
- **Unless** you leave at once, you will be late for class.
  = **If** you **don't** leave at once, you will be late for class.
  즉시 떠나지 않으면 수업에 늦을 것이다.

30 (Just) as A, (so) B A와 마찬가지로 B하다

- **As** a man lives, **so** he dies. 인간은 살듯이 죽는다.
- **As** you sow, **so** shall you reap. 뿌린 대로 거둔다[자업자득].
- **As** a man thinks, **so** will he write. 사람은 생각하는 대로 쓴다.
- **Just as** spring must turn to fall, **so** must we all grow old.
  봄이 반드시 가을이 되듯이 우리는 모두 반드시 늙는다.
- **Just as** he suffered **so** must you.
  그가 고생했듯이 너도 고생하게 된다.
- **Just as** the bees love sweetness, **so** (do) the flies love rottenness.
  벌이 단 것을 좋아하듯이 파리는 썩은 것을 좋아한다.
- **Just as** food nourishes our body, **so** books nourish our mind.
  음식이 우리 몸에 영양을 주듯이 책은 우리 마음에 영양을 준다.

➕ 확인 문제   중요한 구문 표현 넣어 문장 완성하기.

1 누군가를 사랑한다면 바로 그때 소리 내어 말해라. 그러지 않으면 그 순간은 당신을 스쳐 지나고 말 것이다.
   _____ you love someone, say it aloud right then, otherwise the moment
   will just pass you by.

2 전쟁은 증오가 있어서라기보다는 사랑이 없어서 일어나고 어둠은 빛이 없는 상태인 것과 마찬가지로, 부정적
   인 태도는 긍정적인 태도가 없어서 생긴다.
   _____ _____ war is more the absence of love than the presence of hate,
   and darkness is the absence of light, _____ a negative attitude is the
   absence of a positive one.

▶▶ 정답 **1.** If[Suppose, Supposing, Provided] **2.** Just as, so

276

31 not ~ until … / not long before

1 not ~ until …: …까지는 ~하지 못하다[…하고 나서야 비로소 ~하다]

- People do **not** know the value of health **till**[**until**] they lose it.
  사람들은 건강을 잃고 나서야 비로소 그 가치를 안다.

- You don't know what you've got **until** you've lost it.
  얻었던 걸 잃어버리고 나서야 비로소 그게 무엇이었는지 안다.

- It was **not until** I went on a foreign tour **that** I knew it was inconvenient not to be able to make myself understood.
  말이 통하지 않는다는 게 얼마나 불편한지 외국 여행을 해 보고 나서야 비로소 알았다.

2 not long before ~: ~까지는 오래 걸리지 않다[머지않아 ~하다]

- It was **not long before** he noticed the change.
  그가 변화를 알아채기까지는 오래 걸리지 않았다[곧 변화를 알아챘다].

- It will **not** be **long before** we suffer from a shortage of water supply.
  우리는 머지않아 물 공급 부족으로 고통을 겪게 될 것이다.

32 If + 과거동사, 과거 조동사 + 동사원형
~한다면[이라면], …할 텐데[일 텐데]: 현재·미래 사실 반대 가정

- I **wouldn't do** that **if** I **were** you. 내가 너라면 그런 짓은 안 할 텐데.
- **If** you **ran** all the way, you'**d get** there in time. 줄곧 뛰어간다면 제시간에 도착할 수 있을 텐데.
- If I **were to** be born again, I **would live** a different life.
  만약 다시 태어난다면 다른 삶을 살 것이다.

▶ **If it were not for ~ [Were it not for ~]:** ~이 없다면(=Without[But for])

- **If it were not for** love, no human being could live.
  = **Without**[**But for**] love, no human being could live.
  사랑이 없다면 어떤 인간도 살 수 없다.

- **Were it not for** music, our life would be as dry as a desert.
  음악이 없다면 우리 삶은 사막처럼 메마를 것이다.

➕ 확인 문제 중요한 구문 표현 넣어 문장 완성하기.

1 웃음이라는 옷을 입고 나서야 비로소 완전히 다 차려입게 되는 셈이다.
  You are _____ fully dressed _____ you wear a smile.

2 만약 하루 중 1/3을 잠자지 않는다면 얼마나 많은 실수를 하게 될까?
  How many mistakes _____ you make _____ you _____ not sleep a third of your day?

▸▸▸ 정답 **1.** not, until **2.** would, if, did

33   If + had + 과거분사, 과거 조동사 + have + 과거분사
~했더라면[였더라면], …했을 텐데[였을 텐데]: 과거 사실 반대 가정

- **If** I **had had** more money, I **could have taken** a trip.
  돈이 좀 더 있었더라면 여행을 갈 수 있었을 텐데.
- **If** I **had known** you were coming, I **would have met** you at the airport.
  네가 올 거라는 것을 알았더라면 공항에 마중 나갔을 텐데.
- **If** she **had seen** it, she **would have fainted**.
  만약 그것을 봤더라면 그녀는 기절했을 텐데.
- **If it had not been for** my teacher's advice, I **would have failed**.
  = **Without[But for]** my teacher's advice, I **would have failed**.
  선생님의 충고가 없었더라면 나는 실패했을 텐데.

34   If + had + 과거분사, 과거 조동사 + 동사원형
(과거에) ~했더라면[였더라면], (지금) …할 텐데[일 텐데]

- **If** I **had studied** English harder in high school, I **would be** happier now.
  고등학교 때 영어 공부를 더 열심히 했더라면 지금 더 행복할 텐데.
- **If** I **had not met** this book, I **couldn't be** good at English like now.
  이 책을 만나지 않았더라면 지금처럼 영어를 잘 할 수 없을 텐데.
- **Had** Einstein **not lived**, we **would have** a much different world.
  아인슈타인이 살지 않았더라면 우리는 아주 다른 세상에 살고 있을 텐데.

▸ **If + 과거동사, 과거 조동사 + have + 과거분사: ~한다면[이라면], …했을 텐데[였을 텐데]**
- **If** it **were** not such a long distance, we **would have gone**.
  그렇게 먼 거리가 아니라면 우리는 갔을 텐데.

✚ 확인 문제   중요한 구문 표현 넣어 문장 완성하기.

1 보는 대가가 눈이 머는 것이었더라도 나는 보았을 것이다.
  _____ the price of looking _____ _____ blindness, I _____ _____
  looked.

2 내가 너를 만나지 않았더라면 좋아하지 않을 테고, 좋아하지 않으면 사랑하지 않을 테고, 사랑하지 않는다면
  그리워하지도 않을 텐데… 하지만 만났고, 사랑하게 되었고, 그리워할 거야.
  _____ I _____ never _____ you, I _____ _____ you; If I didn't like
  you, I wouldn't love you; If I didn't love you, I wouldn't miss you... But I did, I
  do and I will.

▸▸▸ 정답   **1.** If, had been, would have   **2.** If, had, met, wouldn't like

35 동사(요구·제안·주장·권고·명령) + that ~ + (should +)동사원형
~해야 한다고 (요구·제안·주장·권고·명령)하다

- I **asked**[**demanded**, **requested**] **that** he (**should**) **leave** the place at once.
  나는 그가 즉시 그곳을 떠날 것을 요구했다.
- He **suggested**[**proposed**] **that** she (**should**) **apply** for the job.
  그는 그녀가 그 일자리에 지원해야 한다고 제안했다.
- She **insisted that** he (**should**) **love** her. 그녀는 그가 자신을 사랑해야 한다고 주장했다.
- I **advised**[**recommended**] **that** he (**should**) **think** carefully.
  나는 그가 신중히 생각하도록 권고했다.

▸ It + be + 형용사(주관적 판단) + that ~ (should +)동사원형
- It is **necessary**[**essential**, **vital**, **important**, **desirable**] **that** everybody (**should**)
  keep time. 모두가 시간을 지키는 게 필요하다[필수불가결하다, 중요하다, 바람직하다].

36 as if[though] + 가정법 / It's (high) time + 가정법

1 as if + 과거형: 마치 ~인 것처럼(주절의 시제와 같은 시간의 사실 반대 가정)
- She treats him **as if** she **owned** him. 그녀는 마치 그를 소유하고 있는 것처럼 취급한다.
- The robot moved **as if** it **were** a human. 그 로봇은 마치 인간인 것처럼 움직였다.

2 as if + had + 과거분사: 마치 ~이었던 것처럼(주절의 시제보다 앞선 시간의 사실 반대 가정)
- You talk **as if** you **had** really **been** there. 너는 마치 거기에 진짜 가 본 듯이 말하는구나.
- He looked **as if** he **had seen** a ghost. 그는 마치 유령이라도 본 것 같은 표정을 짓고 있었다.

▸ It's (high) time ~: ~할 때가 되었는데 (사실은) 안 하고 있다
- **It's high time** I **went**. 나는 가야 할 때가 되었다. (아직 가지 않았음)
- **It's time** you **went** to bed. 너는 잘 때가 되었다. (아직 자고 있지 않음)

➕ **확인 문제** ▸ 중요한 구문 표현 넣어 문장 완성하기.

1 부모는 자기 자식이 평균적인 능력을 가지고 있다는 사실을 인정하려 하지 않는다. 영재 교육 프로그램을 시작
해 보면 모든 부모가 자기 자식이 등록되기를 요구한다.
A parent won't admit that his or her child has average ability. Start a
program for gifted children, and every parent demands that his or her child
_____ enrolled.

2 마치 하루하루가 마지막인 것처럼 살면서도, 마치 영원히 살 것처럼 거기서 배워나가라.
Live each day _____ _____ it _____ your last, but learn from each day
_____ _____ you _____ live forever.

➤➤ 정답 **1.** (should) be **2.** as if, were, as if, would

279

wish + 가정법 ~한다면[했더라면] 좋을[좋았을] 텐데

1 현재 사실의 반대 소망: wish + 과거형

- I **wish** I **had** enough will power to quit smoking.
  내가 담배를 끊을 만큼 충분한 의지력이 있으면 좋을 텐데.

- She **wishes** she **were** still young. 그녀는 여전히 젊었으면 한다.

2 미래의 어려운 소망: wish + would/could + 동사원형

- I **wish** you **would do** so. 그렇게 해 주시기를 바랍니다.

- I **wish** I **could help** you. 당신을 도울 수 있었으면 좋겠어요.

3 과거 사실의 반대 소망: wish + had + 과거분사

- I **wish** I **had accepted** his advice then.
  그때 그의 조언을 받아들였더라면 좋았을 텐데.

- I **wish** I'**d gone** to see her in the hospital more often.
  그녀를 문병하러 더 자주 병원에 갔더라면 좋았을 텐데.

if only 그저[단지] ~하기만 하면, 그저[단지] ~만으로도

- **If only** she arrives in time! 그녀가 그저 제때 와 주기만 한다면!

- **If only** you will not change your mind! 네가 맘을 바꾸지만 않는다면!

- **If only** I **knew**! 알고 있기만 하면 좋을 텐데! (가정법)

- **If only** I **could see** them before I die! 내가 죽기 전에 그들을 볼 수만 있다면! (가정법)

- **If only** you **could have seen** it! 네가 단지 그것을 볼 수만 있었더라도! (가정법)

- **If only** I **had stopped** to think about it, I **would** never **have reacted** that way!
  내가 그것에 대해 잠시 멈춰 생각만 했더라도 그런 식으로 반응하지 않았을 텐데! (가정법)

- We must respect him **if only** for his honesty[**if only** because he is honest].
  정직함만으로도 우리는 그를 존경해야 한다.

- I want to go **if only** to see his face. 그의 얼굴을 보는 것만으로도 좋으니 나는 가고 싶다.

➕ **확인 문제** 중요한 구문 표현 넣어 문장 완성하기.

1 너는 네 자신이 세상에서 보기를 소망하는 변화 그 자체여야 한다.
   You must be the change you _____ you _____ see in the world.

2 네가 사랑에 스스로 마음을 열 수만 있다면 사랑은 언제나 너를 위해 거기에 있다.
   Love is always there for you _____ _____ you can open yourself to it.

➤➤➤ 정답 **1.** wish, would **2.** if only

39 not always / necessarily / every[all]
언제나/반드시/모두 ~인 것만은 아니다 (부분 부정)

- It's **not always** good to be born with a silver spoon in your mouth.
  은수저를 물고[부잣집에] 태어나는 것이 항상 좋은 것만은 아니다.
- Life is **not always** a bowl of cherries. 인생이 항상 버찌 사발[즐거운 것]만은 아니다.
- Price is **not always** an indicator of quality. 가격이 언제나 품질의 척도가 되는 것은 아니다.
- The strongest men do **not necessarily** live the longest.
  가장 강한 사람이 반드시 가장 오래 사는 것은 아니다.
- The best cared-for children are **not necessarily** happy.
  가장 소중하게 돌봐 준 아이가 반드시 행복한 것은 아니다.
- Such things do **not** happen **every** day. 그런 일이 매일 일어난다고 할 수는 없다.
- **Every** shoe fits **not every** foot. 모든 신발이 모든 발에 맞는 것은 아니다.
- **All** that glitters is **not** gold. 반짝인다고 모두 다 금이 아니다.

40 not ~ any longer[no longer] / not ~ any more / not ~ at all

1 not ~ any longer[no longer] / not ~ any more: 더 이상 ~ 아니다
- I **don't** love you **any longer**. = I **no longer** love you. 나는 더 이상 너를 사랑하지 않아.
- You will **not** walk through this life alone **any longer**.
  너는 더 이상 이 세상에서의 삶을 혼자서 걸어가지 않을 거야.
- After the accident, he did**n't** walk **any more**. 그 사고 후에 그는 더 이상 걷지 못했다.
- That place is so dirty, **no**body goes there **any more**.
  그 장소는 너무 더러워서 아무도 더 이상 거기에 가지 않는다.

2 not ~ at all: 전혀 ~ 아니다
- The exam was **not** easy **at all**. 시험은 결코 쉽지 않았다.
- There is **no**thing to worry about **at all**. 걱정할 것이 전혀 없다.

＋ 확인 문제 중요한 구문 표현 넣어 문장 완성하기.

1 다른 사람들에게 용서받는 것만으로 항상 충분한 것은 아니다. 때때로 스스로를 용서하는 것을 배워야 한다.
It is ＿＿＿＿ ＿＿＿＿ enough to be forgiven by others. Sometimes you have to learn to forgive yourself.

2 더 이상 멈춰서 경이로워할 수 없는 사람은 죽은 것이나 다름없다. 그의 눈이 감겨 있으므로.
He who can ＿＿＿＿ ＿＿＿＿ pause to wonder is as good as dead; his eyes are closed.

▸▸▸ 정답 1. not always 2. no longer

281

41 **The + 비교급, the + 비교급 / 비교급 + and + 비교급**

1 The 비교급 ~ , the 비교급 … : ~하면 할수록 더욱 …하다

- **The more** I know him, **the more** I like him. 그는 알면 알수록 더욱 좋아진다.
- **The more** we have, **the more** we want. 가지면 가질수록 더 갖고 싶어 한다.
- **The more** you eat, **the fatter** you get. 많이 먹으면 먹을수록 더 살이 찐다.
- **The more** she talks, **the less** he listens. 그녀가 말하면 말할수록 그는 더 들으려 하지 않는다.
- **The more the better.** 많으면 많을수록 좋다.
- **The sooner the better.** 빠르면 빠를수록 좋다.

2 비교급 + and + 비교급: 점점 더 ~

- It is getting **warmer and warmer**. 날씨가 점점 더 따뜻해지고 있다.
- Our world is getting **smaller and smaller**. 세계는 점점 더 가까워지고 있다.
- Life is becoming **more and more** complicated. 생활이 점점 더 복잡해지고 있다.

42 **as + 형용사/부사 + as의 여러 가지 쓰임**

1 as + 형용사/부사 + as ~: ~만큼 …하다

- This is **as good** a computer **as** that one. 이건 저것만큼 좋은 컴퓨터이다.
- I love her **as much as** you. 나는 너만큼 그녀를 사랑한다.

2 not as[so] + 형용사/부사 + as ~: ~만큼 …하지 않다

- She isn't so[as] young as she looks. 그녀는 보기만큼 어리지 않다.

3 배수사 + as + 형용사/부사 + as ~: ~의 몇 배

- This country is **twice[half] as large as** that. 이 나라는 그 나라의 두 배[절반] 크기다.
- The population of Busan is about **a third as large as** that of Seoul.
  부산 인구는 서울 인구의 약 1/3이다.

4 as + 형용사/부사 + as possible[you can]: 가능한 한

- Please come home **as early as possible**. 가능한 한 일찍 좀 집에 오너라.
- I worked **as hard as I could**. 나는 할 수 있는 한 열심히 일했다.

➕ **확인 문제**   중요한 구문 표현 넣어 문장 완성하기.

1 당신이 더 많은 논쟁에서 이기면 이길수록 더 적은 친구를 갖게 될 것이다.
_____ _____ arguments you win, _____ _____ friends you'll have.

2 좋은 설교는 시작과 끝이 좋아야 하며, 그 둘은 가능한 한 서로 가까워야 한다.
A good sermon should have a good beginning and a good ending, and they
should be _____ close together _____ _____.

◀▸▸ 정답 ▸ **1.** The more, the fewer **2.** as, as possible

282

43 최상급 표현

1 비교급 + than any other + 단수명사 = 비교급 + than all the + 복수명사
= 비교급 + than anyone[anything] else: 다른 누구[어떤 것]보다도 더 ~한

- He is **braver than any other boy** in his class.
  = He is **braver than all the boys** in his class.
  = He is **braver than anyone else** in his class.
  그는 반에서 누구보다도 더 용감하다.

2 no A + 비교급 + than B: 어떤 A도 B보다 더 ~하지 않다[못하다]

- **No** mountain in Korea is **higher than** Mt. Baekdu. 한국에 있는 어떤 산도 백두산보다 더 높지 않다.
- **Nothing** is **more precious than** time. 아무것도 시간보다 더 귀중하지 않다.

3 as + 원급 + as ever + 과거동사: 가장 ~한

- He is **as wise** a man **as ever lived**. 그는 이제껏 산 사람 중 가장 지혜로운 사람이다.

44 one ~ the other ... / some ~ others ...

1 one ~ the other ...: (둘 중) 하나는 ~ 나머지 하나는 …

- She has two daughters: **one** is thin, and **the other** is fat.
  그녀에게는 딸이 두 명 있는데, 한 명은 날씬하고 나머지 한 명은 뚱뚱하다.
  [비교] one ~ another ... the other[the third] ~ (셋 중) 하나는 ~ 다른 하나는 … 나머지 하나는 ~

- There are three rooms. **One** is mine, **another** is my sister's and **the other** is my
  parents'. 방이 3개 있다. 하나는 내 방이고 또 하나는 누이 방이며 나머지는 부모님 방이다.
  [비교] one ~ the others ... (셋 이상 중) 하나는 ~ 나머지 전부는 …

2 some ~ others ...: (여럿 중) 일부는 ~ 다른 일부는 …

- **Some** dream of wonderful things, while **others** stay awake and do them.
  어떤 사람들은 훌륭한 것을 꿈꾸는 데 반해 어떤 사람들은 깨어 있으면서 그것을 한다.

- **Some** men say this, **others** that; which should I believe?
  이렇게 말하는 사람도 있고 저렇게 말하는 사람도 있다. 어느 쪽을 믿어야 한단 말인가?
  [비교] some ~ the others ... (여럿 중) 일부는 ~ 나머지 전부는 …

➕ **확인 문제** ▷ 중요한 구문 표현 넣어 문장 완성하기.

1 남의 흠을 찾는 것보다 쉬운 일은 없다. _____ is easier than finding others' faults.

2 정치의 기술은 한 시민 계급으로부터 가능한 한 많은 돈을 거둬서 다른 계급에 주는 데 있다.
The art of government consists in taking as much money as possible from
_____ class of citizens to give to _____ _____.

▶▶ 정답 **1.** Nothing **2.** one, the other

45 **the one[the former, that] ~ the other[the latter, this] ... / ~ one thing ... another**

1 the one[the former, that] ~ the other[the latter, this] ...: 전자는 ~ 후자는 …

- They keep horses and cattle, **the one** for riding, **the other** for food.
  그들은 말과 소를 기르고 있는데, 전자는 탈것이고 후자는 식용이다.

- Of these two opinions, I prefer **the latter** to **the former**.
  이 두 가지 의견 중에서 나는 전자보다 후자가 더 낫다.

- **The former** speaker was much better than **the latter**.
  이전 연설자가 나중 사람보다 훨씬 더 나았다.

- Above all else he esteemed beauty and honor – and **this** above **that**.
  무엇보다도 그는 미와 명예를 존중했는데, 후자[명예]를 전자[미]보다 더 높이 여겼다.

2 ~ one thing ... another: ~와 …는 별개의 문제이다

- Knowing is **one thing**, and doing is quite **another**.
  아는 것과 행하는 것은 전혀 별개의 문제이다.

46 **not so much A as B / no more A than B**

1 not so much A as B = rather B than A = B rather than A: A라기보다는 오히려 B인

- His success is **not so much** by talent **as** by efforts.
  = His success is **rather** by efforts **than** by talent.
  그의 성공은 재능에 의한 것이라기보다는 오히려 노력에 의한 것이다.

- I was **not so much** angry **as** disappointed. 나는 화가 났다기보다는 오히려 실망했다.

2 no more A than B = not A any more than B: A가 아닌 것은 B가 아닌 것과 같다

- I am **no more** mad **than** you (are). 너와 마찬가지로 나도 화나지 않았다.

- Work is **not** the object of life **any more than** play is.
  노동도 놀이와 마찬가지로 인생의 목적이 아니다.

- A home without love is **no more** a home **than** a body without a soul is a man.
  사랑이 없는 가정이 가정이 아닌 것은 정신이 없는 육체가 인간이 아닌 것과 같다.

➕ **확인 문제** 　중요한 구문 표현 넣어 문장 완성하기.

1 미덕과 악덕이 네 앞에 놓여 있는데, 후자는 고통으로, 전자는 행복으로 이끈다.
Virtue and vice are before you; _____ leads to misery, _____ to happiness.

2 세상의 위대한 것은 우리가 서 있는 곳에 있다기보다는 우리가 움직이고 있는 방향에 있다.
The great thing in the world is _____ _____ _____ where we stand, _____ in what direction we are moving.

›› 정답 **1.** this, that **2.** not so much, as

284

47 동명사 관련 표현

1 There is no ⓥ-ing: ~할 수 없다

- **There is no** know**ing** what may happen in the future. 미래에 무슨 일이 일어날지 알 수 없다.
- **There is no** tell**ing** when two Koreas will unify. 남북한이 언제 통일될지는 알 수 없다.

2 It's[There's] no use[good] ⓥ-ing: ~해 봐야 아무 소용없다

- **It's[There's] no use** resist**ing**. 저항해 봐야 아무 소용없다.
- **There's no use (in)** mak**ing** such a thing. 그런 걸 만들어 봐야 아무 소용없다.

3 not[never] ... without ⓥ-ing: …하면 반드시 ~하다

- It **never** rains **without** pour**ing**. 비가 왔다 하면 퍼붓는다[불행은 겹쳐 온다].
- They **never** meet **without** quarrel**ing**. 그들은 만나기만 하면 꼭 다툰다.

4 It goes without saying that ~: ~은 말할 필요도 없다

- **It goes without saying that** health is above wealth.
  건강이 부보다 더 중요하다는 건 말할 필요도 없다.

48 so[nor, neither] + 조동사[do, be동사] + 주어

1 so + 조동사[do, be동사] + 주어: ~도 그렇다

- She likes him. − **So do I**. 그녀는 그를 좋아해. − 나도 그래.
- I am very hungry. − **So am I**. 나는 몹시 배가 고파. − 나도 그래.
- My father was an artist, and **so am I**. 아버지는 예술가였는데 나도 그렇다.
- I was tired and **so were the others**. 나는 피곤했는데 다른 사람들도 그랬다.

2 nor[neither] + 조동사[do, be동사] + 주어: ~도 그렇지 않다

- She doesn't like it, **nor do I**. 그녀는 그것을 안 좋아하는데, 나도 그렇다.
- I said I had not seen it, **nor had I**. 나는 그것을 못 보았다고 했는데, 실제로 보지 못했다.
- I don't smoke, (and) **neither do I** drink. 나는 담배도 피우지 않고 술도 안 마신다.
- If you do not go, **neither shall I**. 네가 가지 않는다면 나도 안 갈래.
- A: I am not tired. B: **Neither am I**. A: 나는 피곤하지 않아. B: 나도 안 피곤해.

➕ 확인 문제   중요한 구문 표현 넣어 문장 완성하기.

1 취향에 대해서는 논쟁할 수 없다. _____ _____ _____ disputing about tastes.

2 하늘의 무지개를 보면 내 가슴은 뛰네. 삶이 시작될 때도 그랬고, 어른이 된 지금도 그렇고, 나이 들었을 때도 그러하리니. 그러지 못한다면 차라리 나는 죽을 것이니!
My heart leaps up when I behold / A rainbow in the sky: / _____ did it when my life began, / _____ does it now I am a man, / _____ will it when I shall grow old / Or let me die!

▶▶▶ 정답 1. There is no   2. So, So, So

49 It is because ~ / That is why ~

1 It(결과) is because + 원인: 그것은 ~ 때문이다

- She loves him. **It's because** he is gentle. 그녀는 그를 사랑한다. 그것은 그가 점잖기 때문이다.

2 That[This](원인) is why + 결과: 그것이 ~하는 이유다

- He is gentle. **That's why** she loves him. 그는 점잖다. 그것이 그녀가 그를 사랑하는 이유이다.
- He is too tired. **That's why** he doesn't come. 그는 너무 지쳤어. 그래서 그가 안 오는 거야.
- **This is the reason[why]** I didn't buy it. 이것이 내가 그것을 사지 않았던 이유이다.

50 완료 진행 / 완료 수동 / 진행 수동

1 완료 진행: have been ⓥ-ing

완료형	have	과거분사	
+) 진행형		be	ⓥ-ing
완료 진행	have	been	ⓥ-ing

- I **have been studying** English for five years. 나는 5년 동안 계속 영어를 공부해 오고 있다.

2 완료 수동: have been 과거분사

완료형	have	과거분사	
+) 수동태		be	과거분사
완료 수동	have	been	과거분사

- Many new antibiotics **have been developed** since the 1950s.
  많은 새로운 항생제가 1950년대 이후로 개발되어 왔다.

3 진행 수동: be being 과거분사

진행형	be	ⓥ-ing	
+) 수동태		be	과거분사
진행 수동	be	being	과거분사

- Fish **is being cooked** by my mother now. 생선이 지금 어머니에 의해 요리되고 있다.

➕ 확인 문제   중요한 구문 표현 넣어 문장 완성하기.

1 컴퓨터는 쉬거나 전화를 받을 필요가 없다. 그게 컴퓨터가 사람보다 더 많이 일할 수 있는 이유이다.
   Computers never have to stop and answer the phone. That's _____ they can do more work than people.

2 지혜로운 사람은 역사를 재촉하려고 하지 않는다. 많은 전쟁이 인내로 회피되어 왔으며, 또 많은 전쟁이 무모한 성급함으로 일으켜져 왔다.
   A wise man does not try to hurry history. Many wars _____ _____ avoided by patience and have been brought about by reckless haste.

➤➤➤ 정답 **1.** why **2.** have been

286

뜯어먹는 수능 1등급 영숙어 1200

일일 TEST
누적 TEST

60일분

사용법

총 소요 시간: 약 7분

1 해당 날짜의 테스트 용지를 뜯어낸다.
2 반으로 잘라 아래 부분은 잘 보관해 둔다.
3 일일 테스트부터 시작한다. (2분 30초 이내)
4 넘겨 누적 테스트를 계속한다. (2분 30초 이내)
5 위 둘을 채점해 보고 틀린 것을 다시 학습한다. (2분 이내)

Practice makes perfect.
연습은 완벽을 만든다.

01 used to ⓥ

02 seem to ⓥ

03 be going to ⓥ

04 have to ⓥ

05 try ⓥ-ing/to ⓥ

06 think about[of]

07 talk about

08 come from

09 look at

10 listen to ⓝ

11 be full of

12 be different from

13 be able to ⓥ

14 each other

15 for a long time

16 in front of

17 for example[instance]

18 a lot of[lots of]

19 in order to ⓥ[so as to ⓥ]

20 A such as B[such A as B]

01 worry about

02 depend on[upon]

03 look like

04 look for

05 go on

06 keep (on) ⓥ-ing

07 give up

08 pick up

09 find out

10 would like[love] to ⓥ

11 be late for

12 be likely to ⓥ

13 be interested in

14 in fact

15 one day

16 instead of

17 as a result

18 most of

19 because of

20 according to ⓝ

Day 1에는 누적 테스트가 없습니다.

---

01 **look at**	11 **be full of**
02 **talk about**	12 **be able to** ⓥ
03 **seem to** ⓥ	13 **be different from**
04 **have to** ⓥ	14 **each other**
05 **used to** ⓥ	15 **in front of**
06 **listen to** ⓝ	16 **for a long time**
07 **come from**	17 **a lot of[lots of]**
08 **be going to** ⓥ	18 **for example[instance]**
09 **try** ⓥ-**ing/to** ⓥ	19 **in order to** ⓥ[so as to ⓥ]
10 **think about[of]**	20 **A such as B[such A as B]**

01 go out	11 be based on
02 wait for	12 be supposed to ⓥ
03 wake up	13 be allowed to ⓥ
04 stop ⓥ-ing/to ⓥ	14 at first
05 get to ⓝ/ⓥ	15 at (the) least
06 fill A with B	16 in addition
07 take A to B	17 thousands of
08 pay[give] attention to ⓝ	18 as soon as
09 make a mistake	19 next to ⓝ
10 spend + 돈[시간] + (on[in]) ⓝ[ⓥ-ing]	20 by the way

01 put on	11 be good at
02 work for	12 be worth ⓥ-ing
03 deal with	13 be angry with[at] + 사람/about[at] + 사물
04 throw away	14 these days
05 belong to ⓝ	15 as well
06 take care of	16 after all
07 get out of	17 that is (to say)
08 make sure	18 for a while[moment]
09 thank A for B	19 at once
10 bring A to B	20 on the other hand

01 used to ⓥ

02 try ⓥ-ing/to ⓥ

03 go on

04 seem to ⓥ

05 find out

06 depend on[upon]

07 pick up

08 look for

09 look at

10 be going to ⓥ

11 be able to ⓥ

12 be interested in

13 be likely to ⓥ

14 instead of

15 in front of

16 according to ⓝ

17 as a result

18 because of

19 A such as B[such A as B]

20 in order to ⓥ[so as to ⓥ]

---

01 have to ⓥ

02 keep (on) ⓥ-ing

03 spend + 돈[시간] + (on[in]) ⓝ[ⓥ-ing]

04 think about[of]

05 look like

06 wait for

07 come from

08 give up

09 make a mistake

10 talk about

11 be likely to ⓥ

12 be supposed to ⓥ

13 be full of

14 according to ⓝ

15 thousands of

16 for a long time

17 most of

18 by the way

19 in fact

20 one day

01 pay for

02 stare at

03 go ⓥ-ing

04 take out

05 grow up

06 set up

07 lead to ⓝ

08 tend to ⓥ

09 say[talk] to yourself

10 regret ⓥ-ing/to ⓥ

11 be made of

12 be good for

13 be known as

14 one another

15 at the same time

16 all the time

17 in other words

18 over and over (again)

19 first of all

20 a kind[sort] of

----

01 ask for

02 work on

03 turn off

04 consist of

05 suffer from

06 agree with

07 cut down

08 refer to ⓝ

09 do[try] your best

10 make friends (with)

11 look forward to ⓝ[ⓥ-ing]

12 be filled with

13 be aware of

14 be sure of[about]/(that)

15 at last

16 due to ⓝ

17 for the first time

18 along with

19 and so on[forth]

20 as[so] long as

01 would like[love] to ⓥ

02 stop ⓥ-ing/to ⓥ

03 look for

04 get out of

05 wake up

06 pick up

07 work for

08 take A to B

09 worry about

10 make sure

11 be allowed to ⓥ

12 be late for

13 be good at

14 next to ⓝ

15 instead of

16 as well

17 at (the) least

18 in fact

19 on the other hand

20 as soon as

✂

01 get to ⓝ/ⓥ

02 deal with

03 regret ⓥ-ing/to ⓥ

04 go out

05 throw away

06 lead to ⓝ

07 fill A with B

08 thank A for B

09 take out

10 pay[give] attention to ⓝ

11 be angry with[at] + 사람/about[at] + 사물

12 be known as

13 be based on

14 after all

15 all the time

16 at first

17 for a while[moment]

18 at the same time

19 in addition

20 these days

294

일일 TEST | Day 7 SCORE / 20

01 warm up

02 escape from

03 go back (to ⓝ)

04 manage to ⓥ

05 happen to ⓝ/ⓥ

06 dream of[about]

07 take it easy

08 contribute to ⓝ

09 divide A into B

10 have something/noting to do with

11 be proud of

12 be afraid of[that]

13 be[get] ready to ⓥ

14 right now

15 some day[someday]

16 best of all

17 all over the world

18 in general

19 every time

20 up to ⓝ

일일 TEST | Day 8 SCORE / 20

01 focus on

02 sound like

03 make it

04 take off

05 play a role (in)

06 result in

07 bring about

08 prefer to A(ⓥ) (rather than B(ⓥ))

09 keep ~ in mind

10 provide A with B

11 be worried about

12 be covered with

13 be responsible for

14 or so

15 in short

16 for yourself

17 in spite of

18 at the end of

19 thanks to ⓝ

20 on your[the] way (to ⓝ)

01 **belong to** ⓝ		11 **be good for**
02 **tend to** ⓥ		12 **be aware of**
03 **agree with**		13 **be worth** ⓥ-ing
04 **put on**		14 **a kind[sort] of**
05 **set up**		15 **along with**
06 **suffer from**		16 **at once**
07 **bring A to B**		17 **in other words**
08 **pay for**		18 **at last**
09 **look forward to** ⓝ[ⓥ-ing]		19 **that is (to say)**
10 **take care of**		20 **over and over (again)**

✂- -

01 **go** ⓥ-ing		11 **make friends (with)**
02 **turn off**		12 **be proud of**
03 **go back (to** ⓝ**)**		13 **be made of**
04 **grow up**		14 **be sure of[about]/(that)**
05 **consist of**		15 **up to** ⓝ
06 **dream of[about]**		16 **first of all**
07 **stare at**		17 **as[so] long as**
08 **refer to** ⓝ		18 **some day[someday]**
09 **take it easy**		19 **one another**
10 **say[talk] to yourself**		20 **and so on[forth]**

01	turn out	11	be willing to ⓥ
02	ask out	12	be expected to ⓥ
03	figure out	13	be concerned about
04	be about to ⓥ	14	so far
05	make a[your] decision	15	in time
06	arrive at[in]	16	in a hurry
07	get back	17	a variety of
08	cause A to B(ⓥ)	18	at a time
09	compare A with[to] B(ⓝ)	19	as[so] far as
10	make[give, deliver] a speech	20	all day (long)

01	hear of[about]	11	be followed by
02	care for	12	be used to ⓝ(ⓥ-ing)
03	go ahead	13	be sure to ⓥ
04	keep a diary	14	a couple of
05	set out	15	in the end
06	think of A as B	16	a number of
07	take part in	17	at the age of
08	get married (to+사람)	18	more than
09	keep A from B(ⓥ-ing)	19	at times
10	ought to ⓥ	20	in danger (of)

01 cut down

02 happen to ⓝ/ⓥ

03 focus on

04 ask for

05 warm up

06 make it

07 work on

08 divide A into B

09 provide A with B

10 do[try] your best

11 be afraid of[that]

12 be responsible for

13 be filled with

14 in general

15 in spite of

16 due to ⓝ

17 right now

18 in short

19 for the first time

20 all over the world

---

01 manage to ⓥ

02 bring about

03 arrive at[in]

04 contribute to ⓝ

05 sound like

06 turn out

07 escape from

08 keep ~ in mind

09 make[give, deliver] a speech

10 have something/noting to do with

11 be covered with

12 be expected to ⓥ

13 be[get] ready to ⓥ

14 at the end of

15 as[so] far as

16 every time

17 thanks to ⓝ

18 at a time

19 best of all

20 or so

01 put up

02 have fun

03 feel like

04 respond to ⓝ

05 care about

06 believe in

07 rely on[upon]

08 look around

09 gain[put on]/lose weight

10 have an effect[impact] on

11 be nervous about

12 be busy (in) ⓥ-ing

13 be sorry for

14 right away

15 on time

16 regardless of

17 in terms of

18 in silence

19 with care/ease

20 a great[good] deal of

01 take place

02 take (full) advantage of

03 refer to A as B

04 make up

05 go away

06 turn on

07 go by

08 let go (of)

09 slow down

10 go through

11 be due to ⓥ

12 be related to ⓝ

13 be[feel] ashamed of

14 as usual

15 no doubt

16 in person

17 above all

18 except for

19 out of sight

20 on the contrary

01 take off

02 get back

03 go ahead

04 result in

05 figure out

06 think of A as B

07 play a role (in)

08 make a[your] decision

09 take part in

10 prefer to A(ⓥ) (rather than B(ⓥ))

11 be concerned about

12 be used to ⓝ(ⓥ-ing)

13 be worried about

14 a variety of

15 more than

16 on your[the] way (to ⓝ)

17 all day (long)

18 in danger (of)

19 for yourself

20 so far

✂--

01 cause A to B(ⓥ)

02 set out

03 feel like

04 ask out

05 hear of[about]

06 rely on[upon]

07 compare A with[to] B(ⓝ)

08 keep A from B(ⓥ-ing)

09 have an effect[impact] on

10 be about to ⓥ

11 be sure to ⓥ

12 be nervous about

13 be willing to ⓥ

14 at times

15 on time

16 in a hurry

17 at the age of

18 in terms of

19 in time

20 a number of

300

01	lie in	11	be famous for
02	die of	12	be packed with
03	take up	13	be[get] involved in
04	send out	14	out of stock
05	differ from	15	a pair of
06	point out	16	the other day
07	fail to ⓥ	17	again and again
08	prepare for	18	plenty of
09	bring up	19	something like
10	feel free to ⓥ	20	in[by] contrast (to[with])

01	get rid of	11	be impressed by[with]
02	take pride in	12	be similar to ⓝ
03	invite A to B(ⓝ/ⓥ)	13	be apt to ⓥ
04	add to ⓝ	14	What if ~?
05	get on	15	in shape
06	remind A of B	16	on earth
07	take your picture[take a picture of]	17	for some time
08	put off	18	as a whole
09	make (good) use of	19	quite a few/little[bit]
10	provide A for[to] B	20	in the meantime[meanwhile]

01 ought to ⓥ

02 care about

03 go through

04 care for

05 put up

06 turn on

07 keep a diary

08 have fun

09 take place

10 get married (to+사람)

11 be busy (in) ⓥ-ing

12 be due to ⓥ

13 be followed by

14 in silence

15 as usual

16 in the end

17 a great[good] deal of

18 no doubt

19 a couple of

20 right away

✄ -

01 believe in

02 go by

03 point out

04 look around

05 slow down

06 differ from

07 respond to ⓝ

08 let go (of)

09 prepare for

10 gain[put on]/lose weight

11 be[feel] ashamed of

12 be famous for

13 be sorry for

14 above all

15 plenty of

16 with care/ease

17 in person

18 again and again

19 regardless of

20 out of sight

01 look up

02 clean up

03 apply to (n)

04 write down

05 see A as B

06 leave out

07 come over

08 have ~ in common

09 appeal to (n)

10 participate in

11 enable A to B((v))

12 be connected to[with]

13 be familiar with

14 be known to (n)

15 in that

16 by yourself

17 all the way

18 as to (n)

19 in favor of

20 at the beginning (of)

---

01 succeed in

02 pick out

03 get off

04 bring back

05 complain about[of]

06 have trouble[difficulty] (in) (v)-ing

07 share A with B

08 prevent A from B((v)-ing)

09 remember (v)-ing/to (v)

10 forget (v)-ing/to (v)

11 be true of

12 be scared of

13 be made from

14 far from

15 all at once

16 for sure[certain]

17 at the moment

18 by the time (that)

19 nothing but

20 for the sake of[for your sake]

01 go away

02 bring up

03 add to ⓝ

04 make up

05 take up

06 remind A of B

07 refer to A as B

08 lie in

09 take pride in

10 take (full) advantage of

11 be[get] involved in

12 be similar to ⓝ

13 be related to ⓝ

14 a pair of

15 for some time

16 except for

17 in[by] contrast (to[with])

18 on earth

19 on the contrary

20 the other day

---

01 fail to ⓥ

02 put off

03 apply to ⓝ

04 send out

05 provide A for[to] B

06 leave out

07 die of

08 make (good) use of

09 participate in

10 feel free to ⓥ

11 be apt to ⓥ

12 be known to ⓝ

13 be packed with

14 as a whole

15 as to ⓝ

16 something like

17 in the meantime[meanwhile]

18 in that

19 out of stock

20 What if ~?

01	laugh at	11	break down
02	come true	12	be curious about
03	pass away	13	be accustomed to ⓝ[ⓥ-ing]
04	work out	14	be convinced of[that]
05	do well/badly	15	in need
06	count on[upon]	16	in the first place
07	separate A from B	17	in reality
08	fall in love (with)	18	side by side
09	come across	19	before long
10	earn[make] a living	20	at the top of

✂

01	go up	11	look into
02	come up with	12	be tired of
03	come out	13	be addicted to ⓝ
04	calm down	14	be forced to ⓥ
05	make fun of	15	on sale
06	make sense	16	in order
07	distinguish A from B	17	at present
08	pass through	18	in the long run
09	meet a challenge	19	in charge (of)
10	mean to ⓥ	20	in a minute[second]

01 get on

02 appeal to ⓝ

03 bring back

04 invite A to B(ⓝ/ⓥ)

05 come over

06 complain about[of]

07 get rid of

08 write down

09 share A with B

10 take your picture[take a picture of]

11 have ~ in common

12 be scared of

13 be impressed by[with]

14 be connected to[with]

15 far from

16 in shape

17 in favor of

18 all at once

19 quite a few/little[bit]

20 by yourself

---

01 enable A to B(ⓥ)

02 remember ⓥ-ing/to ⓥ

03 pass away

04 clean up

05 pick out

06 count on[upon]

07 look up

08 prevent A from B(ⓥ-ing)

09 do well/badly

10 see A as B

11 be made from

12 be accustomed to ⓝ[ⓥ-ing]

13 be familiar with

14 for the sake of[for your sake]

15 at the top of

16 at the beginning (of)

17 at the moment

18 before long

19 all the way

20 by the time (that)

01 take apart	11 be surrounded by[with]
02 check out	12 be capable of
03 carry out	13 be accompanied by
04 break out	14 in advance
05 put together	15 ever since
06 look after	16 for one thing
07 make a noise	17 by chance
08 protect A from[against] B	18 what is called
09 search for	19 owing to ⓝ
10 turn into	20 from time to time

01 do harm	11 be satisfied with
02 fall asleep	12 be located in[at]
03 mix up	13 be (well) known for
04 pass by	14 as for
05 die from	15 in vain
06 run away	16 kind[sort] of
07 pull out	17 in need of
08 grow into	18 in my opinion
09 owe A to B(ⓝ)	19 A rather than B
10 regard A as B	20 as a matter of fact

01 forget Ⓥ-ing/to Ⓥ

02 come across

03 come out

04 get off

05 laugh at

06 look into

07 succeed in

08 come true

09 make sense

10 have trouble[difficulty] (in) Ⓥ-ing

11 fall in love (with)

12 be forced to Ⓥ

13 be true of

14 be curious about

15 in charge (of)

16 nothing but

17 in reality

18 in order

19 for sure[certain]

20 in the first place

---

01 break down

02 calm down

03 turn into

04 work out

05 go up

06 check out

07 separate A from B

08 distinguish A from B

09 make a noise

10 earn[make] a living

11 meet a challenge

12 be accompanied by

13 be convinced of[that]

14 be tired of

15 by chance

16 in need

17 in a minute[second]

18 from time to time

19 side by side

20 on sale

01 go off

02 have ~ in mind

03 head for

04 look through

05 hold on

06 draw[call] (your) attention to (n)

07 put out

08 point to (n)

09 get into

10 had better

11 be rich in

12 be made up of

13 be anxious for[to (v)]

14 in turn

15 with joy[delight]

16 in harmony with

17 How come (~)?

18 back and forth

19 sooner or later

20 when it comes to (n)

---

01 cut off

02 call out

03 go with

04 cut in line

05 turn away

06 concentrate on

07 give birth to (n)

08 help A with B

09 get A to B((v))

10 attract[catch, get] (your) attention

11 be suitable for

12 be sensitive to (n)

13 be surprised at

14 all of a sudden

15 on the basis of

16 in the distance

17 for ages

18 on and on

19 what is more[what's more]

20 at the bottom of

누적 TEST | Day 21 SCORE / 20

01 mean to (v)

02 search for

03 pull out

04 come up with

05 carry out

06 grow into

07 pass through

08 take apart

09 fall asleep

10 make fun of

11 be capable of

12 be satisfied with

13 be addicted to (n)

14 owing to (n)

15 in need of

16 at present

17 in advance

18 in my opinion

19 in the long run

20 ever since

누적 TEST | Day 22 SCORE / 20

01 look after

02 pass by

03 head for

04 break out

05 die from

06 look through

07 put together

08 owe A to B((n))

09 have ~ in mind

10 protect A from[against] B

11 be located in[at]

12 be made up of

13 be surrounded by[with]

14 as for

15 when it comes to (n)

16 for one thing

17 as a matter of fact

18 back and forth

19 what is called

20 kind[sort] of

01 catch a cold

02 get better/worse

03 run out of

04 pay off

05 hold up

06 hear from

07 take away

08 show up

09 get together

10 get along

11 be pleased with

12 be thankful (to A) for B

13 be certain of[about]/(that)

14 in half

15 at one time

16 throughout your life

17 not only A but (also) B

18 (all) by itself

19 in[at] center of

20 from now[this, that, that day] on

---

01 join in

02 build up

03 wear out

04 dress up

05 keep to ⓝ

06 come up

07 say good-bye (to ⓝ)

08 take ~ for granted

09 pay back

10 meet the deadline

11 be divided into

12 be attached to ⓝ

13 be free of[from]

14 in sum

15 A as well as B

16 to be sure

17 to make matters worse

18 here and there

19 in a[one] sense[in some senses]

20 out of control

01 mix up	11 be anxious for[to ⓥ]
02 get into	12 be suitable for
03 call out	13 be (well) known for
04 run away	14 in harmony with
05 go off	15 at the bottom of
06 cut in line	16 A rather than B
07 regard A as B	17 in turn
08 hold on	18 on and on
09 attract[catch, get] your attention	19 in vain
10 do harm	20 How come (~)?

01 had better	11 be sensitive to ⓝ
02 go with	12 be pleased with
03 hold up	13 be rich in
04 point to ⓝ	14 for ages
05 turn away	15 (all) by itself
06 take away	16 with joy[delight]
07 put out	17 all of a sudden
08 help A with B	18 throughout your life
09 get better/worse	19 sooner or later
10 draw[call] (your) attention to ⓝ	20 what is more[what's more]

일일 **TEST**

일일 TEST | Day 25 | SCORE | / 20

01 leave for	11 be short for
02 set ~ free	12 be crowded with
03 take measures	13 be concerned with
04 hold out	14 one by one
05 insist on[upon]	15 very few/little
06 range from A to B	16 no more than
07 turn A into B	17 or something
08 come along	18 (all) on your own
09 make up for	19 among others[other things]
10 can afford Ⓝ[to Ⓥ]	20 on the phone

- ✂ - - - - - - - -

일일 TEST | Day 26 | SCORE | / 20

01 run into	11 be critical of
02 come out of	12 be opposed to Ⓝ
03 strive to Ⓥ	13 be fascinated by[with]
04 intend to Ⓥ	14 in effect
05 graduate from	15 under pressure
06 adapt to Ⓝ	16 hand in hand
07 keep a[your] promise	17 in your shoes
08 blame A for B	18 on a regular basis
09 catch up with	19 in a row
10 make a difference	20 contrary to Ⓝ

01 concentrate on	11 be certain of[about]/(that)
02 get together	12 be divided into
03 come up	13 be surprised at
04 cut off	14 at one time
05 show up	15 in sum
06 pay back	16 on the basis of
07 get A to B(ⓥ)	17 in[at] center of
08 run out of	18 to make matters worse
09 say good-bye (to ⓝ)	19 in the distance
10 give birth to ⓝ	20 not only A but (also) B

--- ✂ ---

01 hear from	11 be attached to ⓝ
02 build up	12 be crowded with
03 come along	13 be thankful (to A) for B
04 pay off	14 in a[one] sense[in some senses]
05 join in	15 among others[other things]
06 take measures	16 in half
07 get along	17 to be sure
08 meet the deadline	18 one by one
09 turn A into B	19 from now[this, that, that day] on
10 catch a cold	20 A as well as B

01 stop by

02 fix up

03 cannot help ⓥ-ing

04 forgive A for B

05 make a reservation

06 apply for

07 protest against

08 go on a picnic/trip

09 make up your mind

10 may[might] as well A (as B)

11 be open to ⓝ

12 be obsessed with[by]

13 be popular with[among]

14 for free

15 most of all

16 by accident

17 to tell the truth

18 out of your reach[out of the reach of]

19 once upon a time

20 (every) now and then[again]

---

01 show off

02 have no idea

03 stand for

04 hurry up

05 go to the movies

06 shake hands (with)

07 tell A from B

08 force A to B(ⓥ)

09 keep/get in touch (with)

10 devote yourself to ⓝ

11 be sold out

12 be bored with

13 be dependent on[upon]

14 by far

15 on purpose

16 at all times

17 little by little

18 beside yourself

19 (just) around[round] the corner

20 on (an[the]) average

01 keep to ⓝ	11 be concerned with
02 leave for	12 be fascinated by[with]
03 run into	13 be free of[from]
04 dress up	14 (all) on your own
05 make up for	15 in a row
06 catch up with	16 out of control
07 wear out	17 or something
08 can afford ⓝ[to ⓥ]	18 under pressure
09 keep a[your] promise	19 here and there
10 take ~ for granted	20 no more than

01 insist on[upon]	11 be critical of
02 graduate from	12 be open to ⓝ
03 fix up	13 be short for
04 hold out	14 contrary to ⓝ
05 strive to ⓥ	15 for free
06 make a reservation	16 on the phone
07 set ~ free	17 in your shoes
08 make a difference	18 (every) now and then[again]
09 may[might] as well A (as B)	19 very few/little
10 range from A to B	20 on a regular basis

01 try on

02 may well

03 hang up

04 call on[upon]

05 object to ⓝ

06 result from

07 bear ~ in mind

08 take responsibility for

09 have[take] a look at

10 long for[to ⓥ]

11 be mad at + 사람

12 be tied up

13 be sick (and tired) of

14 as a rule

15 on the spot

16 in progress

17 other than

18 out of the question

19 in the heart of

20 on the other side (of)

01 get lost

02 stop A from B(ⓥ-ing)

03 hang out (with)

04 define A as B

05 change A into B

06 come to ⓥ/ⓝ

07 have access to ⓝ

08 look over

09 make an effort

10 come into being

11 be influenced by

12 be crazy about

13 be adapted from

14 just like

15 of your own

16 together with

17 only a few/little

18 in the future

19 ahead of

20 in the past

01 **adapt to** ⓝ
02 **protest against**
03 **show off**
04 **intend to** ⓥ
05 **go on a picnic/trip**
06 **shake hands (with)**
07 **come out of**
08 **cannot help** ⓥ-ing
09 **tell A from B**
10 **blame A for B**

11 **be obsessed with[by]**
12 **be dependent on[upon]**
13 **be opposed to** ⓝ
14 **by accident**
15 **by far**
16 **in effect**
17 **most of all**
18 **on purpose**
19 **hand in hand**
20 **once upon a time**

✂--

01 **apply for**
02 **hurry up**
03 **object to** ⓝ
04 **stop by**
05 **devote yourself to** ⓝ
06 **hang up**
07 **make up your mind**
08 **go to the movies**
09 **have[take] a look at**
10 **forgive A for B**

11 **be bored with**
12 **be sick (and tired) of**
13 **be popular with[among]**
14 **beside yourself**
15 **out of the question**
16 **out of your reach[out of the reach of]**
17 **on (an[the]) average**
18 **as a rule**
19 **to tell the truth**
20 **(just) around[round] the corner**

01 ask ~ a favor[ask a favor of]

02 look down on[upon]

03 make your way

04 end up (ⓥ-ing)

05 carry on

06 light up

07 step out

08 break up

09 account for

10 keep up with

11 live on

12 be faced with

13 be accused of

14 be content with

15 upside down

16 less than

17 in public

18 at (the) most

19 with the help of

20 at hand

01 eat out

02 draw up

03 come by

04 stick to ⓝ

05 do[go] without

06 hold back

07 breathe in/out

08 translate A into B

09 make a suggestion

10 make a[your] choice

11 take[have] a walk

12 be poor at

13 be marked by

14 be armed with

15 face to face

16 in the midst of

17 in accordance with

18 out of breath

19 (just) in case

20 by way of

01	stand for	11	be mad at + 사람
02	long for[to ⓥ]	12	be crazy about
03	hang out (with)	13	be sold out
04	have no idea	14	in progress
05	try on	15	in the future
06	make an effort	16	at all times
07	keep/get in touch (with)	17	on the other side (of)
08	bear ~ in mind	18	of your own
09	define A as B	19	little by little
10	force A to B(ⓥ)	20	on the spot

✂--

01	call on[upon]	11	be adapted from
02	look over	12	be accused of
03	live on	13	be tied up
04	result from	14	ahead of
05	come into being	15	with the help of
06	light up	16	in the heart of
07	may well	17	just like
08	change A into B	18	other than
09	look down on[upon]	19	in public
10	take responsibility for	20	only a few/little

01 make yourself at home

02 have/make contact with

03 urge A to B(ⓥ)

04 stay away (from)

05 call for

06 see (to it) that

07 set foot on[in]

08 hang on

09 let ~ down

10 sign up (for)

11 be subject to ⓝ

12 be determined to ⓥ

13 be grateful (to A) for B

14 in brief

15 on the rise

16 on the market

17 in particular

18 at a loss

19 strictly speaking

20 within reach (of)

---

01 make money

02 make a call

03 have a headache

04 fail in

05 stick out

06 cheer up

07 blow your nose

08 approve of

09 turn around

10 run over

11 be to blame for

12 be suspicious of

13 be jealous of

14 needless to say

15 in secret

16 in search of

17 at[from] a distance

18 at the sight of

19 in all

20 for the time being

누적 TEST — Day 33

SCORE / 20

01 come to ⓥ/ⓝ	11 ask ~ a favor[ask a favor of]
02 carry on	12 be armed with
03 breathe in/out	13 be influenced by
04 get lost	14 be faced with
05 end up (ⓥ-ing)	15 by way of
06 eat out	16 in the past
07 have access to ⓝ	17 at (the) most
08 keep up with	18 in the midst of
09 make a suggestion	19 together with
10 stop A from B(ⓥ-ing)	20 upside down

누적 TEST — Day 34

SCORE / 20

01 account for	11 translate A into B
02 stick to ⓝ	12 be grateful (to A) for B
03 let ~ down	13 be content with
04 break up	14 be poor at
05 draw up	15 in brief
06 have/make contact with	16 at hand
07 step out	17 in accordance with
08 make a[your] choice	18 on the rise
09 see (to it) that	19 less than
10 make your way	20 out of breath

일일 **TEST**

일일 TEST　　　Day **35**　　SCORE　　　/ 20

01 take over

02 take a bath/shower

03 agree on[about]

04 go wrong (with)

05 devote A to B(n)

06 propose to n

07 set aside

08 change your mind

09 slip your mind[memory]

10 turn down

11 throw out

12 be dressed in

13 be exposed to n

14 be acquainted with

15 on foot

16 in pairs

17 in case of

18 out of your mind

19 by no means

20 apart from

일일 TEST　　　Day **36**　　SCORE　　　/ 20

01 fit in

02 spread out

03 put away

04 fall behind

05 would rather A (than B)

06 come upon

07 argue with

08 give your regards[wishes] to n

09 donate A to B(n)

10 burst into

11 do ~ a favor

12 be worthy of

13 be friends with

14 be charged with

15 in detail

16 in conclusion

17 by means of

18 anything but

19 by land/sea/air

20 a huge[large, great] amount of

01 do[go] without

02 hang on

03 cheer up

04 come by

05 stay away (from)

06 turn around

07 hold back

08 make yourself at home

09 make a call

10 take[have] a walk

11 be determined to ⓥ

12 be suspicious of

13 be marked by

14 at a loss

15 in search of

16 (just) in case

17 on the market

18 at[from] a distance

19 face to face

20 strictly speaking

✂--

01 call for

02 fail in

03 set aside

04 sign up (for)

05 stick out

06 take over

07 set foot on[in]

08 have a headache

09 slip your mind[memory]

10 urge A to B(ⓥ)

11 be jealous of

12 be acquainted with

13 be subject to ⓝ

14 at the sight of

15 apart from

16 in particular

17 in secret

18 by no means

19 within reach (of)

20 needless to say

01 give ~ a try

02 get in

03 have a hard time (in) ⓥ-ing

04 hand down

05 replace A with B

06 line up

07 cure A of B

08 wait on

09 do[wash] the dishes

10 break into

11 interfere with

12 be envious of

13 be tired from

14 be ignorant of[about]

15 to begin[start] with

16 without question

17 every other day

18 out of order

19 a set of

20 on/off duty

---

01 accuse A of B

02 discourage A from B(ⓥ-ing)

03 dispose of

04 help out

05 make room for

06 cling to ⓝ

07 sum up

08 major in

09 derive[be derived] from

10 run after

11 hold your breath

12 be short of

13 be fit for[to ⓥ]

14 be well/badly off

15 but for

16 in the mood for[to ⓥ]

17 at[in, on] the back of

18 in itself

19 by all means

20 a crowd of[crowds of]

01 approve of	11 devote A to B(ⓝ)
02 propose to ⓝ	12 be charged with
03 come upon	13 be to blame for
04 run over	14 be exposed to ⓝ
05 turn down	15 a huge[large, great] amount of
06 put away	16 in all
07 blow your nose	17 on foot
08 change your mind	18 in conclusion
09 donate A to B(ⓝ)	19 out of your mind
10 make money	20 for the time being

--------- ✂ ---

01 agree on[about]	11 give your regards[wishes] to ⓝ
02 burst into	12 be envious of
03 interfere with	13 be dressed in
04 throw out	14 be worthy of
05 fit in	15 a set of
06 line up	16 in pairs
07 go wrong (with)	17 by land/sea/air
08 do ~ a favor	18 without question
09 cure A of B	19 in case of
10 take a bath/shower	20 anything but

01 turn up

02 take ~ into consideration[account]

03 keep track of

04 talk over

05 take a deep breath

06 place an order (for)

07 get away

08 introduce A to B(ⓝ)

09 engage[be engaged] in

10 give away

11 keep up

12 be touched by

13 be obliged to ⓥ

14 be inclined to ⓥ

15 day and night

16 in some[several] respects

17 with all

18 to the full(est)

19 as follows

20 ahead of time

01 rob A of B

02 leave ~ behind

03 take the place of[take your place]

04 look back on

05 have no choice

06 put up with

07 take steps

08 pull up

09 back up

10 fight off

11 stay up

12 be finished with

13 be superior to ⓝ

14 be amazed at[by]

15 in essence

16 over time

17 in full

18 the rest of

19 a bit of[bits of]

20 on behalf of[on your behalf]

01 argue with	11 have a hard time (in) ⓥ-ing
02 get in	12 be fit for[to ⓥ]
03 dispose of	13 be friends with
04 fall behind	14 be tired from
05 hand down	15 a crowd of[crowds of]
06 help out	16 by means of
07 spread out	17 out of order
08 give ~ a try	18 but for
09 make room for	19 in detail
10 would rather A (than B)	20 to begin[start] with

01 break into	11 discourage A from B(ⓥ-ing)
02 derive[be derived] from	12 be inclined to ⓥ
03 give away	13 be ignorant of[about]
04 wait on	14 be well/badly off
05 run after	15 with all
06 turn up	16 on/off duty
07 do[wash] the dishes	17 by all means
08 hold your breath	18 day and night
09 take a deep breath	19 every other day
10 replace A with B	20 at[in, on] the back of

01 take in

02 wipe out

03 pass on

04 get through

05 turn over

06 relate to (n)

07 can't wait to (v)

08 give[lend] ~ a hand

09 lose your temper

10 step on (your foot)

11 get in the way of

12 be typical of

13 be scheduled to (v)

14 be required to (v)

15 by mistake

16 in fashion

17 for pleasure

18 in[with] surprise

19 ahead of schedule

20 at the speed of

---

01 see ~ off

02 wrap up

03 go too far

04 give ~ a ride[lift]

05 speed up

06 make it a rule to (v)

07 read between the lines

08 fill out

09 keep out

10 cut out

11 look up to (n)

12 be fond of

13 be appropriate for

14 be affected by

15 in a word

16 on (the) air

17 more or less

18 out of fashion

19 at first sight

20 in comparison with[to (n)]

01 cling to ⓝ	11 introduce A to B(ⓝ)
02 talk over	12 be amazed at[by]
03 pull up	13 be short of
04 major in	14 be touched by
05 keep up	15 a bit of[bits of]
06 look back on	16 in itself
07 sum up	17 as follows
08 place an order (for)	18 in full
09 take steps	19 in the mood for[to ⓥ]
10 accuse A of B	20 to the full(est)

✂---

01 engage[be engaged] in	11 rob A of B
02 fight off	12 be required to ⓥ
03 relate to ⓝ	13 be obliged to ⓥ
04 get away	14 be superior to ⓝ
05 leave ~ behind	15 at the speed of
06 turn over	16 ahead of time
07 keep track of	17 the rest of
08 have no choice	18 for pleasure
09 can't wait to ⓥ	19 in some[several] respects
10 take ~ into consideration[account]	20 in essence

01 drop by

02 use up

03 give rise to ⓝ

04 pass out

05 lay off

06 take notice of

07 fall on

08 do away with

09 root for

10 settle down

11 have no choice but to ⓥ

12 be restricted to ⓝ

13 be designed for[to ⓥ]

14 be aimed at

15 for nothing

16 in haste

17 at length

18 what is worse/better

19 to be frank (with you)

20 beyond description[expression]

---

01 hand in

02 take action

03 read through[over]

04 reach for

05 drop off

06 decorate A with B

07 play a trick on[upon]

08 watch out (for)

09 amount to ⓝ

10 depart from

11 vote for/against

12 be inferior to ⓝ

13 be eager for[to ⓥ]

14 be characterized by

15 of itself

16 for the present

17 to some[a certain] extent

18 at any rate

19 with respect to ⓝ

20 in response to ⓝ

01 back up	11 give[lend] ~ a hand
02 pass on	12 be affected by
03 keep out	13 be finished with
04 stay up	14 be typical of
05 take in	15 in comparison with[to ⓝ]
06 wrap up	16 on behalf of[on your behalf]
07 put up with	17 by mistake
08 get in the way of	18 on (the) air
09 give ~ a ride[lift]	19 over time
10 take the place of[take your place]	20 in[with] surprise

01 get through	11 make it a rule to ⓥ
02 fill out	12 be aimed at
03 root for	13 be scheduled to ⓥ
04 step on (your foot)	14 be fond of
05 speed up	15 at length
06 settle down	16 ahead of schedule
07 wipe out	17 in a word
08 go too far	18 beyond description[expression]
09 give rise to ⓝ	19 in fashion
10 lose your temper	20 more or less

01 fall off

02 throw up

03 take after

04 take your order

05 take[have] a break

06 catch your eye

07 react to ⓝ

08 learn/know ~ by heart

09 confuse A with B

10 make an appointment (with)

11 hope for

12 be equal to ⓝ

13 be bound to ⓥ

14 be indifferent to ⓝ

15 by nature

16 on business

17 (much) to your surprise

18 below/above (the) average

19 at the expense of

20 in return (for)

---

01 cut in

02 call up

03 take sides (with)

04 run for

05 prefer A to B(ⓝ)

06 make yourself understood

07 keep your fingers crossed

08 go/be on a diet

09 cope with

10 pass down

11 agree to ⓝ

12 be harmful to ⓝ

13 be composed of

14 be associated with

15 what we[you, they] call

16 a large/small sum of (money)

17 behind the times

18 prior to ⓝ

19 at all costs

20 of (great) use/of no use

01 cut out	11 have no choice but to ⓥ
02 fall on	12 be characterized by
03 reach for	13 be appropriate for
04 see ~ off	14 be restricted to ⓝ
05 pass out	15 in response to ⓝ
06 hand in	16 at first sight
07 look up to ⓝ	17 for nothing
08 do away with	18 for the present
09 take action	19 out of fashion
10 read between the lines	20 what is worse/better

✂--

01 drop by	11 decorate A with B
02 depart from	12 be bound to ⓥ
03 take after	13 be designed for[to ⓥ]
04 lay off	14 be inferior to ⓝ
05 drop off	15 at the expense of
06 catch your eye	16 in haste
07 use up	17 at any rate
08 watch out (for)	18 on business
09 take[have] a break	19 to be frank (with you)
10 take notice of	20 to some[a certain] extent

01 run a risk[run the risk of]

02 catch[get] sight of

03 come down with

04 keep away (from)

05 run a red light

06 say hello to ⓝ

07 supply A with B

08 call it a day

09 bump into

10 get over

11 cover up

12 be reluctant to ⓥ

13 be independent of

14 be conscious of

15 for all

16 under way

17 at large

18 judging from[by]

19 in place

20 under the weather

01 turn in

02 step up

03 take turns

04 take your breath away

05 have respect for

06 run across

07 hold the line

08 collide with

09 keep pace with

10 help yourself (to ⓝ)

11 fall apart

12 be named after

13 be anxious about

14 be confident of[that]

15 for short

16 out of place

17 step by step

18 in[like] a flash

19 by any chance

20 on the verge of

01 amount to ⓝ	11 confuse A with B
02 react to ⓝ	12 be associated with
03 cut in	13 be eager for[to ⓥ]
04 vote for/against	14 be indifferent to ⓝ
05 throw up	15 prior to ⓝ
06 pass down	16 by nature
07 read through[over]	17 with respect to ⓝ
08 take your order	18 of (great) use/of no use
09 keep your fingers crossed	19 of itself
10 play a trick on[upon]	20 below/above (the) average

✂ -

01 hope for	11 prefer A to B(ⓝ)
02 cope with	12 be conscious of
03 get over	13 be equal to ⓝ
04 fall off	14 be harmful to ⓝ
05 call up	15 at large
06 come down with	16 in return (for)
07 make an appointment (with)	17 behind the times
08 take sides (with)	18 under way
09 run a red light	19 (much) to your surprise
10 learn/know ~ by heart	20 what we[you, they] call

01 call off

02 give out

03 yield to ⓝ

04 put an end to ⓝ

05 take a risk[take the risk of]

06 substitute A for B

07 come into effect

08 act on

09 attend to ⓝ

10 stand in line[row]

11 be hard on

12 be absent from

13 be engaged to ⓝ

14 in no time

15 as[so] far as I am concerned

16 out of work

17 no wonder

18 to the extent that

19 at[behind] the wheel

20 at the mercy of[at your mercy]

01 take on

02 mess up

03 leave ~ alone

04 inform A of B

05 stand out

06 keep an eye on

07 clear up

08 make a fool of

09 consist in

10 depart for

11 drop out (of)

12 be bound for

13 be absorbed in

14 be too much for

15 on fire

16 in poverty

17 all in all

18 in question

19 as[so] far as ~ be concerned

20 as a consequence

01 agree to ⓝ

02 cover up

03 step up

04 run for

05 catch[get] sight of

06 help yourself (to ⓝ)

07 go/be on a diet

08 keep away (from)

09 have respect for

10 make yourself understood

11 supply A with B

12 be anxious about

13 be composed of

14 be reluctant to ⓥ

15 by any chance

16 at all costs

17 in place

18 on the verge of

19 a large/small sum of (money)

20 judging from[by]

---

01 bump into

02 run across

03 yield to ⓝ

04 call it a day

05 turn in

06 come into effect

07 say hello to ⓝ

08 take turns

09 take a risk[take the risk of]

10 run a risk[run the risk of]

11 take your breath away

12 be engaged to ⓝ

13 be independent of

14 be named after

15 at the mercy of

16 for all

17 in[like] a flash

18 out of work

19 under the weather

20 step by step

01 lose sight of

02 give ~ a big hand

03 mistake A for B

04 occur to ⓝ

05 shut down

06 look on[upon] A as B

07 make an[your] excuse (for)

08 make a fortune

09 stem from

10 spell out

11 take[make] notes[a note] (of)

12 be possessed of

13 be entitled to ⓥ[ⓝ]

14 be relevant to ⓝ

15 in a good/bad mood

16 one after another[the other]

17 second only to ⓝ

18 at the risk of

19 at the latest

20 free of charge

---

01 go over

02 give off

03 transform A into B

04 take account of

05 come about

06 attribute A to B(ⓝ)

07 lose track of

08 succeed to ⓝ

09 take ~ by surprise

10 come to an end

11 fall down

12 be fed up with

13 be doomed to ⓥ[ⓝ]

14 be common to ⓝ

15 from generation to generation

16 (every) once in a while

17 at liberty to ⓥ

18 to death

19 without (a) doubt

20 for the most part

01 collide with	11 be absent from
02 attend to ⓝ	12 be absorbed in
03 take on	13 be confident of[that]
04 fall apart	14 at[behind] the wheel
05 give out	15 all in all
06 mess up	16 for short
07 hold the line	17 no wonder
08 put an end to ⓝ	18 in question
09 keep an eye on	19 out of place
10 keep pace with	20 as[so] far as I am concerned

✂ ---

01 act on	11 inform A of B
02 depart for	12 be entitled to ⓥ[ⓝ]
03 shut down	13 be hard on
04 call off	14 be too much for
05 stand out	15 at the latest
06 take[make] notes[a note] (of)	16 in no time
07 stand in line[row]	17 in poverty
08 leave ~ alone	18 one after another[the other]
09 give ~ a big hand	19 to the extent that
10 substitute A for B	20 as[so] far as ~ be concerned

01 jump[leap] to conclusions

02 cannot but ⓥ

03 date back to ⓝ

04 come[spring] to mind

05 stand up

06 correspond to ⓝ

07 stand up for

08 put aside

09 scold A for B

10 congratulate A on B

11 close down

12 be[get] stuck in

13 be dying for[to ⓥ]

14 be qualified for[to ⓥ]

15 nothing more than

16 from all walks of life

17 day after day

18 out of curiosity

19 in line with

20 aside from

---

01 combine A with B

02 prevail on[upon] A to B(ⓥ)

03 make out

04 hit on[upon]

05 rule out

06 deprive A of B

07 come of age

08 take charge of

09 set about

10 hand out

11 refrain from ⓥ-ing

12 be destined for[to ⓥ]

13 be renowned as/for

14 be equipped with

15 let alone

16 not more than

17 more and more

18 by and large

19 on good/bad terms with

20 at the foot of

01 consist in

02 stem from

03 fall down

04 clear up

05 make a fortune

06 come to an end

07 drop out (of)

08 make an[your] excuse (for)

09 take ~ by surprise

10 make a fool of

11 mistake A for B

12 be common to ⓝ

13 be bound for

14 be relevant to ⓝ

15 to death

16 as a consequence

17 free of charge

18 for the most part

19 on fire

20 second only to ⓝ

✂

01 occur to ⓝ

02 succeed to ⓝ

03 go over

04 spell out

05 put aside

06 cannot but ⓥ

07 lose sight of

08 take account of

09 jump[leap] to conclusions

10 look on[upon] A as B

11 transform A into B

12 be dying for[to ⓥ]

13 be possessed of

14 be fed up with

15 aside from

16 at the risk of

17 without (a) doubt

18 from all walks of life

19 in a good/bad mood

20 from generation to generation

01 toss and turn

02 specialize in

03 pour[throw] cold water on

04 set forth

05 pride yourself on

06 give way (to ⓝ)

07 hand over (to ⓝ)

08 drive away

09 turn to ⓝ

10 see to ⓝ

11 be prone to ⓥ[ⓝ]

12 be familiar to ⓝ

13 be descended from

14 in honor of

15 generally speaking

16 in the face of

17 in high[great, good] spirits

18 as it often the case (with)

19 on/to the brink of

20 in the form of

01 try out

02 reflect on

03 sort out

04 set off

05 have a word (with)

06 go a long way towards

07 take the trouble to ⓥ

08 give in (to ⓝ)

09 stick with

10 pull over

11 get[have] your (own) way

12 be stocked with

13 be[feel] ill at ease

14 be vulnerable to ⓝ

15 in any case

16 at stake

17 on the edge of

18 in an effort to ⓥ

19 between you and me

20 in place of[in your place]

01 come about	11 scold A for B
02 close down	12 be destined for[to Ⓥ]
03 set about	13 be doomed to Ⓥ[Ⓝ]
04 give off	14 be[get] stuck in
05 stand up for	15 at the foot of
06 make out	16 at liberty to Ⓥ
07 lose track of	17 day after day
08 date back to Ⓝ	18 more and more
09 prevail on[upon] A to B(Ⓥ)	19 (every) once in a while
10 attribute A to B(Ⓝ)	20 out of curiosity

01 correspond to Ⓝ	11 deprive A of B
02 refrain from Ⓥ-ing	12 be familiar to Ⓝ
03 turn to Ⓝ	13 be qualified for[to Ⓥ]
04 stand up	14 be renowned as/for
05 rule out	15 in high[great, good] spirits
06 hand over (to Ⓝ)	16 in line with
07 come[spring] to mind	17 let alone
08 take charge of	18 in the face of
09 pour[throw] cold water on	19 nothing more than
10 congratulate A on B	20 on good/bad terms with

01 put forth

02 shut up

03 make up with

04 fall short of

05 keep your distance

06 spring up

07 look to A for[to ⓥ]

08 get across

09 clear your throat

10 beware of

11 fill up (with)

12 be loaded with

13 be honest with+사람/about+사물

14 be subjected to ⓝ

15 at best

16 on the right track

17 no less than

18 by halves

19 at an angle

20 in proportion to ⓝ

---

01 take a chance

02 take pleasure in

03 meet your needs

04 plug in

05 live up to ⓝ

06 put pressure on A (to ⓥ)

07 have a runny nose

08 stay tuned

09 come into your mind

10 do the laundry/cooking

11 apologize for

12 be stressed out

13 be confined to ⓝ

14 be[get] caught up in

15 on board

16 within walking distance (of ~)

17 in the act of

18 to the point

19 no better than

20 behind the scenes

01 hit on[upon]

02 specialize in

03 stick with

04 hand out

05 pride yourself on

06 sort out

07 come of age

08 drive away

09 have a word (with)

10 combine A with B

11 be descended from

12 be[feel] ill at ease

13 be equipped with

14 generally speaking

15 at stake

16 by and large

17 in the form of

18 in an effort to ⓥ

19 not more than

20 as is often the case (with)

---

01 see to ⓝ

02 reflect on

03 get across

04 set forth

05 set off

06 spring up

07 give way (to ⓝ)

08 get[have] your (own) way

09 clear your throat

10 toss and turn

11 take the trouble to ⓥ

12 be honest with+사람/about+사물

13 be prone to ⓥ[ⓝ]

14 be vulnerable to ⓝ

15 at an angle

16 in honor of

17 in place of[in your place]

18 in proportion to ⓝ

19 on/to the brink of

20 on the edge of

01 throw[give] a party

02 pay a visit[pay a visit to ⓝ]

03 make a point of ⓥ-ing

04 go along

05 split the bill

06 speak up

07 call ~ names

08 fill in

09 think over

10 part from

11 drive out

12 be all set (for[to ⓥ])

13 be committed to ⓝ

14 be[feel] tempted to ⓥ

15 so to speak

16 and the like

17 out of nowhere

18 at a glance

19 be into

20 on impulse

---

01 add up

02 start over

03 starve/freeze to death

04 have the nerve to ⓥ

05 put through

06 split up

07 have a crush on

08 go against

09 pick on

10 enter into

11 be done with

12 be allergic to ⓝ

13 be susceptible to ⓝ

14 for good

15 on display

16 with a view to ⓝ

17 in the course of

18 a pile of[piles of]

19 all[just] the same

20 out of the blue

01 give in (to ⓝ)

02 fill up (with)

03 stay tuned

04 pull over

05 shut up

06 do the laundry/cooking

07 try out

08 fall short of

09 take a chance

10 go a long way towards

11 look to A for[to ⓥ]

12 be stressed out

13 be stocked with

14 be subjected to ⓝ

15 behind the scenes

16 between you and me

17 by halves

18 on board

19 in any case

20 on the right track

---

01 beware of

02 apologize for

03 speak up

04 put forth

05 live up to ⓝ

06 fill in

07 make up with

08 put pressure on A (to ⓥ)

09 throw[give] a party

10 keep your distance

11 have a runny nose

12 be committed to ⓝ

13 be loaded with

14 be[get] caught up in

15 be into

16 at best

17 no better than

18 on impulse

19 no less than

20 within walking distance (of ~)

뜯어먹는 수능 1등급 영숙어 1200

MINI
영숙어 사전

수능
필수

이 사전은 고교 교과서와 역대 수능 문제 전부를 검색해 실제로 자주 쓰이는 영숙어의 의미만 추려 실은 것이다.
이 사전은 수능 영숙어의 유일한 기준과 표준이다. 이것만 뜯어서 가지고 다니면 어떤 상황에서도 척척!

1 알파벳순으로 정리되어 있다.
2 뜻은 수능 수험생이 알아야 할 적정 수준에서 정해졌다.
3 각 영숙어 뒤에 이 책에서의 주소가 나와 있어 심화 학습을 위해 참조할 수 있다.
4 뜯어서 나름대로 제본해 다니며 외우기도 하고 찾아보기도 할 수 있다.

수능과 내신을 한 번에 잡는
프리미엄 고등 영어 수프림 시리즈

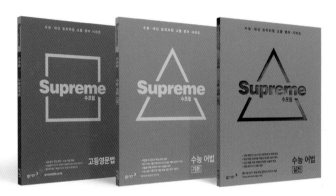

Supreme 고등영문법
쉽게 정리되는 고등 문법 / 최신 기출 문제 반영 /
문법 누적테스트

Supreme 수능 어법 기본
수능 어법 포인트 72개 / 내신 서술형 어법 대비 /
수능 어법 실전 테스트

Supreme 수능 어법 실전
수능 핵심 어법 포인트 정리 / 내신 빈출 어법 정리 /
어법 모의고사 12회

독해

Supreme 구문독해
독해를 위한 핵심 구문 68개 / 수능 유형 독해 /
내신·서술형 완벽 대비

Supreme 유형독해
수능 독해 유형별 풀이 전략 / 내신·서술형 완벽 대비 /
미니모의고사 3회

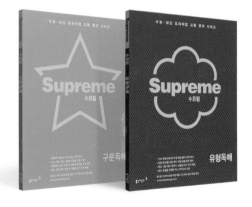

듣기

Supreme 수능 영어 듣기 모의고사 20회 기본
14개 듣기 유형별 분석 / 수능 영어 듣기 모의고사 20회 /
듣기 대본 받아쓰기

Supreme 수능 영어 듣기 모의고사 20+3회 실전
수능 영어 듣기 모의고사 20회+고난도 3회 /
듣기 대본 받아쓰기